S0-ARM-254

Math in Focus®

Matemáticas de Singapur de Marshall Cavendish

Consultor y autor
Dr. Fong Ho Kheong

Autores
Chelvi Ramakrishnan y Bernice Lau Pui Wah

Consultores en Estados Unidos
Dr. Richard Bisk
Andy Clark
Patsy F. Kanter

Distribuidor en Estados Unidos

Published by Marshall Cavendish Education
Times Centre, 1 New Industrial Road, Singapore 536196
Customer Service Hotline: (65) 6213 9444
US Office Tel: (1-914) 332 8888 | Fax: (1-914) 332 8882
E-mail: tmesales@mceducation.com
Website: www.mceducation.com

Distributed by
Houghton Mifflin Harcourt
222 Berkeley Street
Boston, MA 02116
Tel: 617-351-5000
Website: www.hmheducation.com/mathinfocus

First published 2015

Math in Focus® Student Book 1B
ISBN 978-0-544-20729-5

Printed in the United States of America

1 2 3 4 5 6 7 8 1401 20 19 18 17 16 15
4500465462 A B C D E

Contenido

El peso

Busca la **Práctica y Resolución de problemas**

Libro del estudiante A y Libro del estudiante B	Cuaderno de actividades A y Cuaderno de actividades B
• **Practiquemos** en cada lección • ¡Ponte la gorra de pensar! en cada capítulo	• **Práctica independiente** para cada lección • ¡Ponte la gorra de pensar! en cada capítulo

Gráficas con dibujos y gráficas de barras

Busca **Oportunidades de evaluación**

Libro del estudiante A y Libro del estudiante B	Cuaderno de actividades A y Cuaderno de actividades B
• **Repaso rápido** al comienzo de cada capítulo para evaluar la preparación para el capítulo • **Aprendizaje con supervisión** después de uno o dos ejemplos para evaluar la preparación para continuar con la lección	• **Repaso/Prueba del capítulo** en cada capítulo para repasar o evaluar el material del capítulo • **Repasos acumulativos** ocho veces durante el año • **Repaso semestral** y **Repaso de fin de año** para evaluar la preparación para la prueba

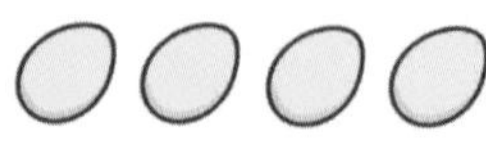

Los números hasta 40

26	27	28	29	30	31	32	33	34	35	36	37	38	39	40

CAPÍTULO

13 Sumas y restas hasta 40

Estrategias de cálculo mental

28 — 20, 8

13 — 6, 7

CAPÍTULO

15 El calendario y la hora

Los números hasta 120

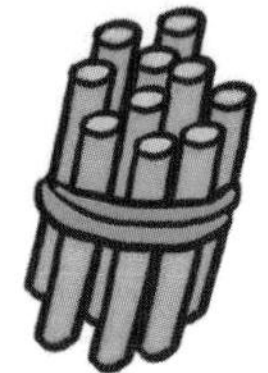

CAPÍTULO 17 Sumas y restas hasta 100

CAPÍTULO 18

Multiplicación y división

El dinero

Bienvenidos a

Math in Focus®

Este fantástico programa de matemáticas llega desde el país de Singapur. Estamos seguros de que disfrutarás todas las distintas maneras de aprender matemáticas.

¿Qué hace que *Math in Focus*® sea un programa diferente?

- **Dos libros** Este libro viene con un **Cuaderno de actividades**. Period Cuando veas POR TU CUENTA, escribe en el **Cuaderno de actividades** en lugar de escribir en las de este libro de texto.
- **Lecciones más extensas** Es posible que algunas lecciones tomen más de un día, para que puedas comprender completamente las matemáticas.
- **Las matemáticas tendrán sentido** Aprenderás a usar los números conectados para comprender mejor cómo funcionan los números.

En este libro, hallarás

Aprende Significa que aprenderás algo nuevo.

Aprendizaje con supervisión Tu maestro te ayudará a resolver algunos problemas.

Practiquemos Practica. Asegúrate de comprender el tema muy bien.

Ahora es tu turno de intentar resolver problemas en tu **Cuaderno de actividades.**

También hallarás *Juegos, Manos a la obra, ¡Ponte la gorra de pensar!* y mucho más. ¡Disfruta verdaderos desafíos matemáticos!

CAPÍTULO 15 El calendario y la hora

Treinta días trae noviembre,
con abril, junio y septiembre.
Veintiocho solo trae uno,
y los demás, treinta y uno.
Y cuando el año bisiesto viene
febrero ya trae veintinueve.

Lección 1 Usar un calendario
Lección 2 Decir la hora en punto
Lección 3 Decir la hora hasta la media hora

IDEA IMPORTANTE: Los calendarios se usan para mostrar los días, las semanas y los meses de un año. Los relojes se usan para leer la hora del día.

152

¿Qué hay en el Cuaderno de actividades?

***Math in Focus*®** te da el tiempo necesario para aprender conceptos matemáticos importantes y resolver problemas matemáticos. El **Cuaderno de actividades** te ofrecerá distintos tipos de práctica.

- Los problemas de *Práctica* te ayudarán a recordar el nuevo concepto matemático que estás aprendiendo. Busca en tu libro POR TU CUENTA. Este símbolo te indicará qué páginas debes usar para practicar.
- *¡Ponte la gorra de pensar!*

  Los problemas de *Práctica avanzada* te enseñarán a pensar en otras maneras de resolver problemas más difíciles.

  La *Resolución de problemas* te da oportunidades de resolver los ejercicios de distintas maneras.
- En las actividades del *Diario de matemáticas* aprenderás a usar tu razonamiento y a describir tus ideas ¡por escrito!

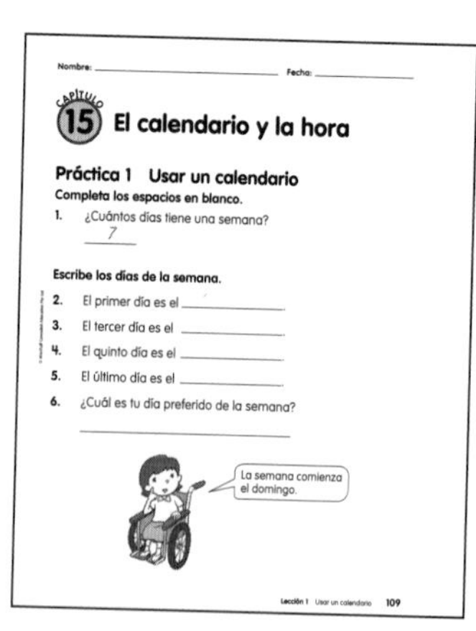

Nombre: ______ Fecha: ______

CAPÍTULO 15 **El calendario y la hora**

Práctica 1 Usar un calendario

Completa los espacios en blanco.

1. ¿Cuántos días tiene una semana?
   7

Escribe los días de la semana.

2. El primer día es el ______.
3. El tercer día es el ______.
4. El quinto día es el ______.
5. El último día es el ______.
6. ¿Cuál es tu día preferido de la semana?
   ______

Lección 1 Usar un calendario 109

Los estudiantes de Singapur han usado este tipo de programa de matemáticas por muchos años. Ahora tú también puedes hacerlo... ¿Estás listo?

CAPÍTULO 10

El peso

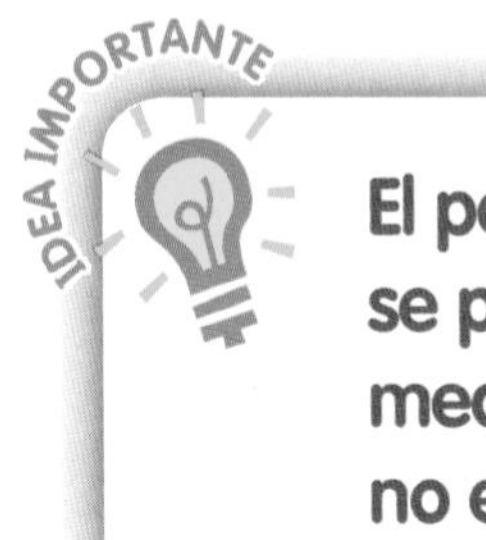

El peso de las cosas se puede comparar y medir usando unidades no estándares.

Recordar conocimientos previos

Comparar el peso

Estas cosas son pesadas.

roca

elefante

Estas cosas son livianas.

hoja

globo

Comparar números

9 es menor que 10.

8 es mayor que 5.

Comparar la longitud

Tim es más alto que Sue.
Roy es más alto que Tim.
Entonces, Roy es más alto que Sue.
Roy es el más alto.
Sue es la más baja.

Medir en unidades

1 📎 representa 1 unidad.

goma de borrar

lápiz

La goma de borrar mide aproximadamente 2 unidades de longitud.
El lápiz mide aproximadamente 7 unidades de longitud.

Indica cuáles cosas son pesadas y cuáles cosas son livianas.

1

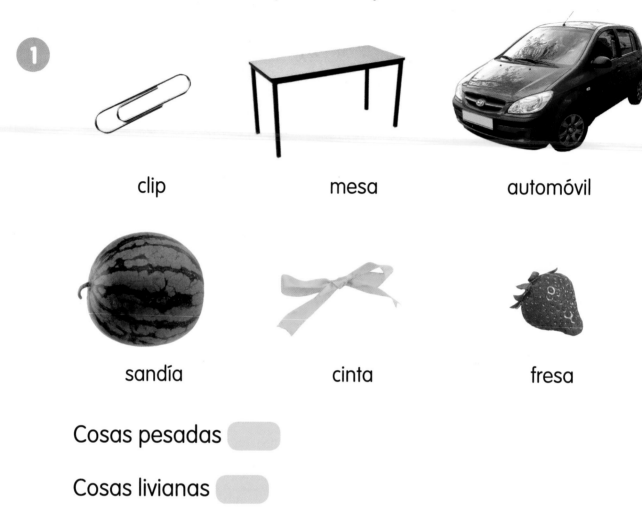

clip | mesa | automóvil

sandía | cinta | fresa

Cosas pesadas ____

Cosas livianas ____

Compara.

2 9 4

____ es mayor que ____.

3 3 8

____ es menor que ____.

Elige entre más bajo, el más bajo o el más alto.

4 El gato es ______ que el perro.

5 El perro es ______ que el caballo.

6 Entonces, el gato es ______.

7 El caballo es ______.

Escribe los números que faltan.

1 ◎ representa 1 unidad.

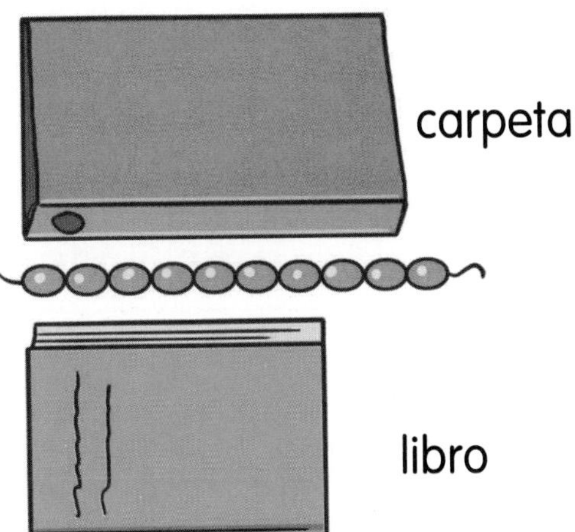

8 El libro mide aproximadamente ______ unidades de longitud.

9 La carpeta mide aproximadamente ______ unidades de longitud.

LECCIÓN
1

Comparar cosas

Objetivos de la lección

- Comparar el peso de dos cosas con los términos "pesado", "más pesado", "liviano", "más liviano" y "tan pesado como".
- Comparar el peso de más de dos cosas con los términos "el más liviano" y "el más pesado".

Vocabulario

pesado	más pesado	el más pesado
liviano	más liviano	el más liviano
peso	tan pesado como	

Aprende

Puedes comparar el peso de las cosas.

Soy **pesado**.
Soy **más pesado**.

Soy **liviano**.
Soy **más liviano**.

El **peso** indica cuán pesada o liviana es una cosa.

El limón es **tan pesado como** la manzana.

Aprendizaje con supervisión

Observa las ilustraciones.

bola de metal

pelota de peluche

Una cosa grande puede ser más liviana que una cosa pequeña.

Responde a cada pregunta.

1. ¿Cuál cosa es más pesada? La ______ es más pesada.
2. ¿Cuál cosa es más liviana? La ______ es más liviana.
3. ¿Una cosa grande es siempre más pesada que una cosa pequeña? ______

Manos a la obra

Adivina cuál cosa es más pesada en cada grupo.

Usa una balanza para comprobar tus respuestas.

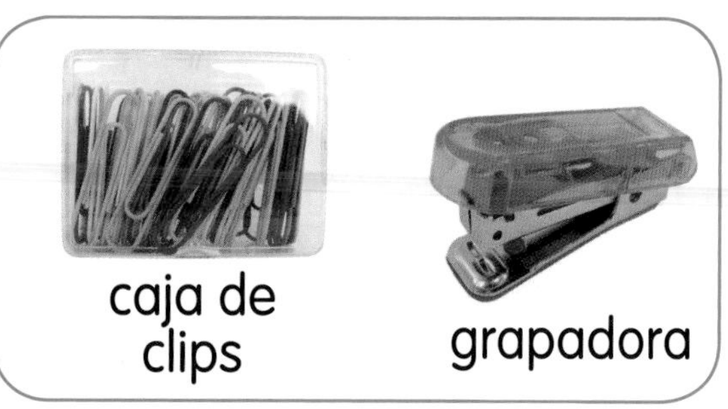

Grupo 1

goma de borrar

lápiz

Grupo 2

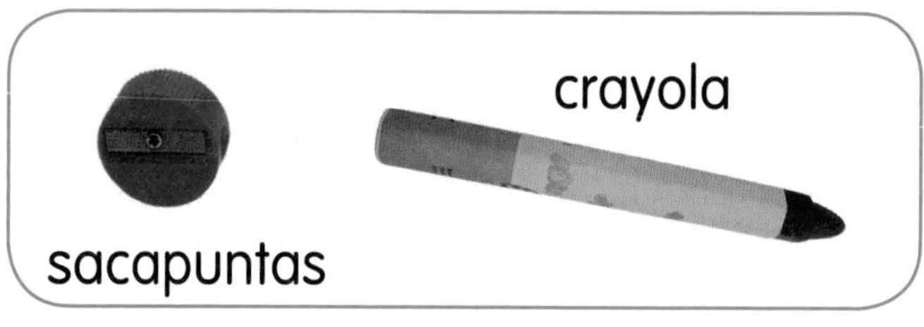

Grupo 3

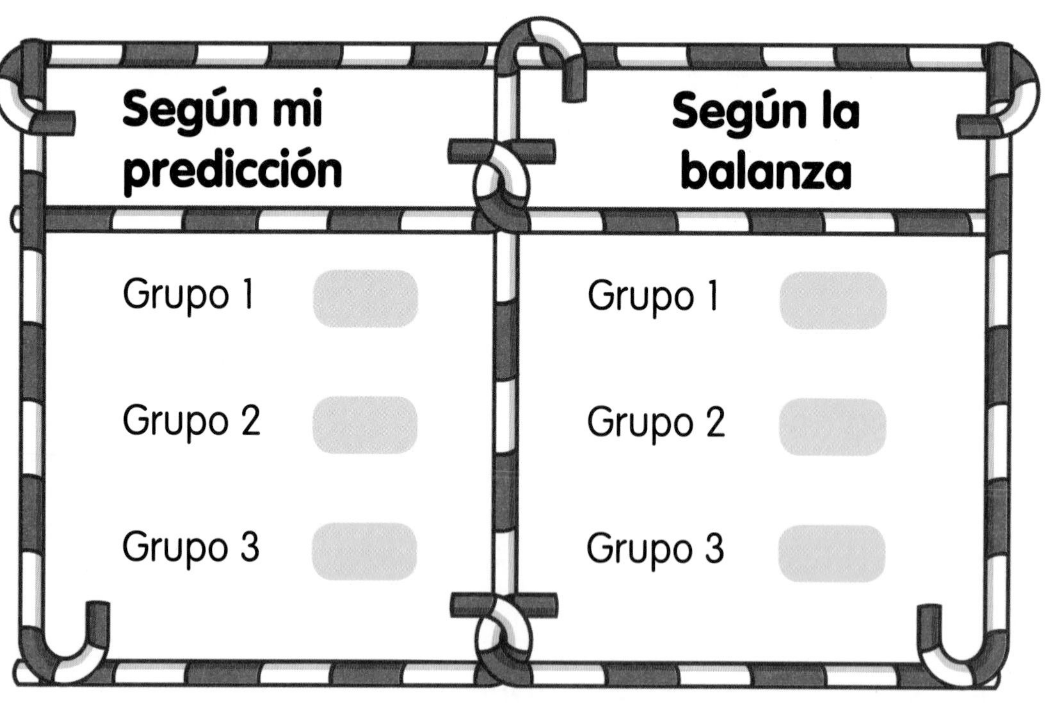

Según mi predicción		Según la balanza	
Grupo 1		Grupo 1	
Grupo 2		Grupo 2	
Grupo 3		Grupo 3	

Aprende

Puedes comparar el peso de dos cosas usando un objeto.

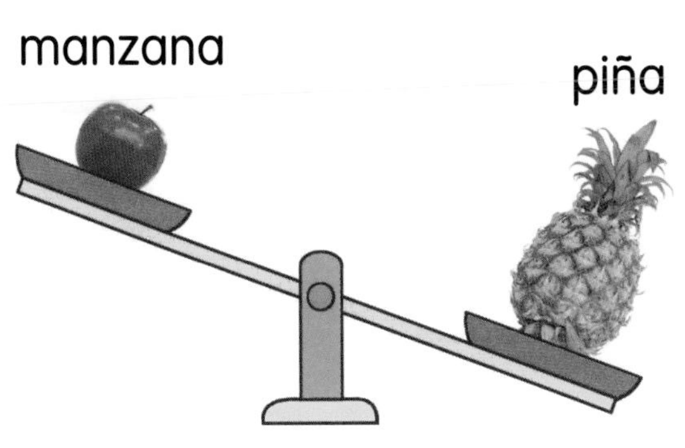

La manzana es más liviana que la piña.

La piña es más liviana que la sandía.

Entonces, la manzana es más liviana que la sandía.

Aprendizaje con supervisión

Observa las ilustraciones.
Completa.

4. _____ es más pesado que _____.

5. _____ es más pesado que _____.

6. Entonces, el perro es más pesado que _____.

Aprende

Puedes comparar el peso de más de dos cosas.

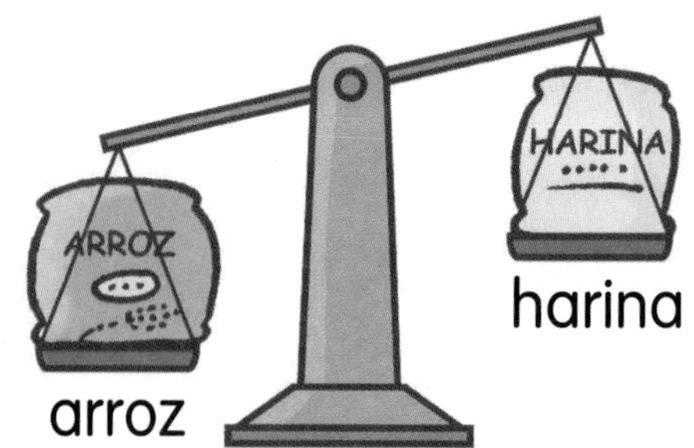

La bolsa de azúcar es más liviana que la bolsa de harina.
La bolsa de arroz es más pesada que la bolsa de harina.
La bolsa de azúcar es **la más liviana**.
La bolsa de arroz es **la más pesada**.

Aprendizaje con supervisión

Observa las ilustraciones.
Completa.

mesa

libro

globo

7. ____ es más liviano que el libro.

8. ____ es más pesado que el libro.

9. ____ es el más liviano.

10. ____ es el más pesado.

Manos a la obra

PASO 1 Coloca un par de tijeras en un lado de la balanza de platillos.
Usa plastilina para formar una bola que sea tan pesada como las tijeras.

Llámala "Bola A".

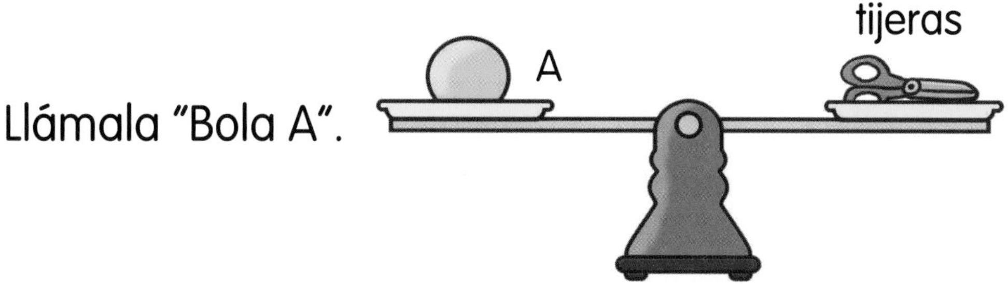

PASO 2 Coloca una calculadora en un lado de la balanza de platillos.
Usa plastilina para hacer otra bola que sea tan pesada como la calculadora.

Llámala "Bola B".

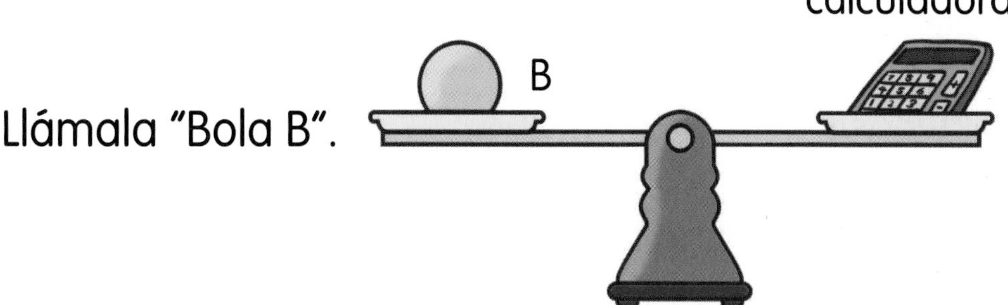

Responde a estas preguntas.

1. Toma las bolas en tus manos.
   ¿Cuál bola es más pesada: A o B?

2. ¿Cuál cosa es más pesada: el par de tijeras o la calculadora?

Practiquemos

Observa las ilustraciones. Elige entre más liviano o más pesado.

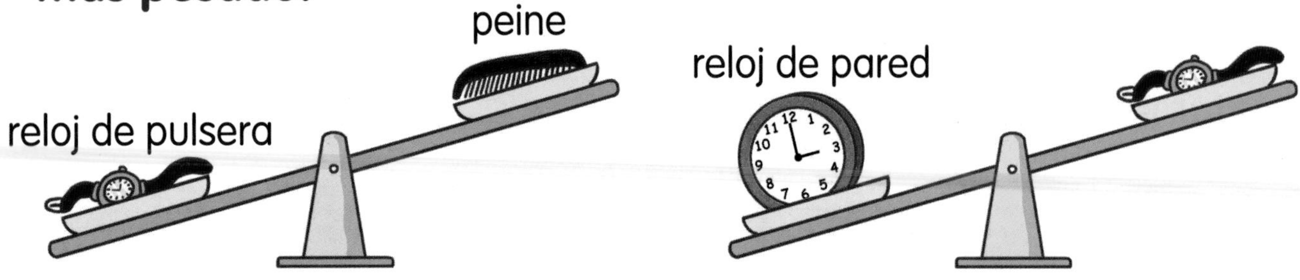

1. El peine es ______ que el reloj de pulsera.
2. El reloj de pared es ______ que el reloj de pulsera.
3. Entonces, el reloj de pared es ______ que el peine.

Usa tus respuestas de los ejercicios 1 a 3 para responder a estas preguntas.

4. ¿Cuál cosa es la más liviana? ______
5. ¿Cuál cosa es la más pesada? ______

Completa.

6. Busca tres cosas más pesadas que tu libro de matemáticas. ______
7. Busca dos cosas más livianas que tu libro de matemáticas. ______
8. Busca una cosa que sea aproximadamente tan pesada como tu libro de matemáticas. ______

POR TU CUENTA

Ver Cuaderno de actividades B: Práctica 1, págs. 1 a 6

Hallar el peso de las cosas

Objetivos de la lección

- Usar un objeto no estándar para hallar el peso de las cosas.
- Usar un objeto no estándar como unidad de medida para comparar el peso.

Aprende

Puedes medir el peso con objetos.

vaso

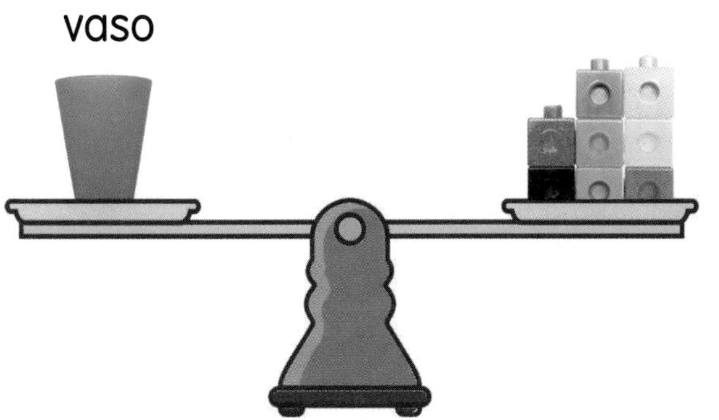

El vaso es tan pesado como 8 .

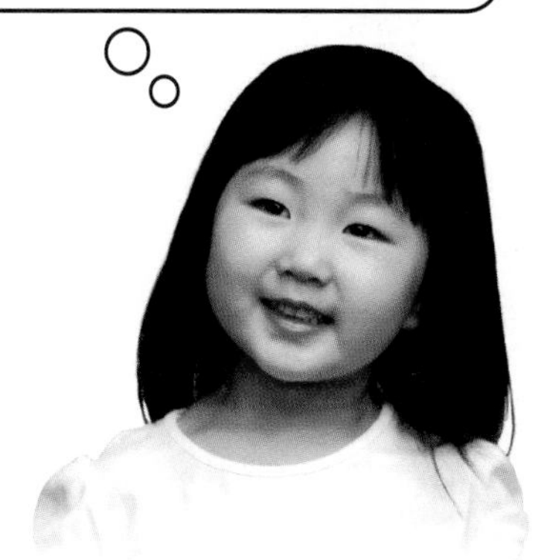

El peso del vaso es aproximadamente igual a 8 .

taza

El peso de la taza es aproximadamente igual a 15 .

La taza es más pesada que el vaso.

El vaso es más liviano que la taza.

Aprendizaje con supervisión

Observa las ilustraciones.
Completa.

1. El peso de la bolsa A es aproximadamente ______ canicas.
2. La bolsa B es tan pesada como aproximadamente ______ canicas.
3. El peso de la bolsa C es aproximadamente ______ canicas.
4. ¿Cuál es la bolsa más liviana? ______
5. ¿Cuál es la bolsa más pesada? ______
6. La bolsa ______ es más pesada que la bolsa ______.
7. La bolsa ______ es más liviana que la bolsa ______.

Manos a la obra

TRABAJAR EN GRUPO

1. Usa o y una balanza de platillos para hallar el peso de cada cosa.

estuche para lápices

un marcador

una grapadora

2. Usa una caja de cosas.
Elige una cosa.
Halla su peso con o .
Escribe su peso en una tarjeta.

PISTA: Mi cosa misteriosa pesa aproximadamente 15 monedas.

Muestra la caja de cosas y la tarjeta a tus amigos.
Pídeles que adivinen cuál es tu cosa misteriosa.
Pueden usar y una balanza de platillos para comprobar sus predicciones.

Exploremos

TRABAJAR EN PAREJAS

Usa una balanza de platillos para ordenar tres cosas de la más pesada a la más liviana.
¿Cuántas veces usaste la balanza de platillos para ordenar las cosas correctamente?

Practiquemos

Observa la ilustración.
Luego, completa los espacios en blanco.

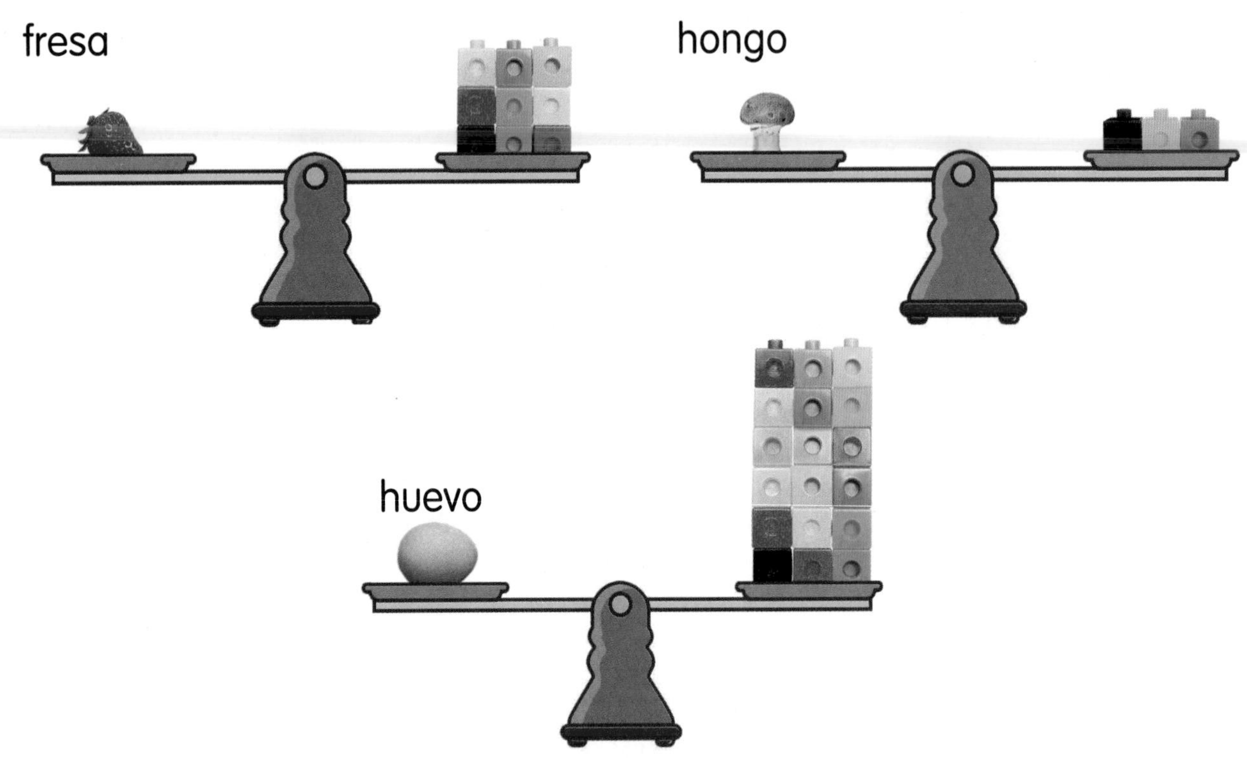

1. El peso de la fresa es aproximadamente ____ ▪.
2. El peso del hongo es aproximadamente ____ ▪.
3. El peso del huevo es aproximadamente ____ ▪.
4. ¿Cuál cosa es la más pesada? ____
5. ¿Cuál cosa es la más liviana? ____
6. ____ es más pesado que ____.
7. ____ es más liviano que ____.

Observa la ilustración atentamente.
Completa.

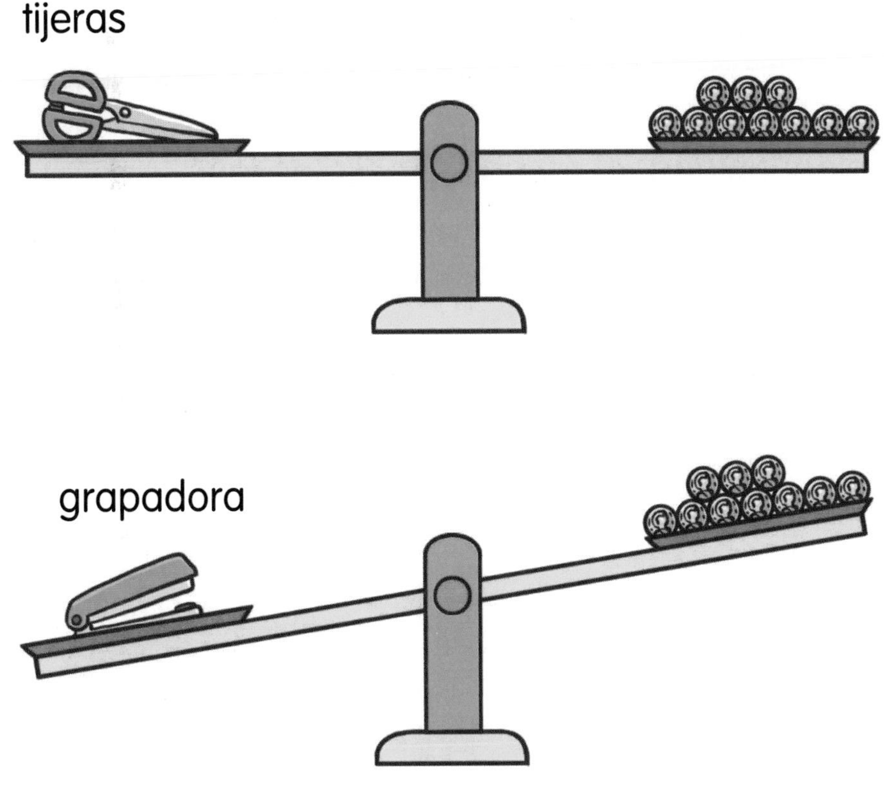

8 El peso de las tijeras es aproximadamente ______ monedas.

9 ______ monedas son más pesadas que las tijeras.

10 ______ monedas son más livianas que la grapadora.

11 ¿Cuál cosa es más pesada: las tijeras o la grapadora? ______

Hay más de una respuesta correcta para los ejercicios 9 y 10.

POR TU CUENTA

Ver Cuaderno de actividades B: Práctica 2, págs. 7 a 10

Hallar el peso en unidades

Objetivos de la lección

- Usar el término "unidad" al escribir el peso de las cosas.
- Explicar por qué hay diferencias de medición cuando se usan distintas unidades no estándares.
- Ordenar las cosas según su peso.

Vocabulario
unidad

Aprende

Puedes medir el peso en unidades.

1 goma de borrar representa 1 unidad.

El peso de la máscara es aproximadamente 1 unidad.

1 cubo representa 1 unidad.

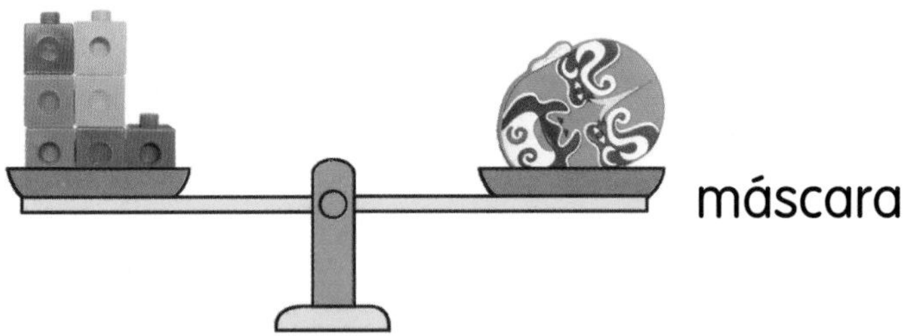

El peso de la misma máscara es aproximadamente 7 unidades.

El número de unidades es diferente porque se usan distintos objetos para representar 1 unidad.

Una **unidad** es la cantidad que se usa para medir una cosa.

Manos a la obra

Grupo 1

goma de borrar

lápiz

tijeras

1 Usa como 1 unidad.

Primero, adivina el peso de cada cosa.

Luego, comprueba tu respuesta con una balanza de platillos.

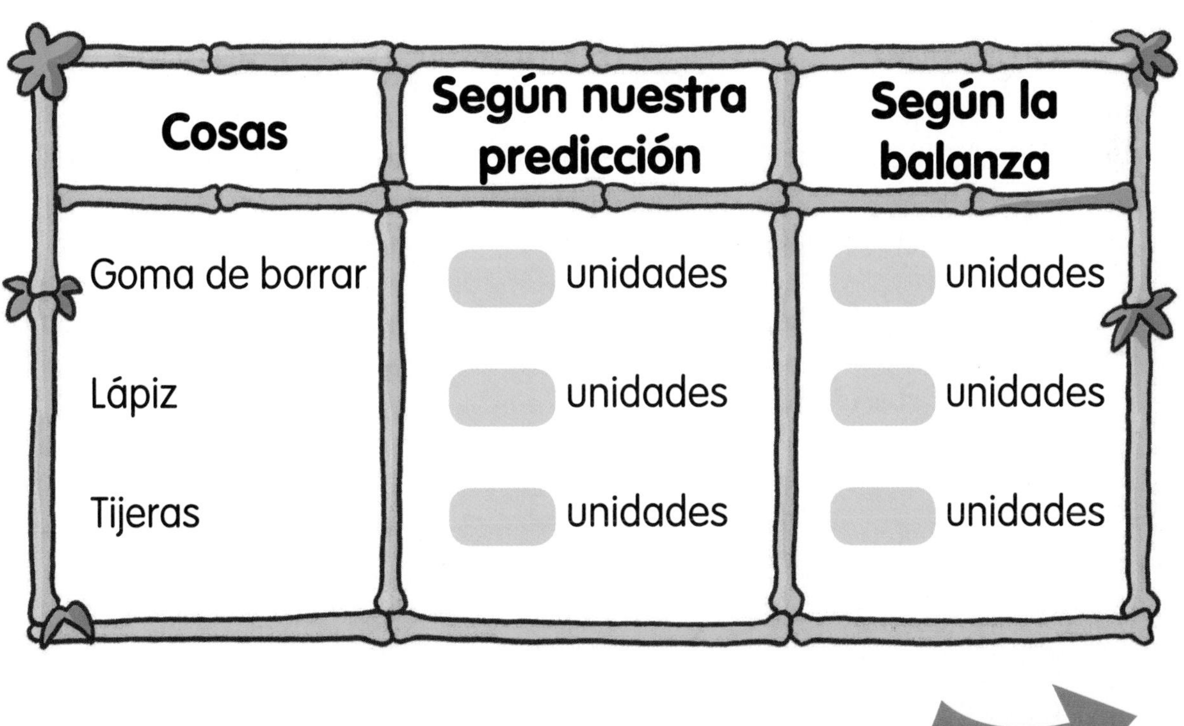

Cosas	Según nuestra predicción	Según la balanza
Goma de borrar	unidades	unidades
Lápiz	unidades	unidades
Tijeras	unidades	unidades

Continúa

Grupo 2

estuche para lápices

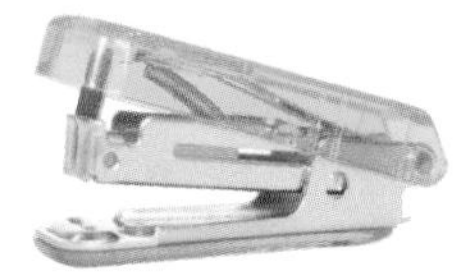
grapadora

2 crayolas

2. Usa como 1 unidad.
Primero, adivina el peso de cada cosa.
Luego, comprueba tu respuesta con una balanza de platillos.

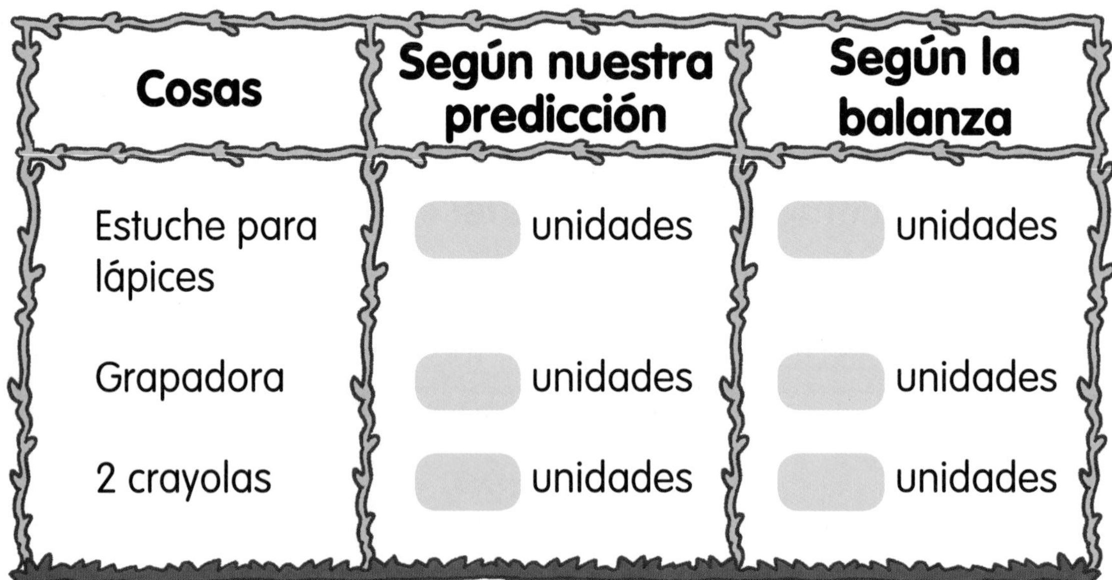

Cosas	Según nuestra predicción	Según la balanza
Estuche para lápices	unidades	unidades
Grapadora	unidades	unidades
2 crayolas	unidades	unidades

3. Ahora usa como 1 unidad para hallar el peso de las cosas en el Grupo 2.

   ¿Qué ocurre?

4. Luego, usa para hallar el peso de las cosas en el Grupo 1.
   ¿Qué ocurre? ¿Puedes decir por qué?

Aprendizaje con supervisión

Observa la ilustración.

1 ▪ representa 1 unidad.

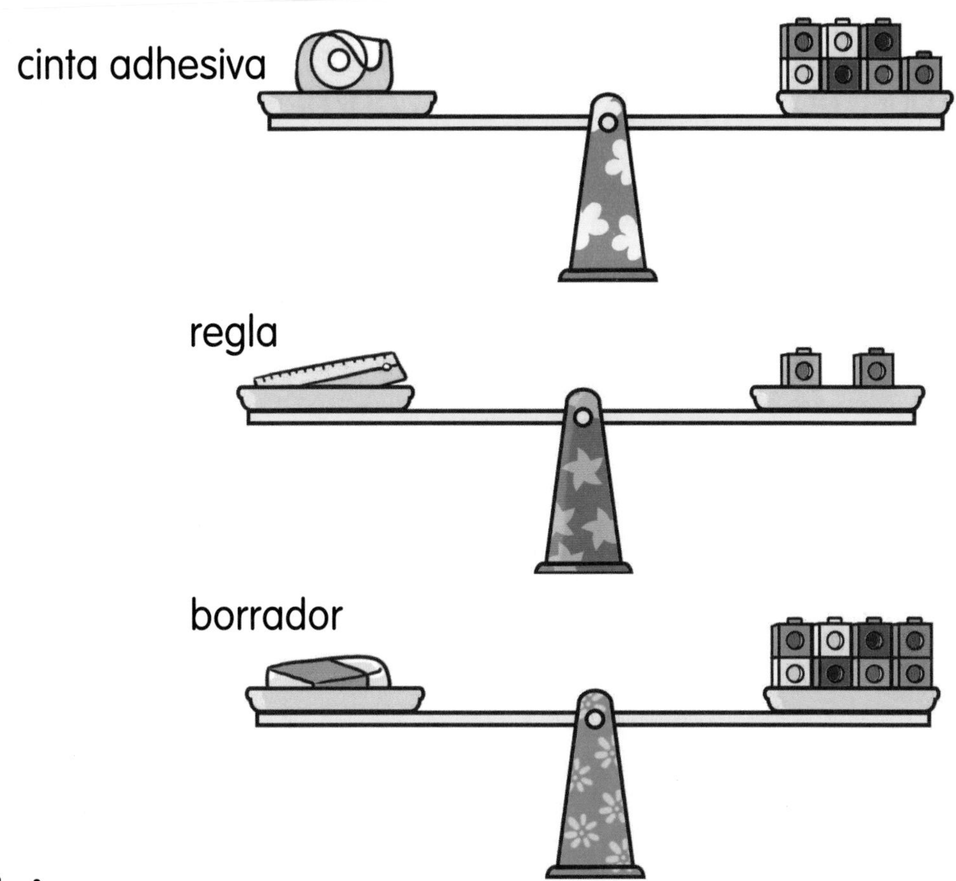

Completa.

1. ¿Cuánto pesa la cinta adhesiva? ____ unidades
2. ¿Cuánto pesa la regla? ____ unidades
3. ¿Cuánto pesa el borrador? ____ unidades
4. ¿Cuál cosa es la más pesada? ____
5. ¿Cuál cosa es la más liviana? ____
6. Ordena las cosas de la más pesada a la más liviana.

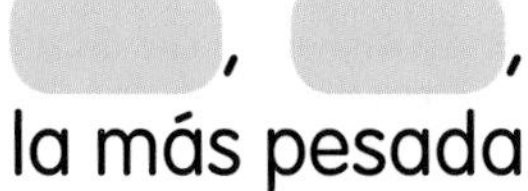

____, ____, ____
la más pesada

Practiquemos

Observa las ilustraciones.
Completa.

Lesley tiene una rebanada de sandía, 1 manzana y un racimo de uvas.

1 ◯ representa 1 unidad.

1. La rebanada de sandía pesa ____ unidades.
2. La manzana pesa ____ unidades.
3. Las uvas pesan ____ unidades.
4. ¿Cuál fruta es la más pesada? ____
5. ¿Cuál fruta es la más liviana? ____
6. ____ es más pesada que ____.
7. ____ es/son más liviana/s que ____.

POR TU CUENTA

Ver Cuaderno de actividades B: Práctica 3, págs. 11 a 16

DESTREZAS DE RAZONAMIENTO CRÍTICO

¡Ponte la gorra de pensar!

RESOLUCIÓN DE PROBLEMAS

1

¿Cuál bolsa es más pesada: A o B?

2

¿Cuál es más pesado: el conejo o el pavo?

¿Cuál es el más pesado?

¿Cuál es el más liviano?

3

Ordena las cajas de la más liviana a la más pesada.

, ,

la más liviana

POR TU CUENTA

Ver Cuaderno de actividades A: ¡Ponte la gorra de pensar! págs. 17 a 18

Resumen del capítulo

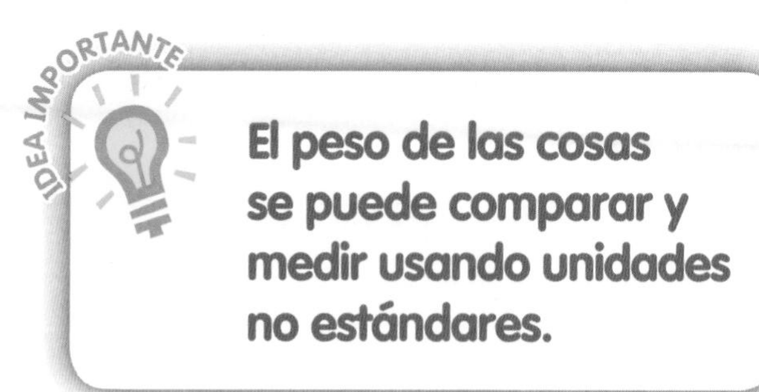

Has aprendido...

a comparar el peso de las cosas.

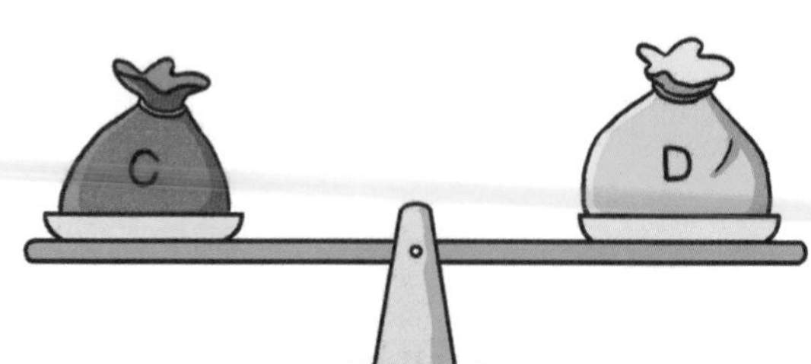

La bolsa A es más liviana que la bolsa B.
La bolsa B es más pesada que la bolsa A.
La bolsa C es tan pesada como la bolsa D.

---

a comparar el peso de dos cosas usando un objeto.

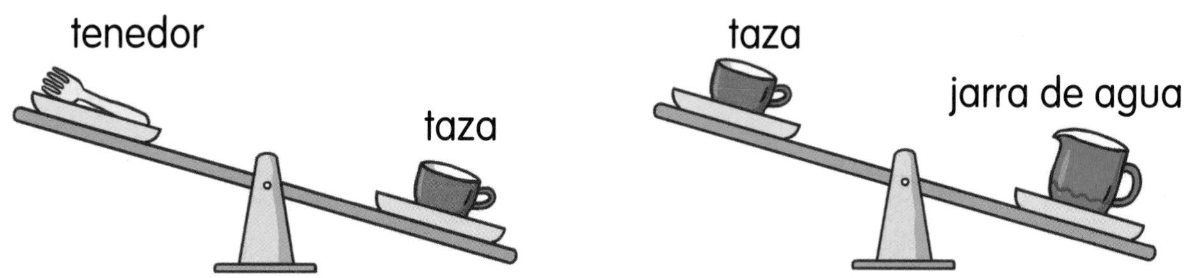

El tenedor es más liviano que la taza.
La jarra de agua es más pesada que la taza.
Entonces, la jarra de agua es más pesada que el tenedor.
El tenedor es el más liviano.
La jarra de agua es la más pesada.

a medir el peso usando unidades no estándares.

pelota gomas de borrar automóvil de juguete gomas de borrar

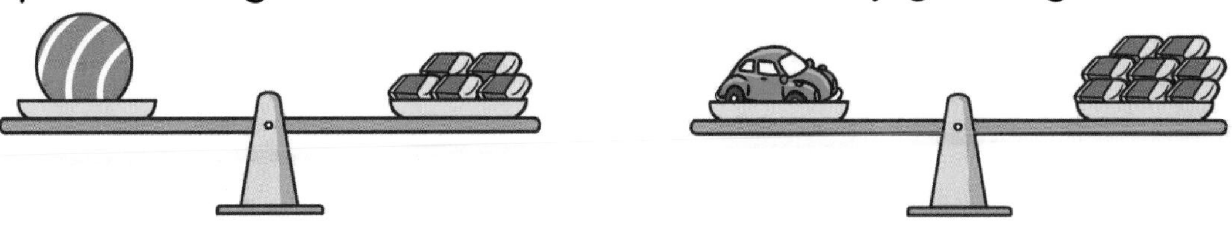

El peso de la pelota es aproximadamente 5 gomas de borrar.

El peso del automóvil de juguete es aproximadamente 8 gomas de borrar.

---

que el número de unidades es diferente cuando se usan distintos objetos para representar 1 unidad.

1 representa 1 unidad.

envase de salsa de tomate

1 representa 1 unidad.

envase de salsa de tomate

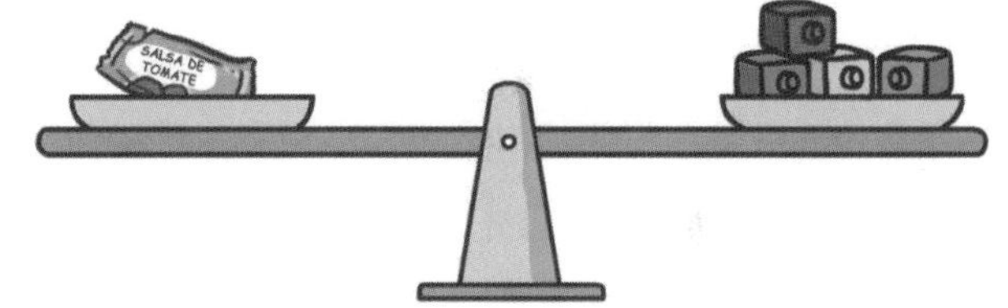

El peso del envase de salsa de tomate es aproximadamente 1 unidad cuando usas .

El peso del mismo envase es aproximadamente 4 unidades cuando usas .

a indicar el peso de una cosa en unidades.

a ordenar cosas de la más pesada a la más liviana.

1 representa 1 unidad.

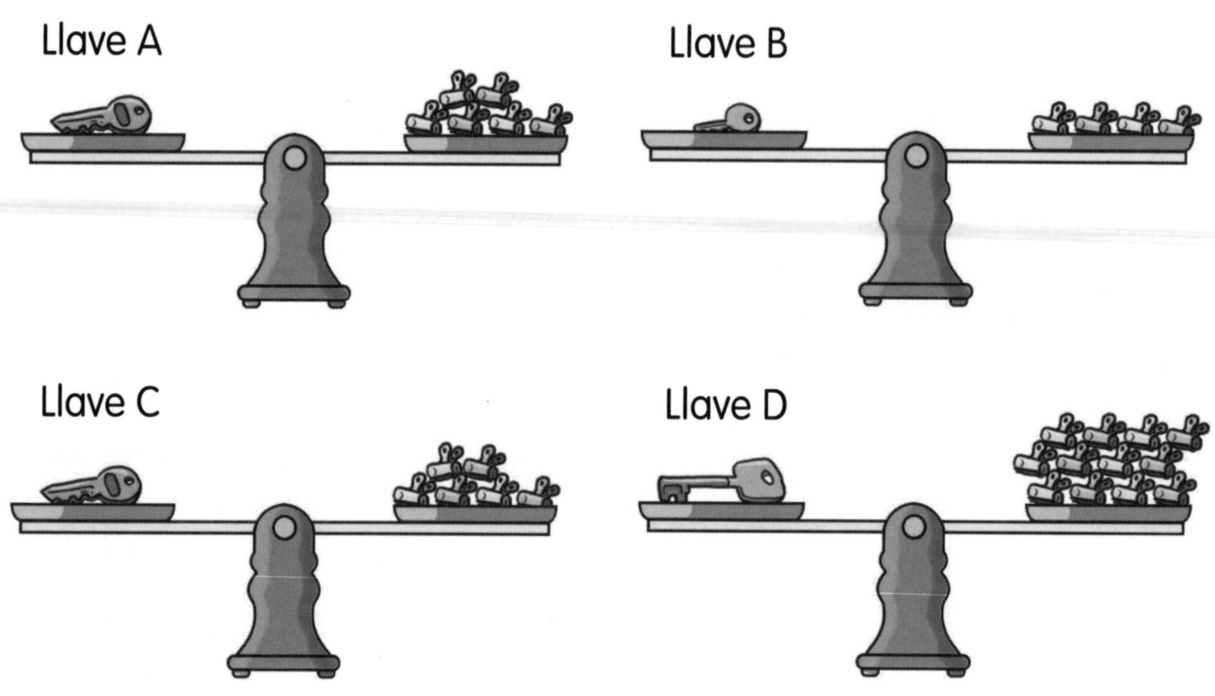

La llave A pesa aproximadamente 6 unidades.
La llave B pesa aproximadamente 4 unidades.
La llave C pesa aproximadamente 6 unidades.
La llave D pesa aproximadamente 12 unidades.

La llave B es más liviana que la llave A.
La llave A es más pesada que la llave B.
La llave A es tan pesada como la llave C.
La llave B es la más liviana.
La llave D es la más pesada.

POR TU CUENTA

Ver Cuaderno de actividades B: Repaso/Prueba del capítulo, págs. 19 a 24

CAPÍTULO 11 Gráficas con dibujos y gráficas de barras

En la granja de Pepito
i - a - i - a - i - o
hay una vaca y un cerdito
i - a - i - a - i - o.
Una vaca aquí,
un cerdito allá,
vaca aquí, cerdo allá,
vaca y cerdo van.
En la granja de Pepito,
¡ i - a - i - a - i - o!

IDEA IMPORTANTE

Se pueden usar gráficas con dibujos, tablas de conteo y gráficas de barras para representar datos.

Recordar conocimientos previos

Representar datos con dibujos

Hay 5 .

Hay 3 .

Hay 3 .

Hay 2 .

Repaso rápido

Resuelve.

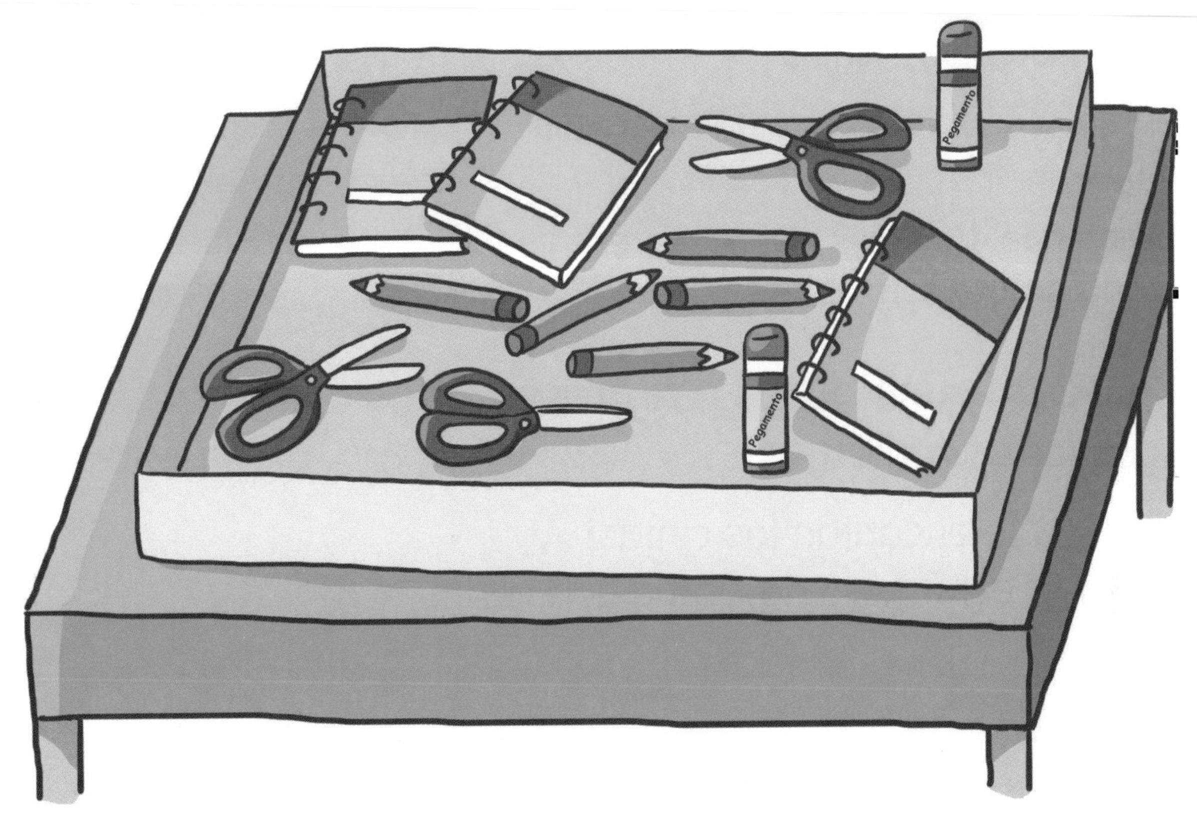
Pegamento
Pegamento

1 Hay .
Pegamento

2 Hay .

3 Hay y .

Gráficas con dibujos simples

Objetivos de la lección

- Reunir y organizar datos.
- Representar datos con una gráfica con dibujos.
- Comprender los datos que se representan en una gráfica con dibujos.

Vocabulario

datos	la mayor cantidad
gráfica con dibujos	la menor cantidad
más	menos

Aprende

Puedes reunir datos y representarlos con una gráfica con dibujos.

¡A Sally le encantan las cintas!
Cuenta el número de cintas que tiene.

Los **datos** son información que tiene números. En este ejercicio, la información es el número y el color de las cintas.

Las cintas de Sally

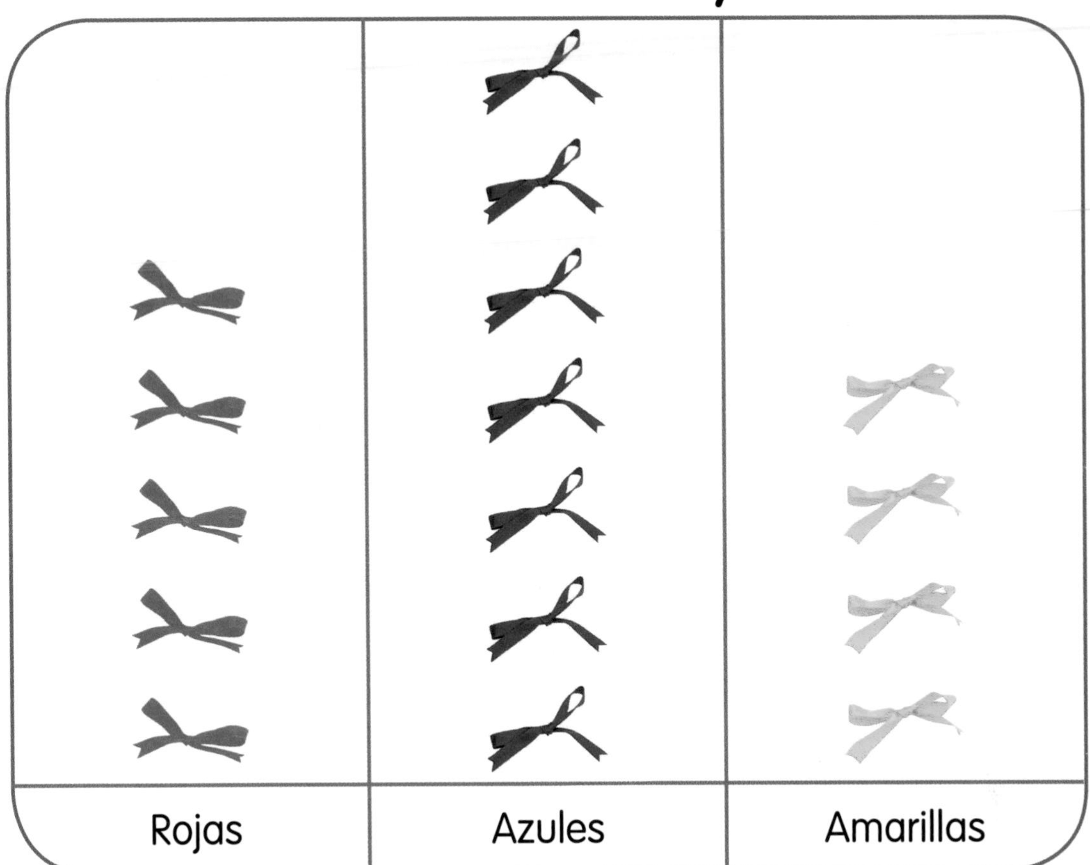

Puedes representar datos con una **gráfica con dibujos**.

Lee la gráfica con dibujos.

Hay 5 cintas rojas.

Hay 7 cintas azules.

Hay 4 cintas amarillas.

La mayor cantidad es el número mayor.
La menor cantidad es el número menor.

La mayor cantidad de cintas son azules.

La menor cantidad de cintas son amarillas.

Hay 2 cintas azules **más** que rojas.

Hay 3 cintas amarillas **menos** que azules.

Hay 16 cintas en total.

En una gráfica con dibujos se usan ilustraciones o símbolos para representar datos.

Aprendizaje con supervisión

Observa la gráfica con dibujos.
Luego, resuelve.

Hay tres gallinas en la granja del viejo Joe.
En la gráfica con dibujos se muestra el número de huevos que puso cada gallina esta semana.

Huevos que pusieron esta semana

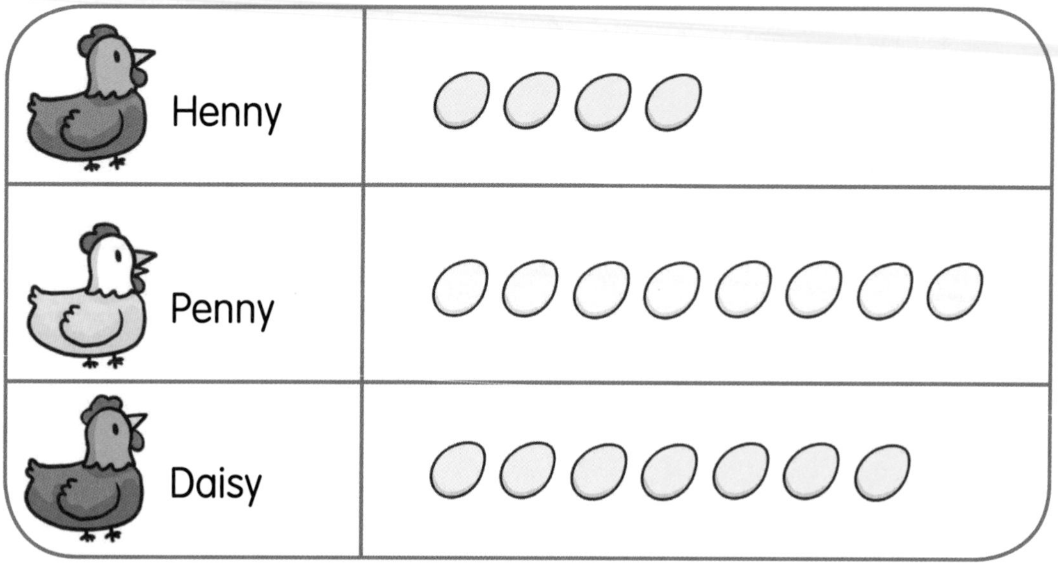

Henny	⬭⬭⬭⬭
Penny	⬭⬭⬭⬭⬭⬭⬭⬭
Daisy	⬭⬭⬭⬭⬭⬭⬭

1. Henny puso ____ huevos.
2. Penny puso ____ huevos.
3. Daisy puso ____ huevos.
4. ____ puso la mayor cantidad de huevos.
5. ____ puso la menor cantidad de huevos.
6. Daisy puso ____ huevos más que Henny.
7. Hay ____ huevos en total.

Aprendizaje con supervisión

Observa la gráfica con dibujos.

Luego, responde a las preguntas.

Animales marinos en la costa

Cangrejo	
Calamar	
Estrella de mar	
Pez	

8 ¿Cuántos cangrejos hay?

9 ¿Cuántos calamares hay?

10 ¿Cuántas estrellas de mar hay?

11 ¿Cuántos peces hay?

12 ¿Qué animal marino se ve más?

13 ¿Qué animal marino se ve menos?

14 ¿Hay más calamares o peces?
¿Cuántos más?

15 ¿Hay menos estrellas de mar o cangrejos?
¿Cuántos o cuántas menos?

Practiquemos

Observa la gráfica con dibujos. Completa.

Feria de frutas

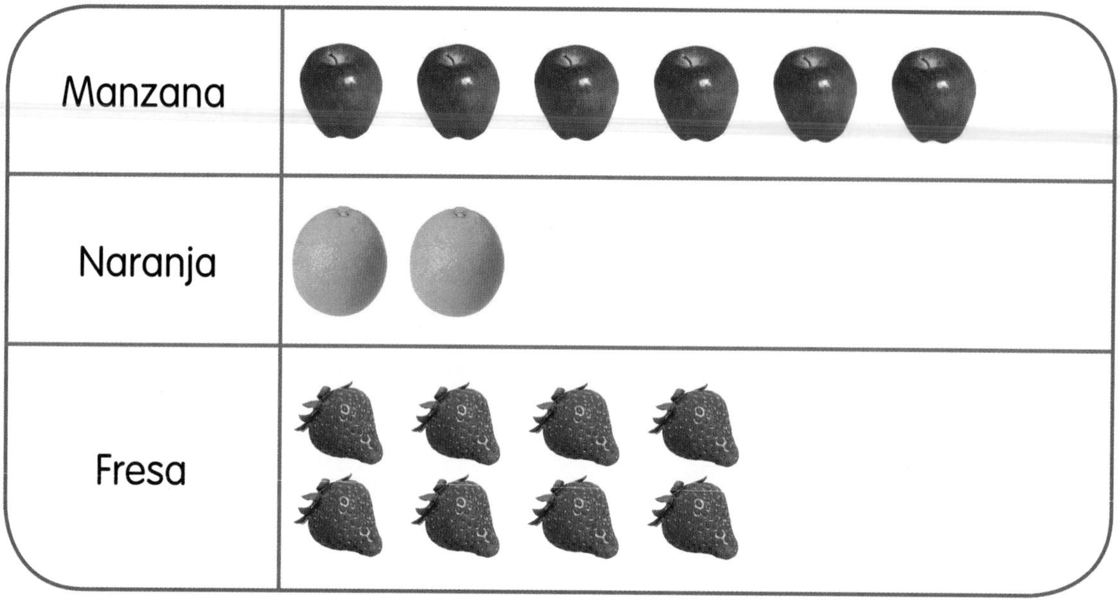

Manzana	
Naranja	
Fresa	

1. Hay ______ manzanas.
2. Hay ______ naranjas.
3. Hay ______ manzanas más que naranjas.
4. Hay ______ naranjas menos que fresas.
5. Hay mayor cantidad de ______.
6. Hay menor cantidad de ______.

Observa la gráfica con dibujos.
Completa.

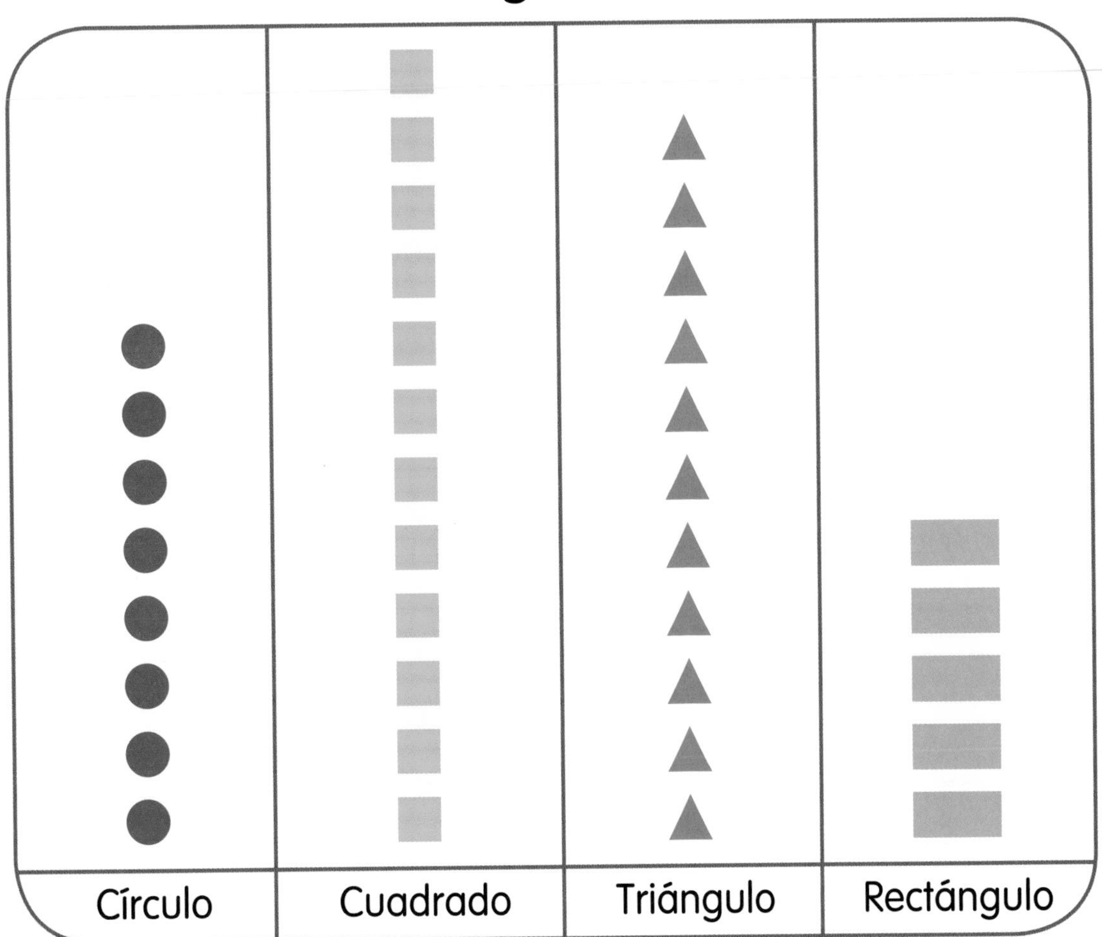

7. Hay ______ cuadrados.
8. Hay 11 ______.
9. Hay mayor cantidad de ______.
10. Hay menor cantidad de ______.
11. Hay ______ cuadrados más que círculos.
12. Hay ______ rectángulos menos que triángulos.

POR TU CUENTA

Ver Cuaderno de actividades B: Práctica 1, págs. 25 a 28

Más gráficas con dibujos

Objetivos de la lección

- Reunir y organizar datos.
- Hacer gráficas con dibujos.
- Usar símbolos para comprender los datos de las gráficas con dibujos.

Aprende

Puedes reunir datos para hacer una gráfica con dibujos.

Adam tira un cubo numerado.

Cada ★ representa 1 lanzamiento.

¡Saqué un 3!

Lanzamientos de Adam

		★			
1	**2**	**3**	**4**	**5**	**6**

Adam vuelve a tirar el cubo numerado.

Después saqué un 4.

Lanzamientos de Adam

		★	★		
1	**2**	**3**	**4**	**5**	**6**

Aprendizaje con supervisión

★ es un símbolo que representa 1 lanzamiento.

1 Ayuda a Adam a tirar el cubo numerado 10 veces más.
Coloca ★ en los lugares correctos.
¿Cómo se ve tu gráfica?

Manos a la obra

En la bolsa de Dwayne hay 1 , 1 , 1 y 1 .

Dwayne saca 1 de la bolsa.

Dwayne pone una ✗ en la gráfica.

Las piezas que saca Dwayne

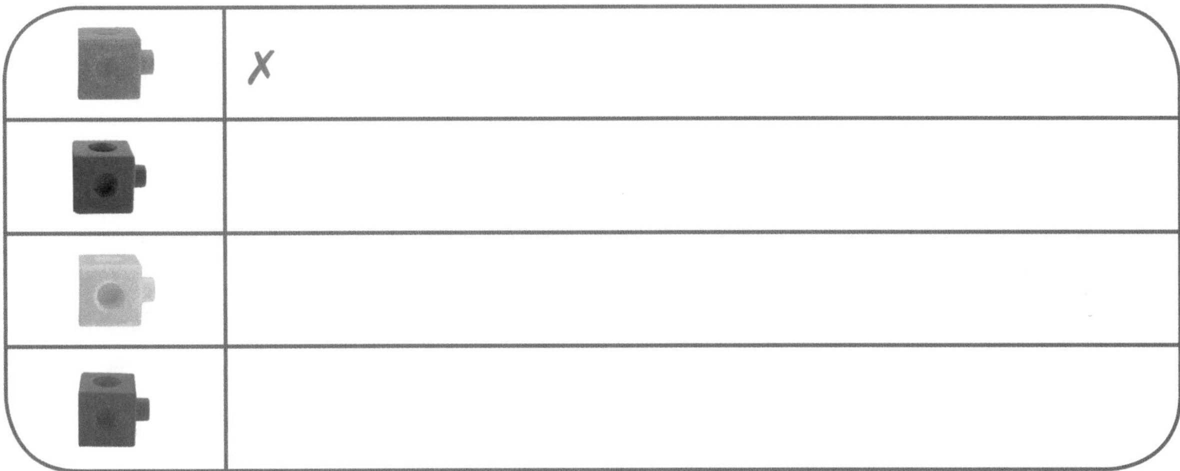

	✗

Dwayne vuelve a poner el en la bolsa.
Ayúdalo a sacar otro.
Pon otra ✗ en la gráfica.
Hazlo 10 veces.
¿Cuál sacaste más veces?
¿Cuál sacaste menos veces?

Usa una ✗ para representar cada pieza que sacas.

Aprende

Puedes comprender los datos de una gráfica con dibujos.

Esta gráfica con dibujos representa los juguetes favoritos de 18 niños.

Nuestros juguetes favoritos

★				
★				
★		★		★
★	★	★		★
★	★	★		★
★	★	★	★	★
Osito de peluche	Muñeca	Pelota	Automóvil de juguete	Juego de cocina

Cada ★ representa 1 niño.

A 4 niños les gustan los juegos de cocina.

A 3 niños les gustan las muñecas.

El juguete que eligió la mayor cantidad de niños es el osito de peluche.

3 niños menos prefieren los automóviles de juguete que los juegos de cocina.

Las pelotas y los juegos de cocina les gustan al mismo número de niños.

Hay 5 tipos de juguetes en total.

Aprendizaje con supervisión

Observa la gráfica con dibujos.

Luego, responde a las preguntas.

Esta gráfica con dibujos representa los colores favoritos que eligió una clase de primer grado.

Nuestro color favorito

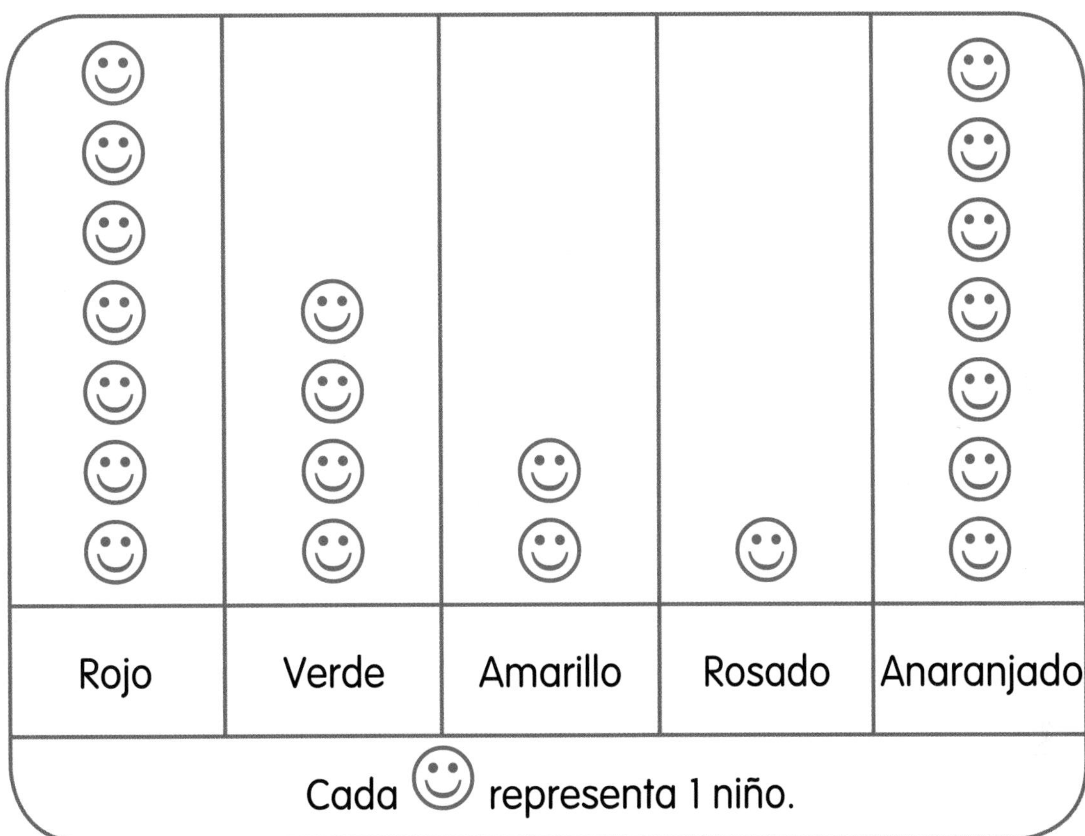

2. ¿Cuántos niños eligieron el anaranjado?
3. ¿Cuál fue el color que menos eligieron?
4. ¿Cuántos niños más eligieron el rojo que el verde?
5. ¿Cuántos niños menos eligieron el amarillo que el anaranjado?
6. ¿Cuántos niños hay?

Practiquemos

Observa la gráfica con dibujos.
Luego, responde a las preguntas.

Esta gráfica con dibujos representa los automóviles que hay en un estacionamiento.

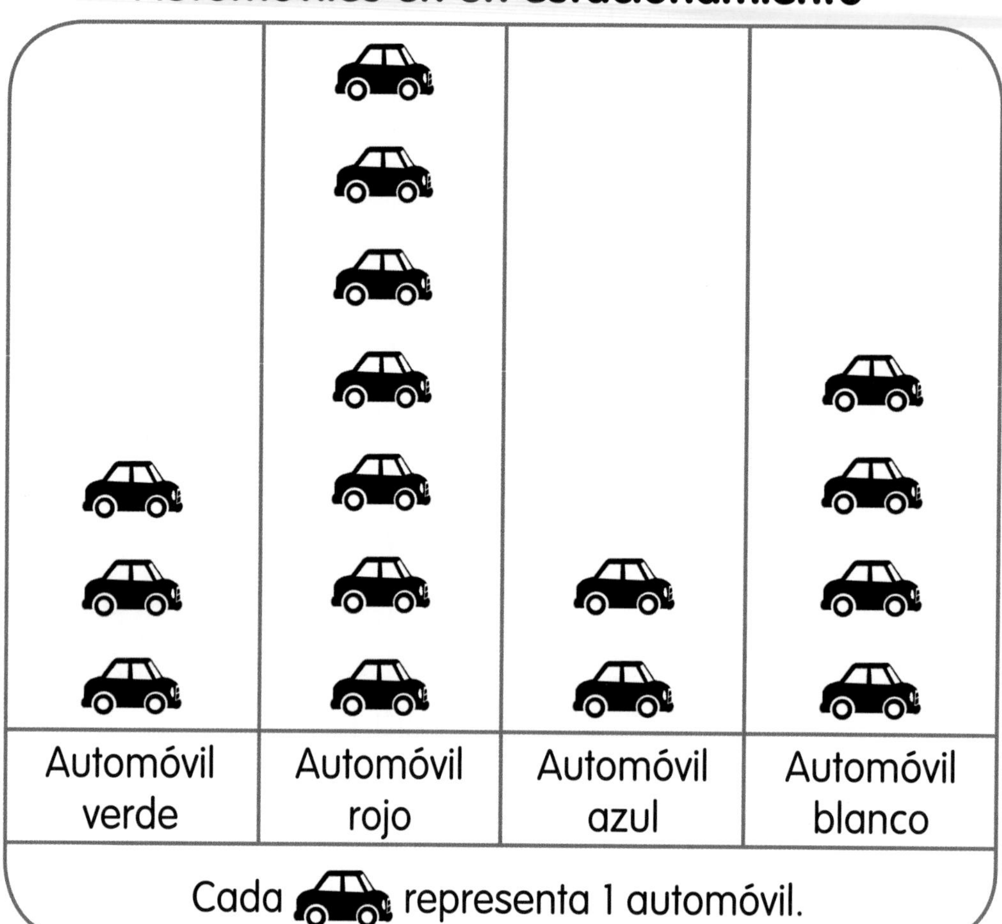

1. ¿Cuántos automóviles azules hay?
2. ¿Cuántos automóviles rojos y blancos hay en total?
3. Hay más automóviles rojos que verdes. ¿Cuántos más?
4. ¿Cuántos automóviles **no** son verdes?

Observa la gráfica con dibujos.

Luego, responde a las preguntas.

Esta gráfica con dibujos representa la estación favorita de algunos niños.

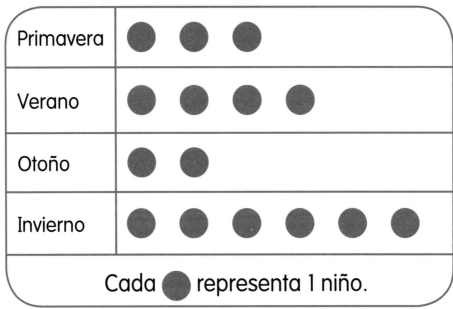

Estaciones favoritas

Primavera	● ● ●
Verano	● ● ● ●
Otoño	● ●
Invierno	● ● ● ● ● ●
Cada ● representa 1 niño.	

5 El invierno es la estación favorita de ____ niños.

6 ____ es la estación favorita de 4 niños.

7 ¿Cuántos niños eligieron la primavera o el otoño? ____

8 ¿Cuál es la estación que eligieron más niños? ____

9 ____ es la estación que menos niños prefieren.

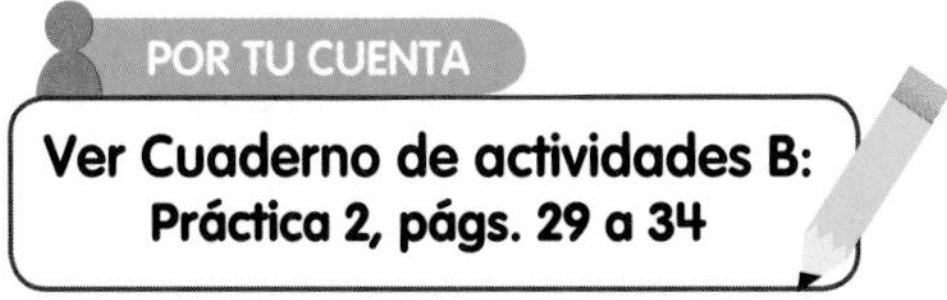

POR TU CUENTA
Ver Cuaderno de actividades B:
Práctica 2, págs. 29 a 34

Tablas de conteo y gráficas de barras

Objetivos de la lección

- Hacer una tabla de conteo.
- Representar datos con una gráfica de barras.
- Comprender los datos de una gráfica de barras.

Vocabulario
marca de conteo
tabla de conteo
gráfica de barras

Puedes usar una tabla de conteo y una gráfica de barras para reunir y organizar datos.

La maestra Hanson les pide a los niños que peguen ilustraciones de su deporte favorito en una hoja de papel, como se muestra abajo.

Luego, hace una tabla de conteo con estos datos.
La maestra pone una marca ✓ al lado del deporte favorito de cada niño y dibuja una **marca de conteo** / en la tabla de conteo.

Fútbol conteo

Pongo una marca al lado del deporte favorito de un niño y hago una marca de conteo.

Hago 4 marcas de conteo así: ////.
Para representar 5 marcas de conteo, trazo la quinta marca horizontalmente sobre las 4 marcas de conteo.

Deportes	Conteo
Fútbol	~~////~~ ~~////~~
Básquetbol	~~////~~ ///
Béisbol	//

Esta es la tabla de conteo completa de la maestra Hanson.

Luego, la maestra Hanson cuenta las marcas de conteo que hizo para cada deporte.

Deportes	Conteo	Número de niños
Fútbol	~~IIII~~ ~~IIII~~	10
Básquetbol	~~IIII~~ III	8
Béisbol	II	2

La tabla de conteo representa el número de niños que eligen cada uno de los deportes como favorito.
La maestra Hanson usa una gráfica con dibujos para representar los datos.
Usa un ■ para representar 1 niño.

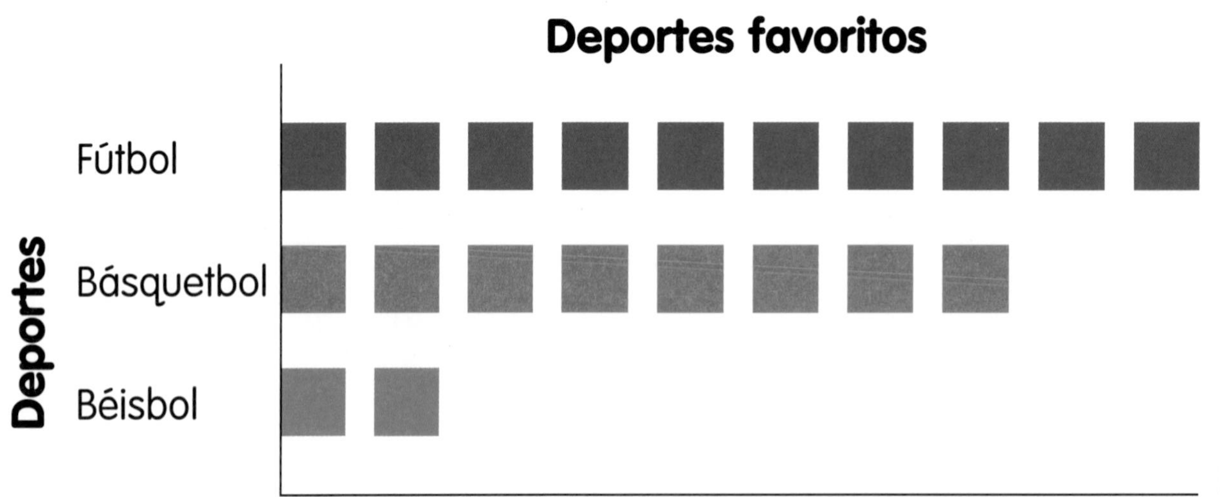

Luego, la maestra Hanson representa los mismos datos en una gráfica de barras.

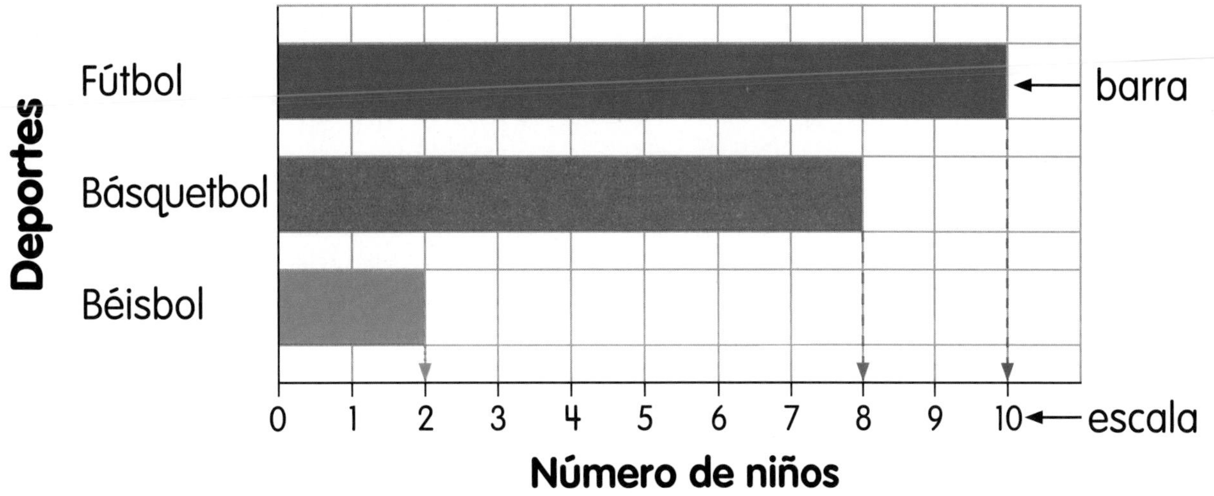

Usa la escala para hallar el número de niños.

La maestra Hanson lee la gráfica de barras.
El fútbol es el deporte favorito de 10 niños.
El básquetbol es el deporte favorito de 8 niños.
El béisbol es el deporte favorito de 2 niños.

Para leer una gráfica de barras, busca el extremo de la barra y mira hasta qué número llega en la escala.

En una **gráfica de barras** se usa la longitud de las barras y una escala para representar datos.

Aprendizaje con supervisión

Peter vio algunos animales en el zoológico.

Usa una copia de esta tabla de conteo.
Cuenta los animales y haz una marca de conteo por cada uno de ellos.

1

Animales	Conteo	Número de animales
León		
Mono		
Caballo		

Completa.

2 Hay ___ monos.

3 Hay ___ animales en total.

Esta es la gráfica de barras de los animales que vio Peter.

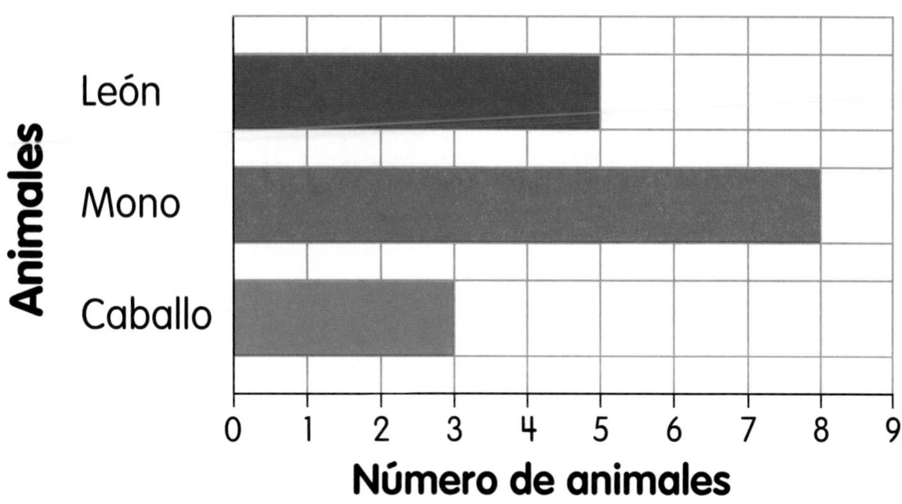

Observa la gráfica de barras.
Completa.

4. Hay ____ monos.

5. Hay ____ leones.

6. Hay ____ caballos.

7. Hay ____ monos más que caballos.

8. Hay ____ leones menos que monos.

9. Hay menor cantidad de ____.

10. Hay mayor cantidad de ____.

Practiquemos

Henry está haciendo una tabla de conteo y una gráfica de barras. Los datos son los tipos de libros que tiene.

1 **Completa una copia de la tabla de conteo y de la gráfica de barras.**

a

Tipos de libros	Conteo	Número de libros
Libro de tiras cómicas	卌	
Libro de crucigramas	|||	
Libro de cuentos	卌 ||	

b

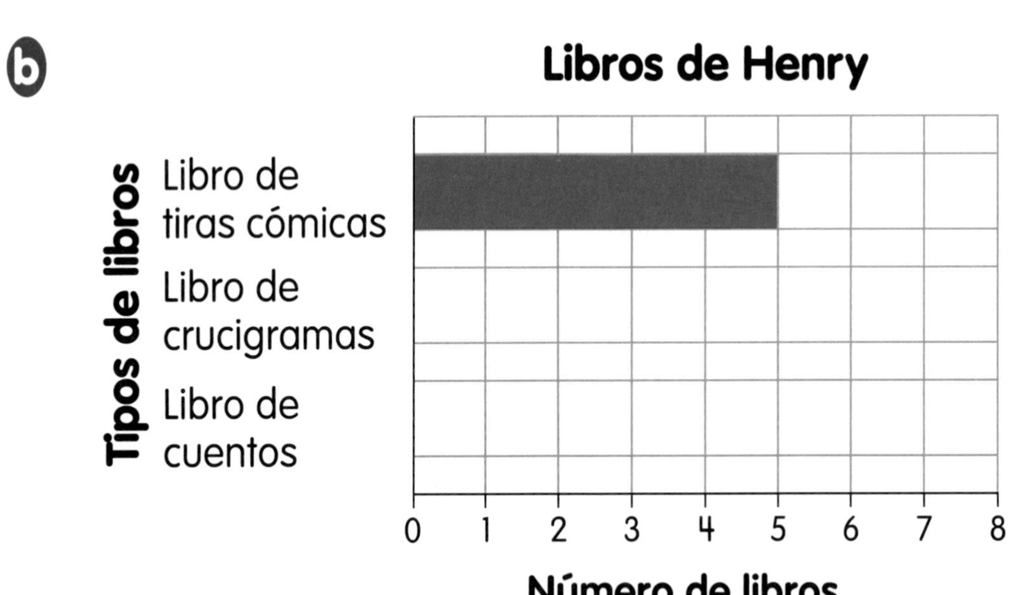

2 Henry tiene ______ libros de cuentos más que de crucigramas.

3 Henry tiene ______ libros de tiras cómicas menos que de cuentos.

POR TU CUENTA

Ver Cuaderno de actividades B: Práctica 3, págs. 35 a 38

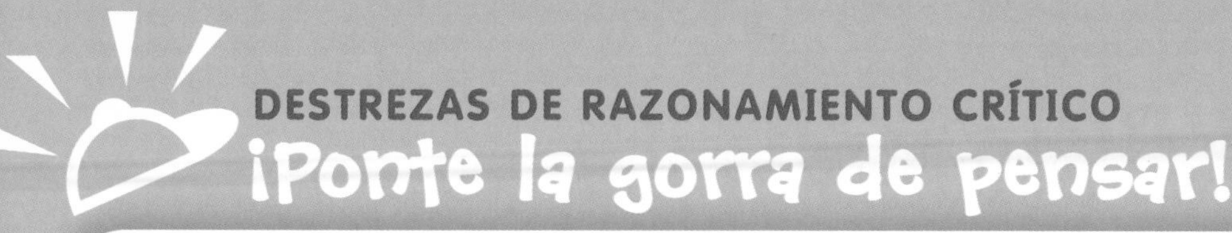

RESOLUCIÓN DE PROBLEMAS

Lee los enunciados.
Luego, haz una gráfica.
Tu gráfica debe empezar
como la ilustración de abajo.

Llueve el lunes y el martes.

Hay sol el miércoles y el jueves.

Llueve mucho el viernes.

Hace calor y no llueve el sábado y el domingo.

Representa cada día con un .

Días de sol y días de lluvia

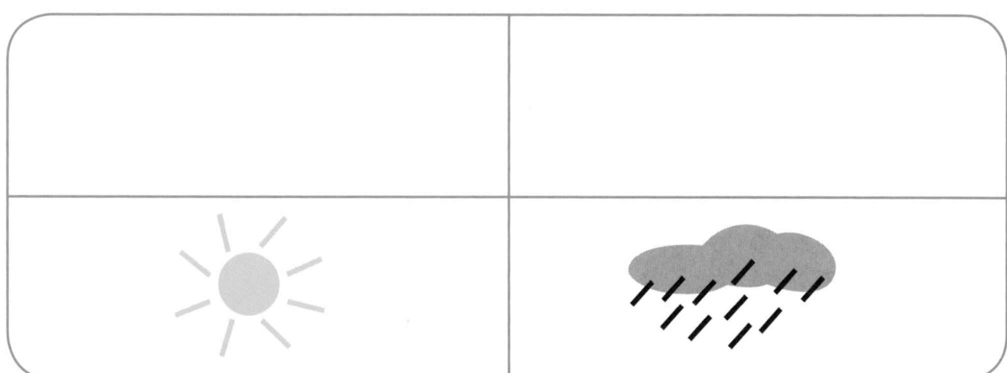

¿Hay más días de sol o de lluvia?
¿Cuántos días más?

POR TU CUENTA

Ver Cuaderno de actividades B: ¡Ponte la gorra de pensar!, págs. 39 a 42

Resumen del capítulo

Has aprendido...

a recopilar y contar datos.

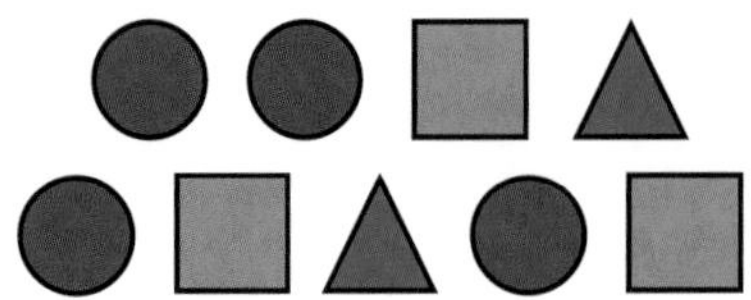

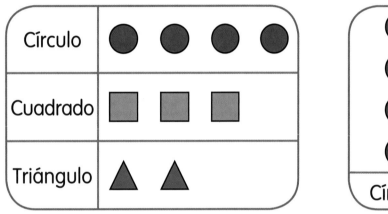

Hay 4 círculos.
Hay 3 cuadrados.
Hay 2 triángulos.

a dibujar y leer gráficas con dibujos.

Figuras

Círculo	● ● ● ●
Cuadrado	■ ■ ■
Triángulo	▲ ▲

Figuras

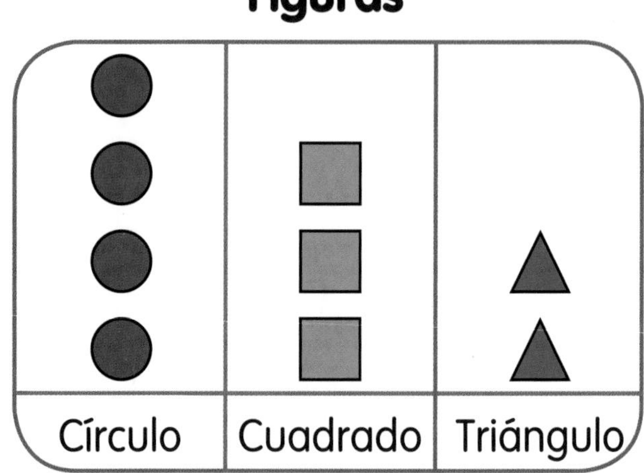

a usar un dibujo para representar 1 cosa.
a usar símbolos para comprender los datos de las gráficas con dibujos.

Frutas que comí esta semana

Manzana	★ ★ ★ ★
Plátano	★ ★ ★
Pera	★ ★
Cada ★ representa 1 fruta.	

Cada ★ representa 1 fruta.
Comí 4 manzanas.
Comí 1 plátano más que peras.
Comí 3 tipos de frutas.

a hacer una tabla de conteo.

Se pueden usar gráficas con dibujos, tablas de conteo y gráficas de barras para representar datos.

Frutas	Conteo
Manzana	////
Plátano	///
Pera	//

a representar datos en una gráfica de barras.

En una gráfica de barras se usa la longitud de las barras y una escala para representar datos.

Frutas que comí esta semana

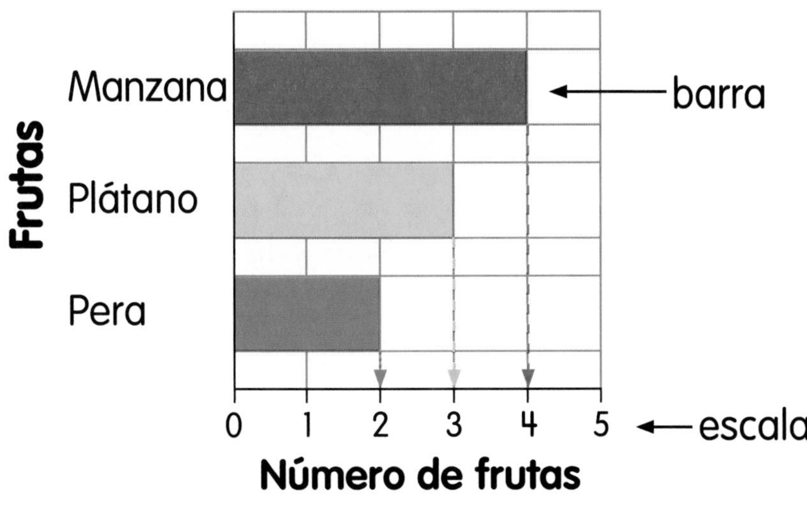

Comí 4 manzanas. La longitud de las barras representa el número de frutas. Usa la escala para hallar el número de frutas.

POR TU CUENTA

Ver Cuaderno de actividades B: Repaso/Prueba del capítulo, págs. 43 a 44

CAPÍTULO 12

Los números hasta 40

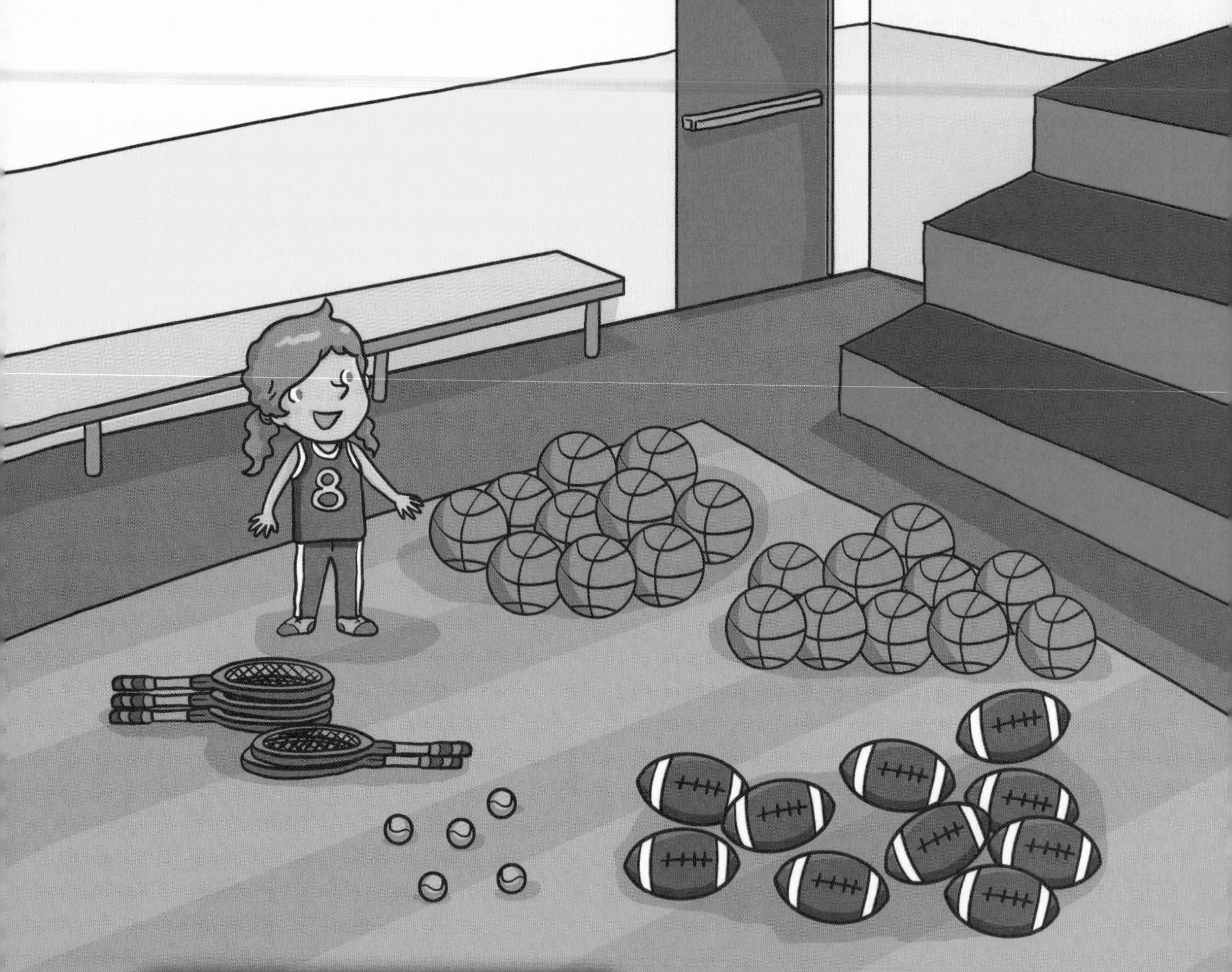

Cuenta, compara y ordena números de 1 a 40.

Recordar conocimientos previos

Contar hacia adelante de 10 a 20

10, ... 11, 12, 13, 14, 15, 16, 17, 18, 19, 20

13
trece

Formar una decena y luego, contar

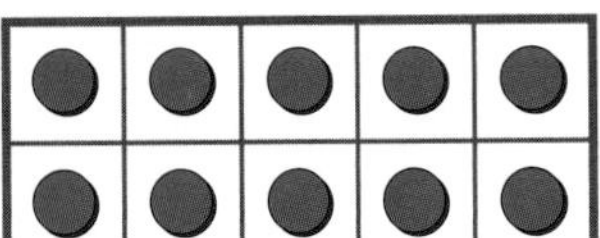

14 es igual a 10 y 4.
14 = 10 + 4

Diez y cuatro suman catorce.

Leer tablas de valor posicional

14 es igual a 1 decena
y 4 unidades.
14 = 10 + 4

Decenas	Unidades
1	4

Comparar y ordenar números

Compara 17, 14 y 19.

Decenas	Unidades
1	7
1	4
1	9

Compara las decenas.
Son iguales.

Compara las unidades.
7 unidades son más que
4 unidades.
Entonces, 17 es mayor que 14.

9 unidades son más que
7 unidades y más que 4 unidades.
19 es el número mayor.
14 es el número menor.

Ordena los números de mayor a menor.
19, 17, 14

Ordena los números de menor a mayor.
14, 17, 19

Formar patrones numéricos

12, 14, 16, 18...

Los números están ordenados en un patrón.

Cada número es 2 más que el número anterior.

El número que sigue es 2 más que 18.

Es 20.

Cuenta hacia adelante.

1. 14, 15, 16, ___, ___

2. 10, 11, 12, ___, ___

Escribe los números o las palabras que faltan.

●	●	●	●	●
●	●	●	●	●

●	●	●	●	●
●	●	●		

3. Dieciocho es igual a ___ y ___.

4. 10 y 8 suman ___.

5. 10 + ___ = 18

Lee la tabla de valor posicional.
Escribe los números que faltan.

6.
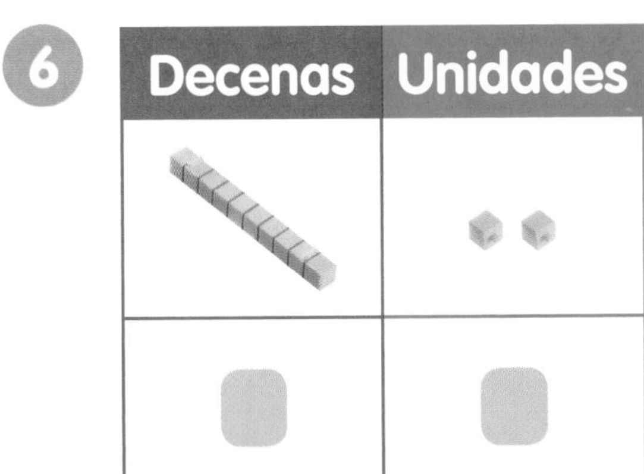

12 es igual a ___ decena y ___ unidades.

12 = ___ + 2

Compara y ordena.

16 18 13

7 ____ es mayor que 16.

8 ____ es menor que 16.

9 ____ es el número menor.

10 ____ es el número mayor.

11 Ordena los números de mayor a menor.

, , ____

el mayor

Completa los patrones numéricos.

12 11, 13, 15, , ____

13 20, 18, , 14, ____

Contar hasta 40

Objetivos de la lección

- Contar hacia adelante de 21 a 40.
- Leer y escribir de 21 a 40 en números y palabras.

Vocabulario

veintiuno, veintidós, veintitrés, veinticuatro, veinticinco, veintiséis, veintisiete, veintiocho, veintinueve, treinta, cuarenta

Aprende

Puedes contar números mayores que 20 de uno en uno.

Cuenta los .

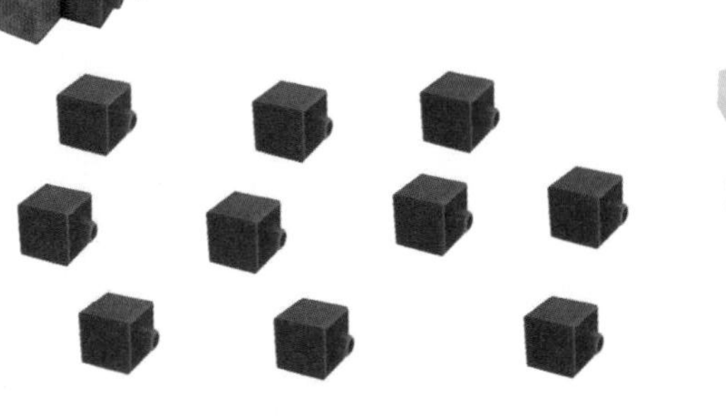

Continúa

Es fácil formar decenas con  y contar.

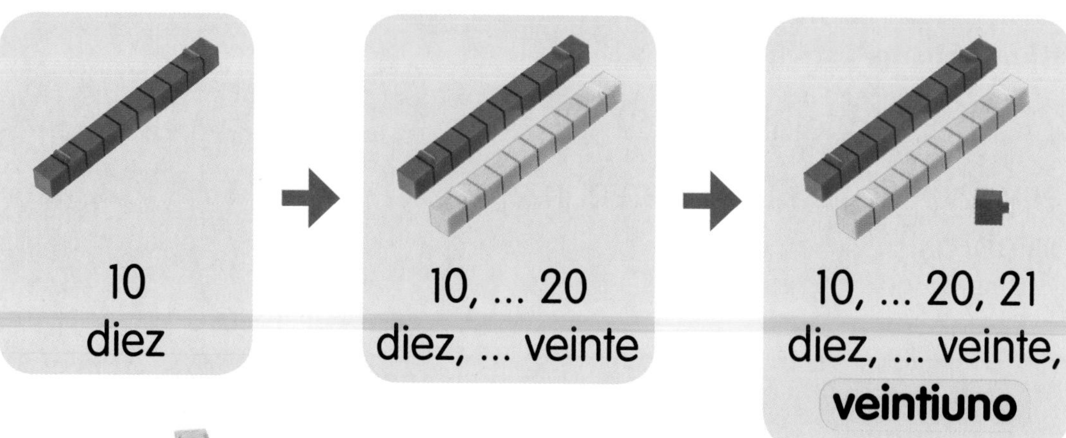

Hay 21 .

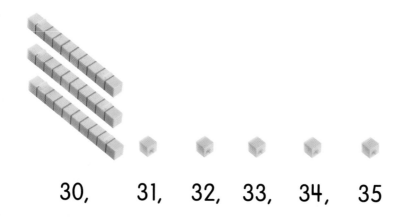

30, 31, 32, 33, 34, 35

Hay 35 .

Diez, ... veinte, ... **treinta**, treinta y uno, treinta y dos, treinta y tres, treinta y cuatro, treinta y cinco.

Aprendizaje con supervisión

Cuenta de diez en diez y de uno en uno. Escribe los números y las palabras.

	Bloques de base diez	En números	En palabras
1			
2			
3			
4			
5			

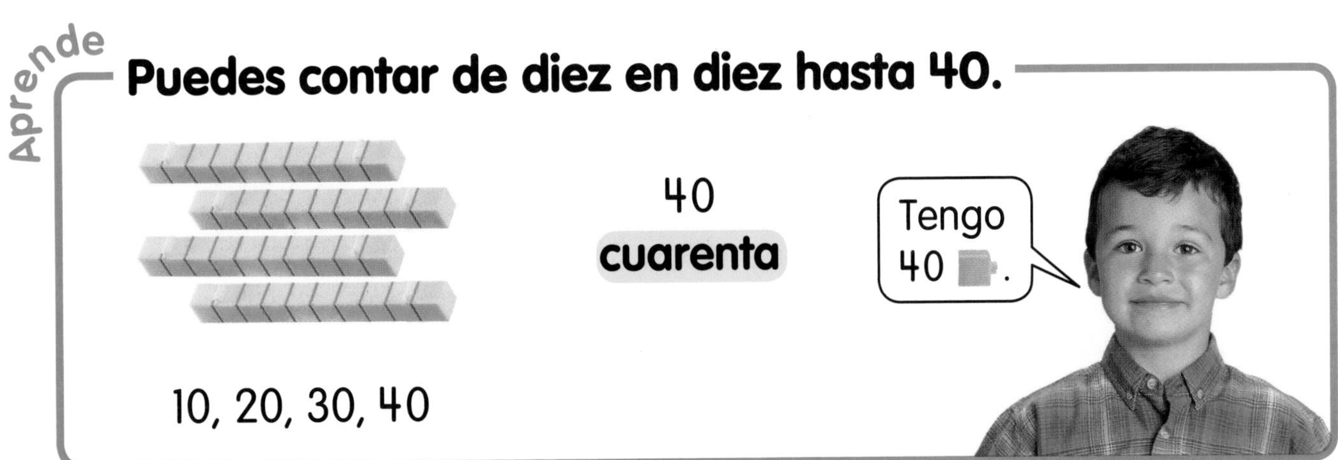

Aprende
Puedes contar de diez en diez hasta 40.
40
cuarenta
Tengo
40 .
10, 20, 30, 40

Aprende

Puedes formar números con decenas y unidades.

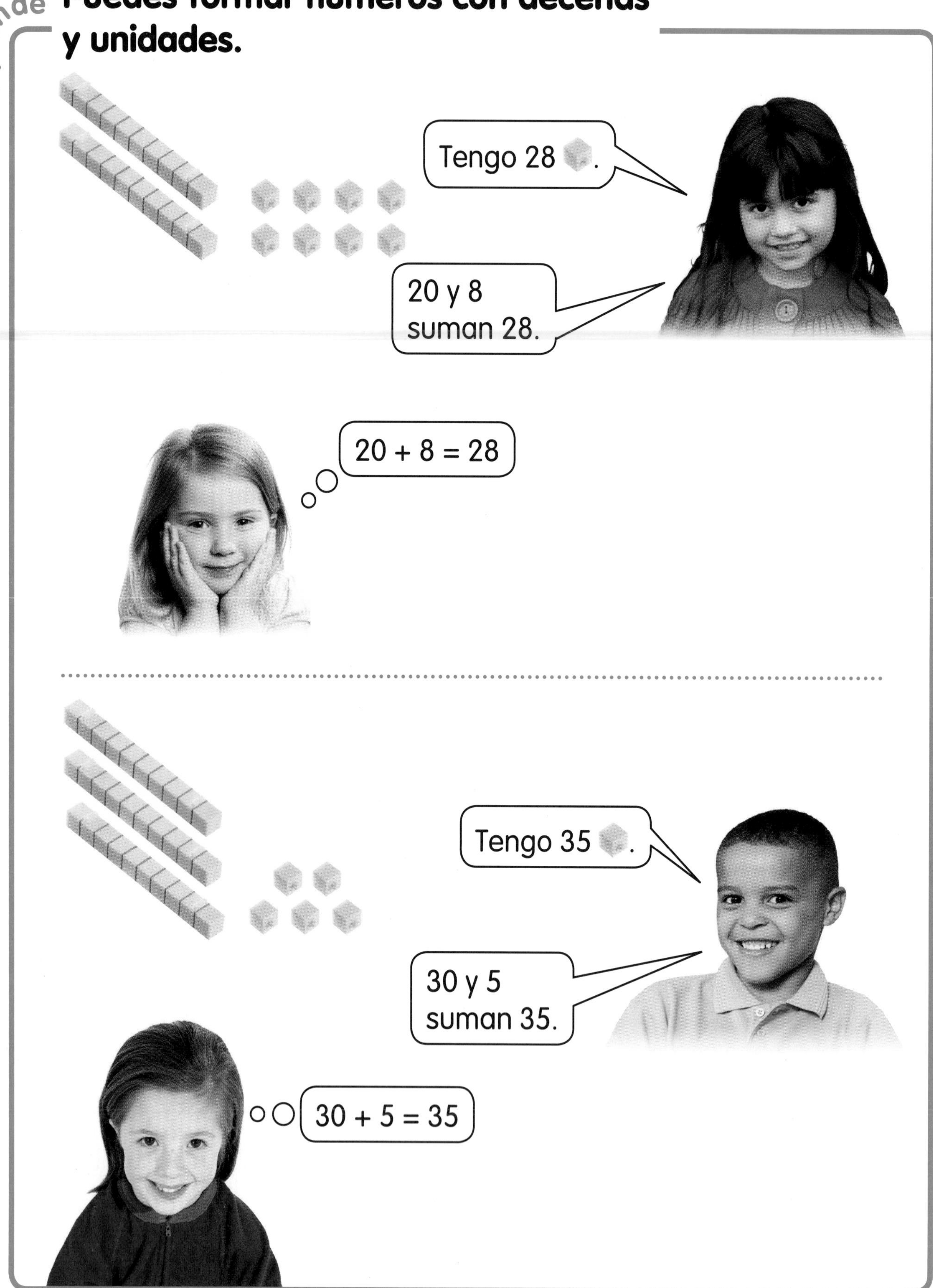

Tengo 28 .
20 y 8
suman 28.
20 + 8 = 28
Tengo 35 .
30 y 5
suman 35.
30 + 5 = 35

Aprendizaje con supervisión

Escribe el número que falta.

6. 20 y 6 suman ___.
7. 20 + 8 = ___
8. 7 y 30 suman ___.
9. 4 + 30 = ___

Practiquemos

Escribe los números que faltan.

1. Primero, forma decenas.
   Luego, sigue contando hacia adelante.

10, 20, ___, ___, ___, ___

2. Halla cuántos hay. ___

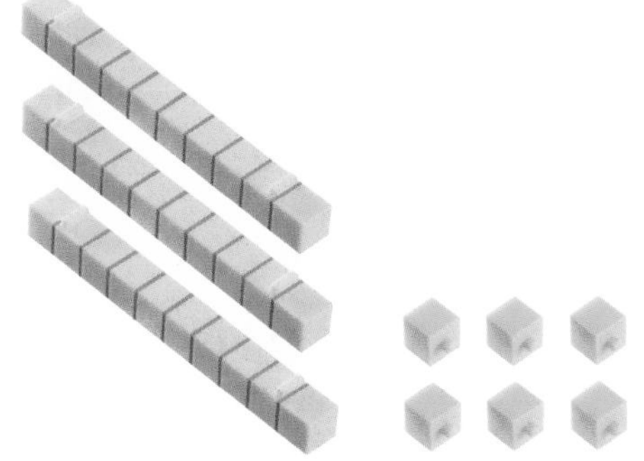

Escribe el número.

3 treinta ___

4 cuarenta ___

5 veinticuatro ___

6 veintisiete ___

7 treinta y dos ___

8 treinta y seis ___

Escribe el número en palabras.
Usa las palabras desordenadas como ayuda.

9 28 o c h i t o n i v e ___

10 30 t e t r a i n ___

11 33 n i t r a t e s r e y t ___

12 40 a t e n c u r a ___

Escribe los números que faltan.

13 20 y 9 suman ___.

14 ___ es igual a 9 y 30.

15 6 + 20 = ___

16 30 + 8 = ___

¿Puedes pensar en otros números que sumen 25 y 34?

Escribe los números que faltan.

17 20 y ___ suman 25.

18 ___ y 30 suman 34.

POR TU CUENTA

Ver Cuaderno de actividades B: Práctica 1, págs. 45 a 48

Valor posicional

Objetivos de la lección

- Usar una tabla de valor posicional para mostrar números hasta 40.
- Mostrar objetos hasta 40 en decenas y unidades.

Puedes usar el valor posicional para mostrar números hasta 40.

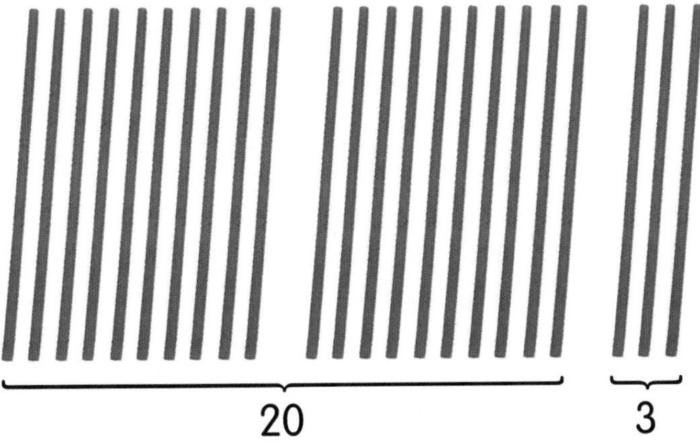

Decenas	Unidades
2	**3**

23 = 2 decenas y 3 unidades

23 = 20 + 3

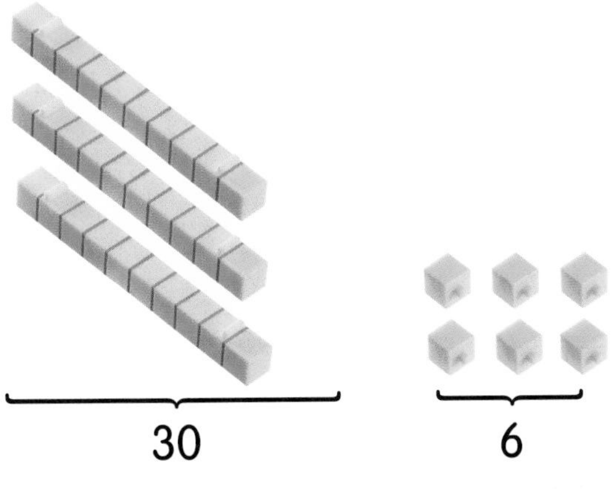

Decenas	Unidades
3	**6**

36 = 3 decenas y 6 unidades

36 = 30 + 6

Aprendizaje con supervisión

Usa el valor posicional para escribir los números que faltan.

1 

Decenas	Unidades

28 = ___ decenas y ___ unidades

2 

Decenas	Unidades

37 = ___ decenas y ___ unidades

Manos a la obra

Usa 40 /.

Muestra estos números en decenas y unidades.

Puedes atar cada grupo de diez /.

22 **27** **30** **33** **34** **35**

Practiquemos

Observa cada tabla de valor posicional.
Halla el número que muestran.

Decenas	Unidades

___

2

Decenas	Unidades

___

Cuenta de diez en diez y de uno en uno.
Completa los espacios en blanco.

3

Decenas	Unidades
___	___

30 = ___ decenas y ___ unidades

30 + 0 = ___

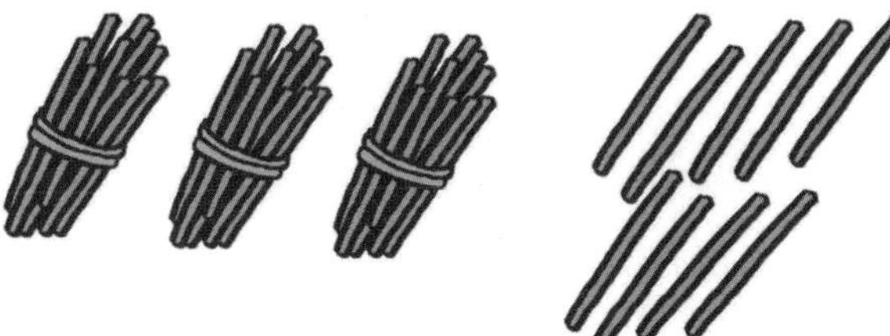

Decenas	Unidades
___	___

39 = ___ decenas y ___ unidades

30 + 9 = ___

POR TU CUENTA

Ver Cuaderno de actividades B: Práctica 2, págs. 49 a 50

Comparar, ordenar y usar patrones

Objetivos de la lección

- Usar una estrategia para comparar números hasta 40.
- Comparar números hasta 40.
- Ordenar números hasta 40.
- Escribir los números que faltan en un patrón numérico.

Aprende Puedes contar hacia adelante y hacia atrás con una cinta para contar.

Halla 2 más que 27.

Halla 2 menos que 38.

2 más

2 menos

26	27	28	29	30	31	32	33	34	35	36	37	38	39	40

Cuenta hacia adelante desde 27.

Cuenta hacia atrás desde 38.

29 es 2 más que 27.

29 es mayor que 27.

36 es 2 menos que 38.

36 es menor que 38.

Aprendizaje con supervisión

Escribe los números que faltan.

Esta ilustración muestra parte de un calendario.

1. ____ es 2 más que 22.
   ____ es mayor que 22.

2. ____ es 3 menos que 31.
   ____ es menor que 31.

Aprende

Puedes comparar números cuando las decenas son diferentes.

Compara 28 y 31.

Compara las decenas.
Las decenas son diferentes.
3 decenas son más que
2 decenas.

28

Decenas	Unidades
2	8

31

Decenas	Unidades
3	1

31 es mayor que 28.

Aprendizaje con supervisión

3 **Compara los números.**

¿Cuál número es mayor?
¿Cuál número es menor?

26 32

¿Son iguales las decenas?

___ decenas son más que ___ decenas.

Entonces, ___ es mayor que ___.

 es menor que .

Aprende

Puedes comparar números cuando las decenas son iguales.

Compara 34 y 37.

Las decenas son iguales.
Entonces, compara las unidades.
7 es mayor que 4.

34

Decenas	Unidades
3	4

37

Decenas	Unidades
3	7

37 es mayor que 34.

Aprendizaje con supervisión

Compara los números.

4 ¿Cuál número es mayor?
¿Cuál número es menor?

35 34

¿Son iguales las decenas?
¿Son iguales las unidades?
____ unidades son más que ____ unidades.

Entonces, ____ es mayor que ____.

____ es menor que ____.

Compara los números.

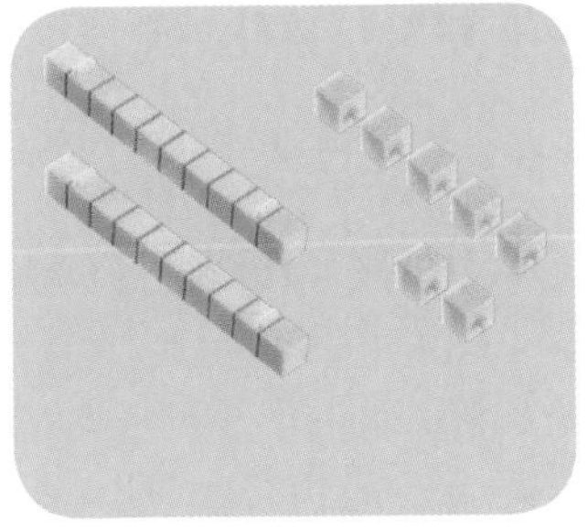

27

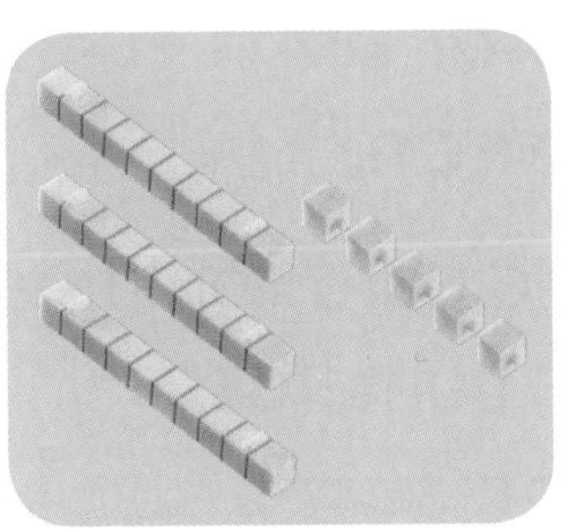

35

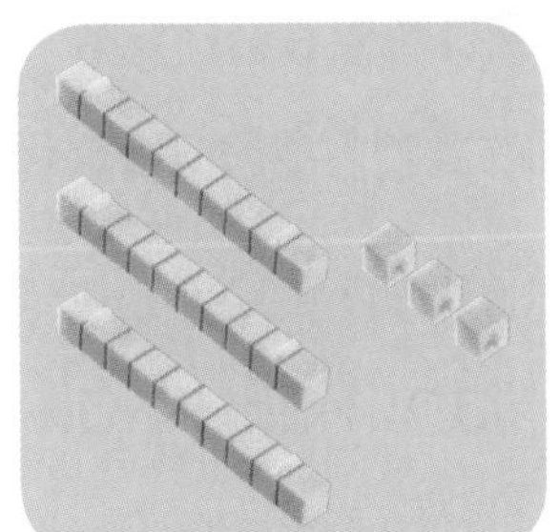

33

5 El número menor es ____.

¿Por qué es el número menor?

6 El número mayor es ____.

7 De menor a mayor, los números son

, , .

Ordena los números de menor a mayor.

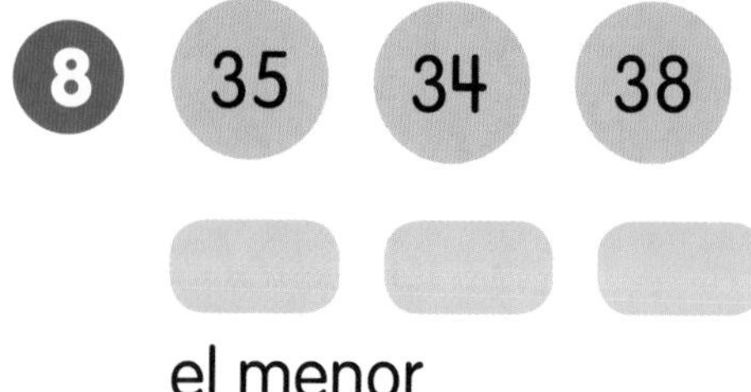
8
35
34
38

el menor

Ordena los números de mayor a menor.

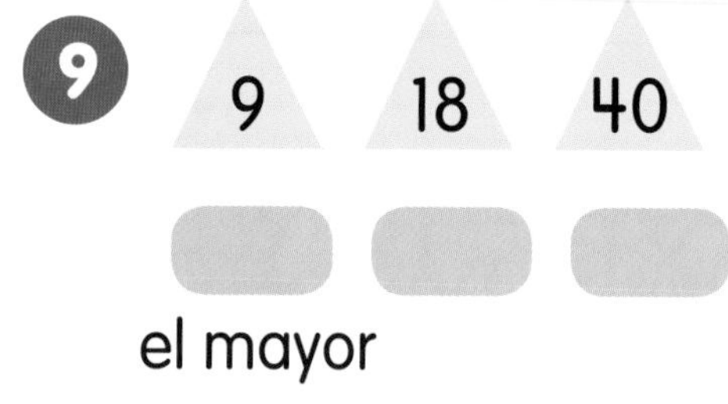
9
9
18
40

el mayor

Aprende

Puedes sumar o restar para escribir los números que faltan en un patrón.

Los números de la cinta para contar están ordenados en un patrón. Faltan algunos números.

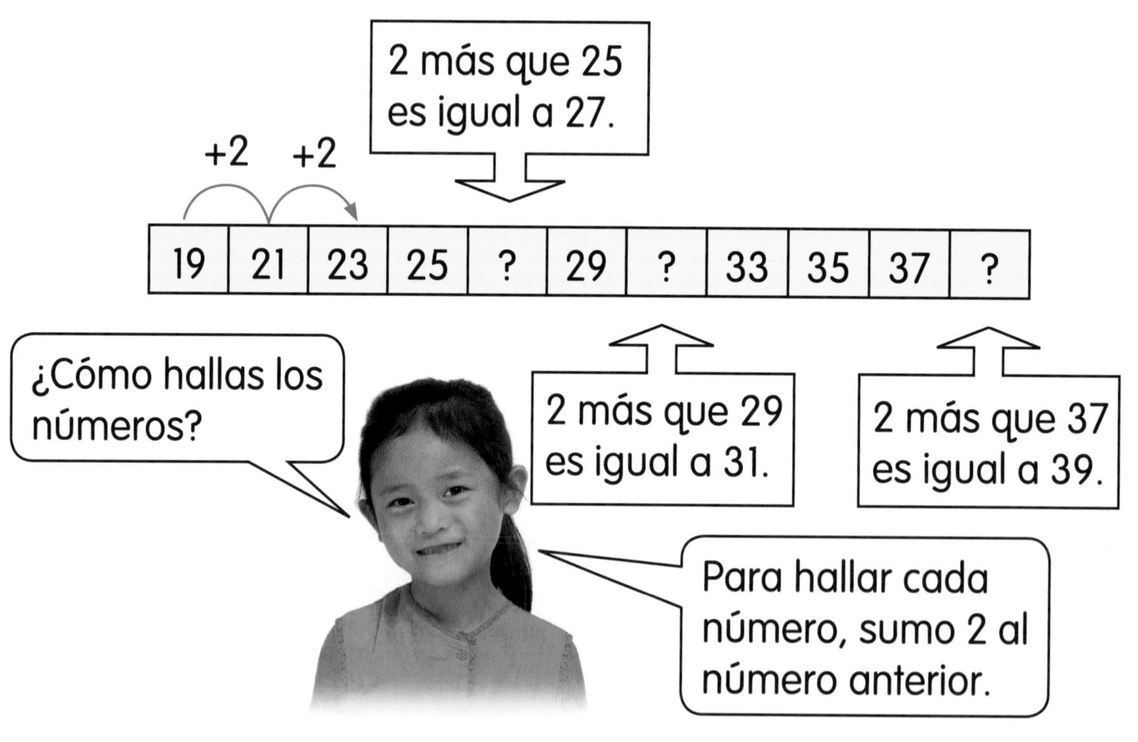
2 más que 25
es igual a 27.
+2 +2
19 21 23 25 ? 29 ? 33 35 37 ?
¿Cómo hallas los números?
2 más que 29
es igual a 31.
2 más que 37
es igual a 39.
Para hallar cada número, sumo 2 al número anterior.

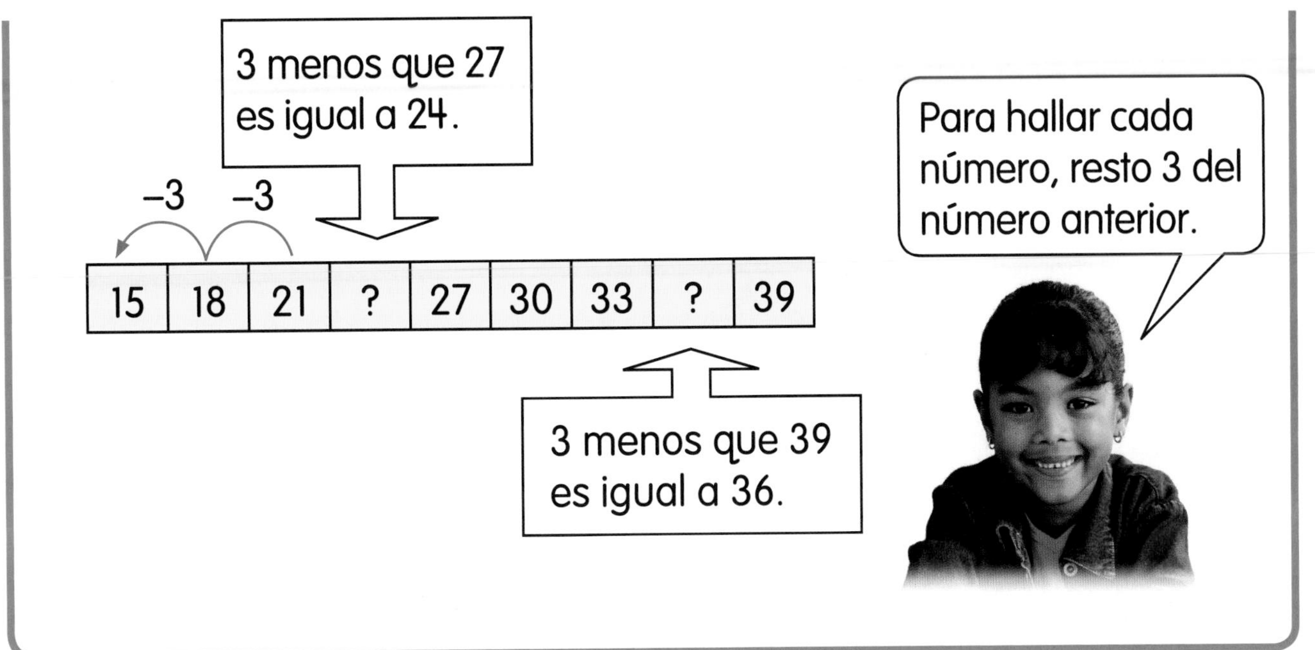

es igual a 24.

Para hallar cada
número, resto 3 del

Aprendizaje con supervisión

Escribe los números que faltan.

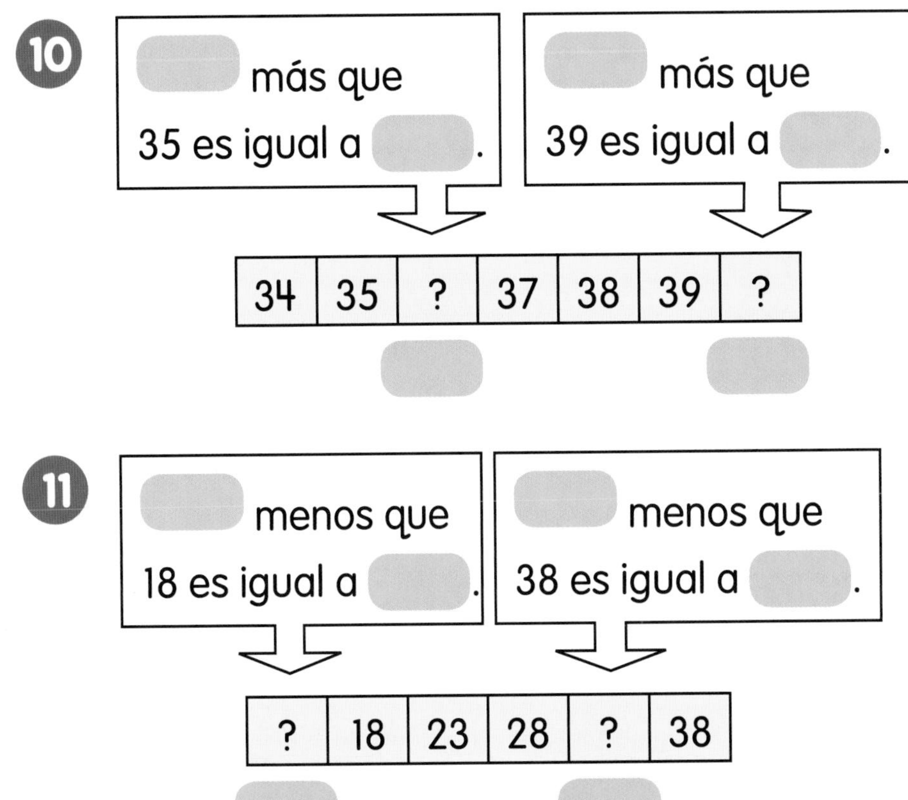

10
más que
35 es igual a .
más que
39 es igual a .
34
35
?
37
38
39
?
11
menos que
18 es igual a .
menos que
38 es igual a .
?
18
23
28
?
38

Practiquemos

Compara.

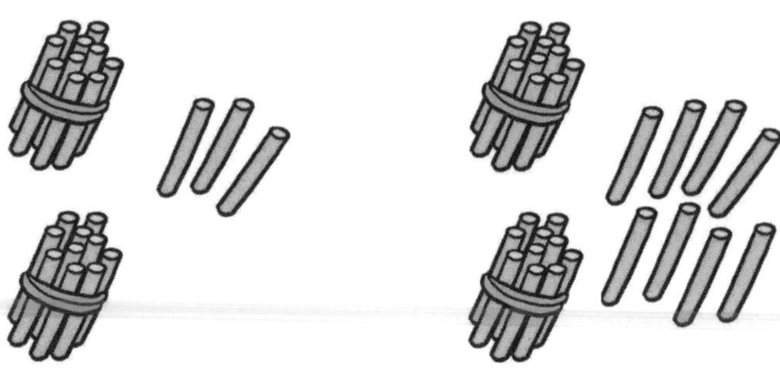

1. El conjunto A tiene ____ palitos.
2. El conjunto B tiene ____ palitos.
3. ¿Cuál conjunto tiene más palitos? ____

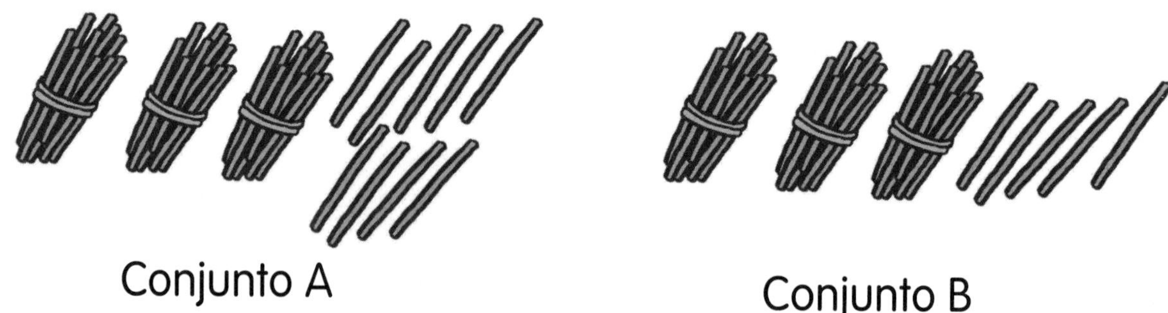

4. El conjunto A tiene ____ palitos.
5. El conjunto B tiene ____ palitos.
6. ¿Cuál conjunto tiene menos palitos? ____

Compara.
¿Cuál número es mayor?

7. 22 26 ____
8. 35 29 ____

Compara.
¿Cuál número es menor?

9 21 30 ___

10 38 24 ___

Ordena los números de menor a mayor.

11 33 28 36

___ ___ ___

Resuelve.

12 ___ es 4 más que 33.

13 ___ es 5 menos que 28.

14 2 más que 38 es igual a ___.

15 ___ es 3 menos que 40.

16 Nombra dos números mayores que 28, pero menores que 33.

___ ___

17 Nombra dos números menores que 36, pero mayores que 33.

___ ___

Escribe los números que faltan en cada patrón.

18 25, 26, 27, 28, ___, ___, 31, ___, 33, 34

19 21, 23, 25, ___, 29, ___, ___, 35, 37

20 25, ___, 15, 10, 5, ___

POR TU CUENTA

Ver Cuaderno de actividades B: Práctica 3, págs. 51 a 56

Tania completa este patrón numérico.

32, 33, 34, 35, 36, 37, 38, 39

Ella explica cómo halló cada número del patrón.

Sumé 1 a 32 para obtener 33.
Sumé 1 a 33 para obtener 34.

Solo tengo que sumar 1 para obtener el número que sigue.

33 es 1 más que 32.
34 es 1 más que 33.

$32 + 1 = 33$

$33 + 1 = 34$

¿Cómo escribes los números que faltan en este patrón?

40, 30, ___, 10, ___

En este patrón, ¿el número que sigue es mayor o menor?

Completa las siguientes oraciones.
Elige palabras y números de la lista dada como ayuda.
No uses otras palabras o números.

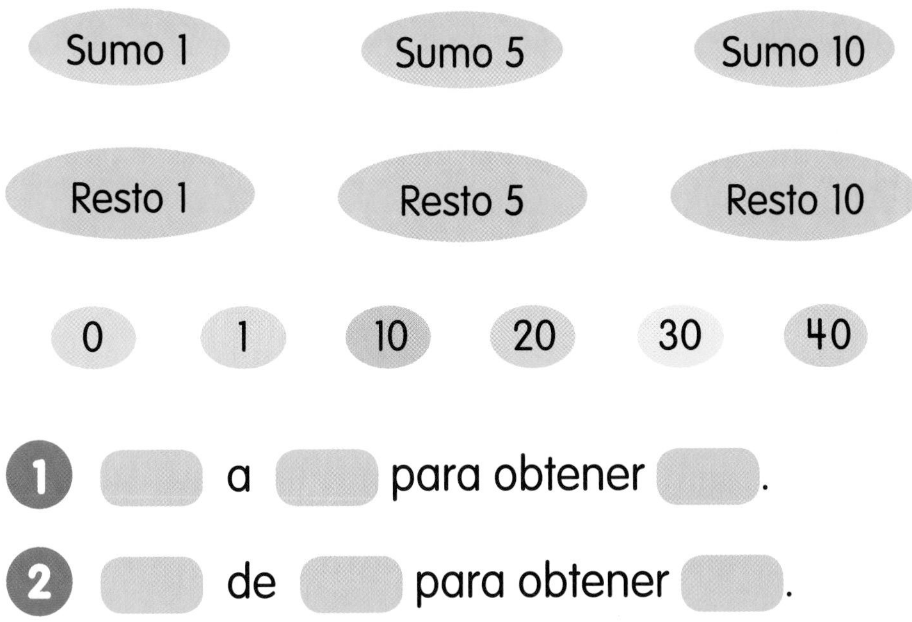

1. ___ a ___ para obtener ___.
2. ___ de ___ para obtener ___.

RESOLUCIÓN DE PROBLEMAS

Resuelve.

1. Gary tiene cinco tarjetas con números que forman un patrón. Solo le muestra a Eva tres de las tarjetas con números.

   Ordena las tarjetas para formar el patrón.
   ¿Cuáles son las dos tarjetas con números que Gary no le mostró a Eva?

   27 39 33

DESTREZAS DE RAZONAMIENTO CRÍTICO

¡Ponte la gorra de pensar!

2 Gary tiene otras cinco tarjetas que forman un patrón. De nuevo, solo muestra tres de las tarjetas con números.

¿Cuáles son los números posibles que no se mostraron?

23 27 [ ] [ ] 19

Hay más de una respuesta correcta para los ejercicios 1 y 2. Los números deben ser iguales a 40 o menores que 40.

POR TU CUENTA

Ver Cuaderno de actividades B: ¡Ponte la gorra de pensar!, págs. 57 a 58

Resumen del capítulo

Has aprendido...

Los números hasta 40

Contar

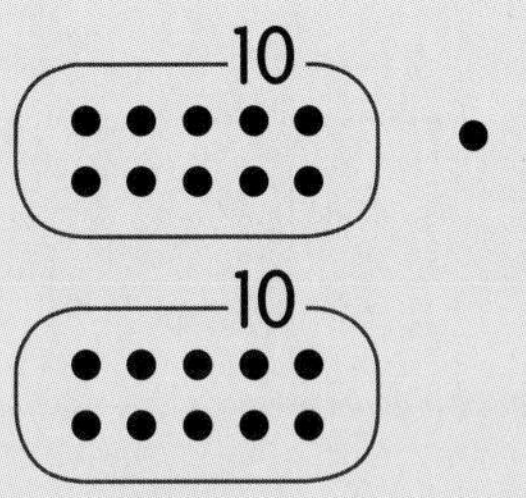

10 10 • → 21

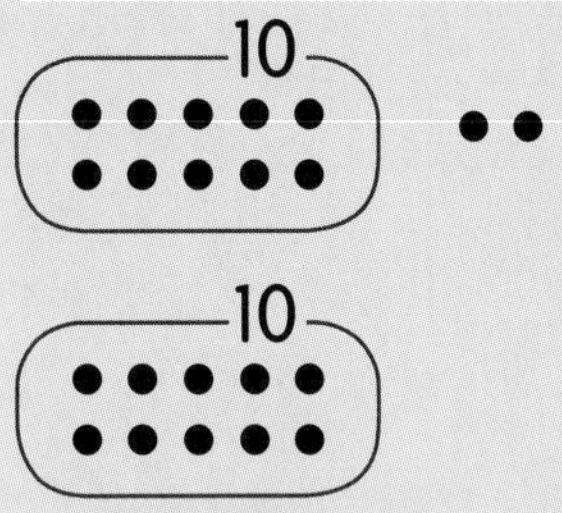

10 10 •• → 22

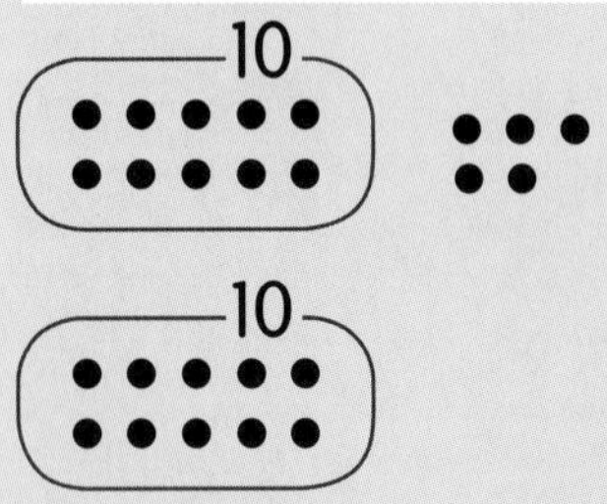

10 10 ••••• → 25

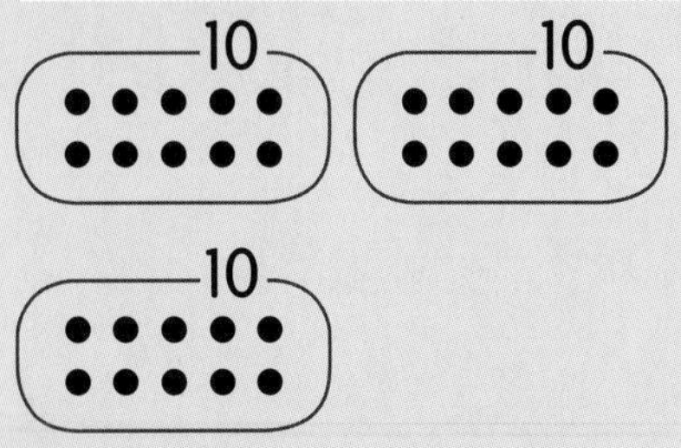

10 10 10 → 30

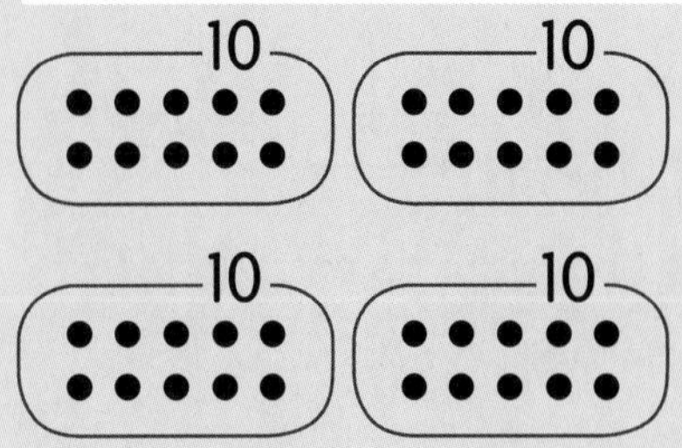

10 10 10 10 → 40

Leer y escribir

21 veintiuno
22 veintidós
23 veintitrés
24 veinticuatro
25 veinticinco
26 veintiséis
27 veintisiete
28 veintiocho
29 veintinueve
30 treinta
40 cuarenta

Valor posicional

Decenas	Unidades

23 = 2 decenas y 3 unidades
20 + 3 = 23

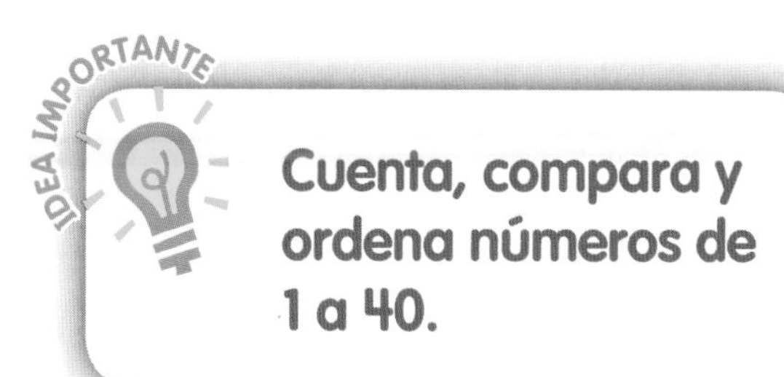

Comparar y ordenar

38 19 25

25 es mayor que 19.
19 es menor que 25.

25 es 6 más que 19.
19 es 6 menos que 25.

Ordena los números de menor a mayor.

19 25 38
el menor

Ordena los números de mayor a menor.

38 25 19
el mayor

El número mayor es 38.
El número menor es 19.

Patrones

a 27, 28, 29, 30, 31

Suma 1 para obtener el número que sigue.

b 40, 36, 32, 28, 24

Resta 4 para obtener el número que sigue.

POR TU CUENTA

Ver Cuaderno de actividades B: Repaso/Prueba del capítulo, págs. 59 a 60

CAPÍTULO 13

Sumas y restas hasta 40

Jugo de manzana
Jugo de naranja
6 + 1 = 7
4 + 1 = 5
Mamá, necesitamos 1 botella más de jugo de manzana y 1 barra de pan más.
7 botellas de jugo de manzana
5 panes de molde

Lección 1 Suma sin reagrupación

Lección 2 Suma con reagrupación

Lección 3 Resta sin reagrupación

Lección 4 Resta con reagrupación

Lección 5 Sumar tres números

Lección 6 Problemas cotidianos: La suma y la resta

IDEA IMPORTANTE

Los números enteros se pueden sumar y restar con y sin reagrupación.

Recordar conocimientos previos

Formar una decena para sumar

$7 + 5 = ?$

Paso 1 $7 + 5$

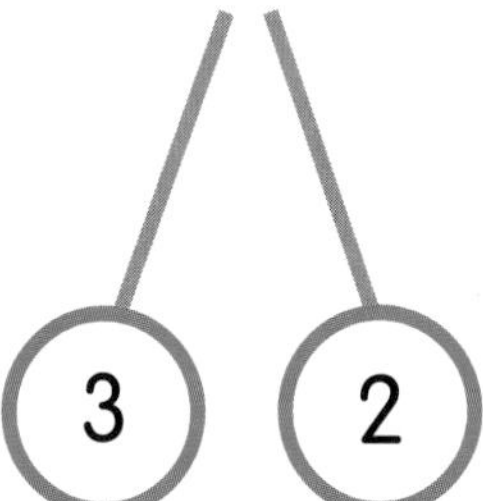

Paso 2 $7 + 3 = 10$

Paso 3 $10 + 2 = 12$

Entonces, $7 + 5 = 12$.

Agrupar en una decena y en unidades para sumar

$14 + 5 = ?$

Paso 1 $14 + 5$

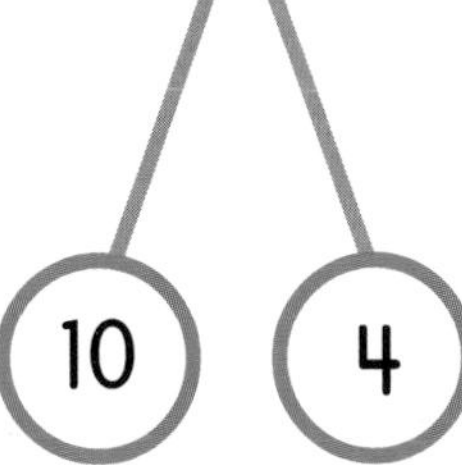

Paso 2 $4 + 5 = 9$

Paso 3 $10 + 9 = 19$

Entonces, $14 + 5 = 19$.

Agrupar en una decena y en unidades para restar

16 – 3 = ?

Paso 1 16 – 3

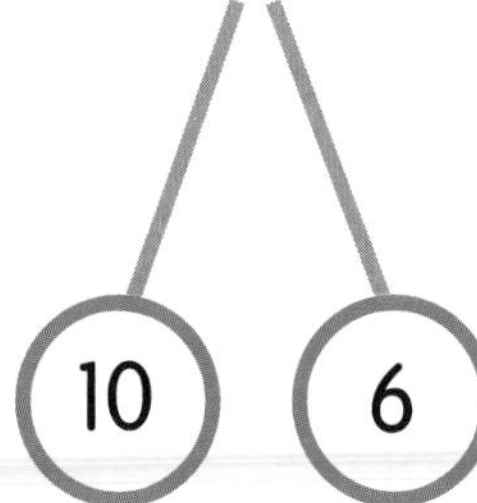

Paso 2 6 – 3 = 3

Paso 3 10 + 3 = 13

Entonces, 16 – 3 = 13.

13 – 8 = ?

Paso 1 13 – 8

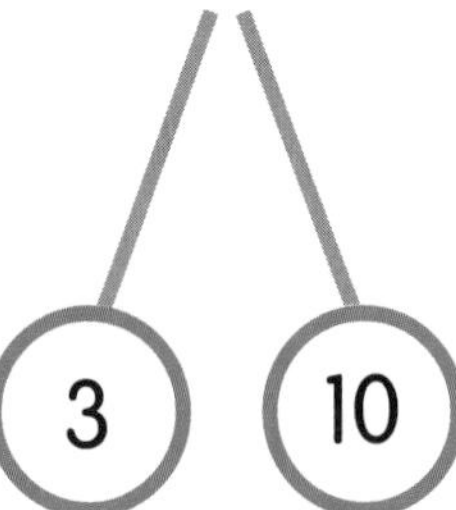

Paso 2 10 – 8 = 2

Paso 3 3 + 2 = 5

Entonces, 13 – 8 = 5.

Operaciones relacionadas de suma y resta

4 + 3 = 7 .... 7 – 4 = 3

7 – 3 = 4 .... 3 + 4 = 7

Completa los números conectados.

Suma.

1. $7 + 4 =$ ____
   (3) (1)

2. $6 + 8 =$ ____

3. $12 + 7 =$ ____
   (10) (2)

4. $15 + 3 =$ ____

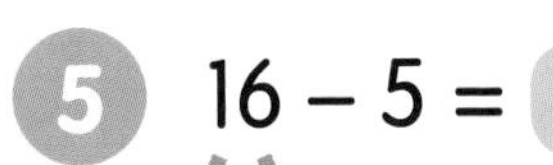

Resta.

5. $16 - 5 =$ ____
   (10) (6)

6. $18 - 6 =$ ____

7. $15 - 7 =$ ____
   (5) (10)

8. $11 - 4 =$ ____

Halla un enunciado relacionado de suma o resta.

9. $14 - 6 = 8$

10. $9 + 7 = 16$

Suma sin reagrupación

Objetivos de la lección

- Sumar un número de 2 dígitos y un número de 1 dígito sin reagrupar.
- Sumar dos números de 2 dígitos sin reagrupar.

Vocabulario
contar hacia adelante
tabla de valor posicional

Aprende

Puedes sumar unidades a un número de diferentes maneras.

24 + 3 = ?

Método 1 **Cuenta hacia adelante** desde el número mayor.

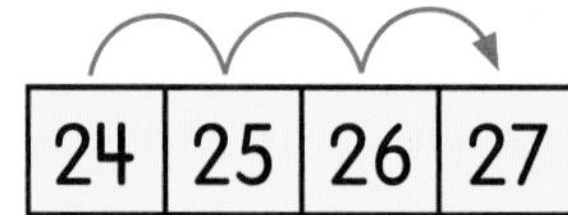

24, 25, 26, 27

Método 2 Usa una **tabla de valor posicional**.

	Decenas	Unidades
24		
3		

Paso 1 Suma las unidades.

	Decenas	Unidades
	2	4
+		3
		7

4 unidades + 3 unidades
= 7 unidades

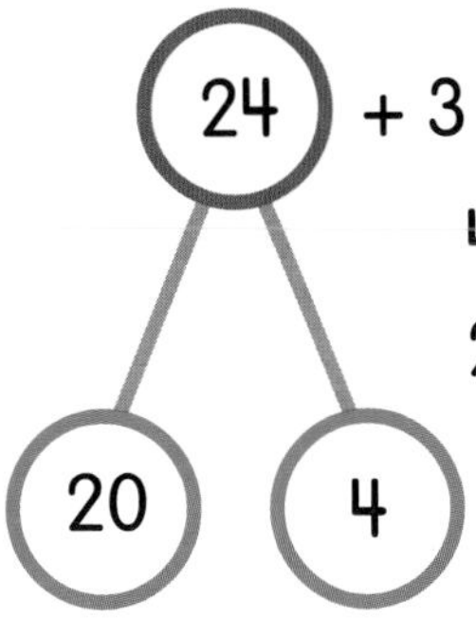

+ 3

4 + 3 = 7

20 + 7 = 27

Paso 2 Suma las decenas.

	Decenas	Unidades
	2	4
+		3
	2	7

2 decenas + 0 decenas = 2 decenas

Entonces, 24 + 3 = 27.

Aprendizaje con supervisión

Suma.

1 36 + 2 = ?

Método 1 Cuenta hacia adelante desde el número mayor.

36, ___, ___

Método 2 Usa una tabla de valor posicional.

	Decenas	Unidades
36		
2		

	Decenas	Unidades
	3	6
+		2

Primero, suma las unidades.
Luego, suma las decenas.

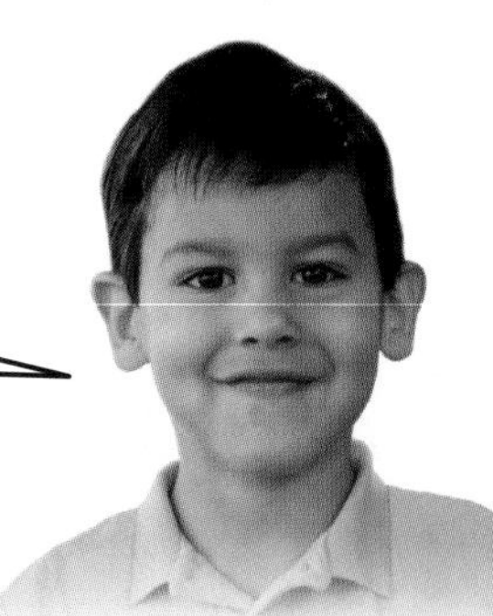

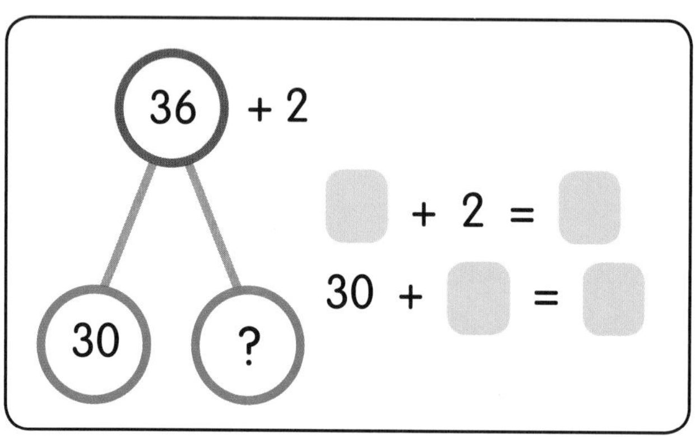

Entonces, 36 + 2 = .

Aprende

Puedes sumar decenas de diferentes maneras.

20 + 20 = ?

Método 1 Cuenta hacia adelante desde el número mayor.

20, ...30, ...40

Método 2 Usa una tabla de valor posicional.

	Decenas	Unidades
20	(2 decenas)	
20	(2 decenas)	

Paso 1 Suma las unidades.

	Decenas	Unidades
	2	0
+	2	0
		0

0 unidades + 0 unidades
= 0 unidades

Paso 2 Suma las decenas.

	Decenas	Unidades
	2	0
+	2	0
	4	0

2 decenas + 2 decenas
= 4 decenas

2 decenas + 2 decenas
= 4 decenas
20 + 20 = 40

Entonces, 20 + 20 = 40.

Aprendizaje con supervisión

Suma.

2 20 + 10 = ?

Método 1 Cuenta hacia adelante desde el número mayor.

Método 2 Usa una tabla de valor posicional.

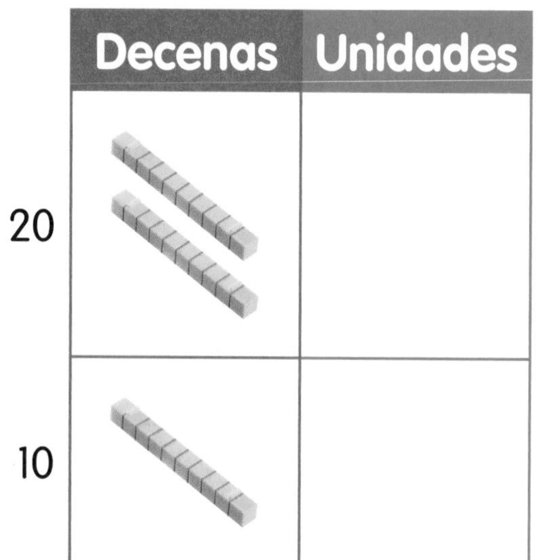

Primero, suma las unidades.
Luego, suma las decenas.

	Decenas	Unidades
	2	0
+	1	0

2 decenas + 1 decena = ___ decenas

20 + 10 = ___

Entonces, 20 + 10 = ___.

Aprende

Puedes usar tablas de valor posicional para sumar decenas a un número.

17 + 20 = ?

	Decenas	Unidades
17		
20		

Paso 1 Suma las unidades.

	Decenas	Unidades
	1	7
+	2	0
		7

7 unidades + 0 unidades

= 7 unidades

Paso 2 Suma las decenas.

	Decenas	Unidades
	1	7
+	2	0
	3	7

1 decena + 2 decenas

= 3 decenas

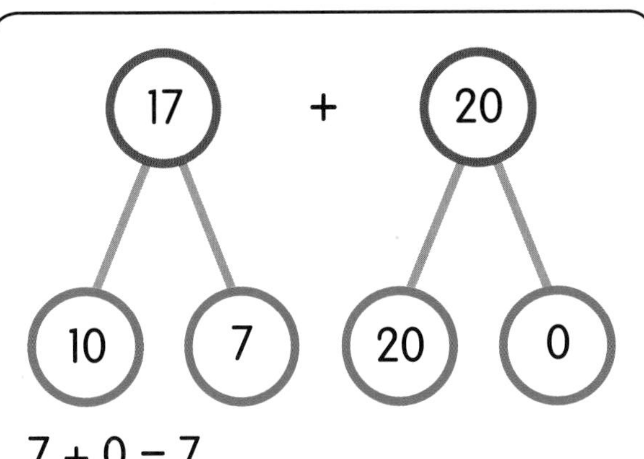

7 + 0 = 7
10 + 20 = 30
7 + 30 = 37

Entonces, 17 + 20 = 37.

Aprendizaje con supervisión

Suma.

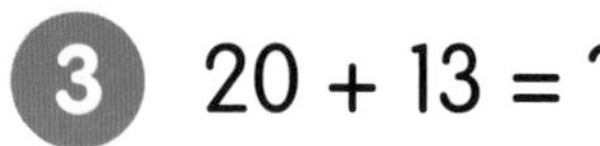

3 20 + 13 = ?

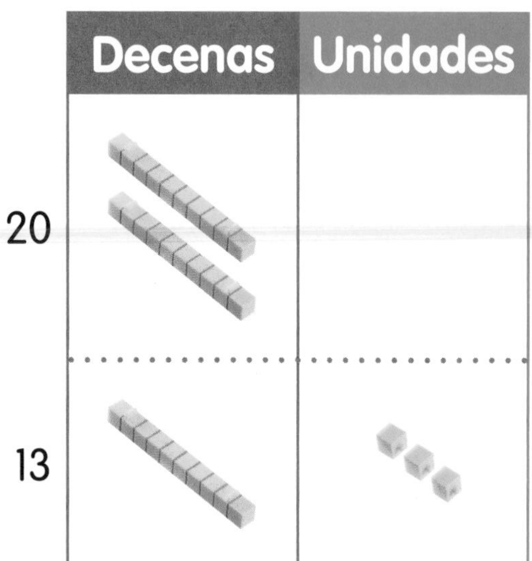

Primero, suma las unidades.
Luego, suma las decenas.

	Decenas	Unidades
	2	0
+	1	3

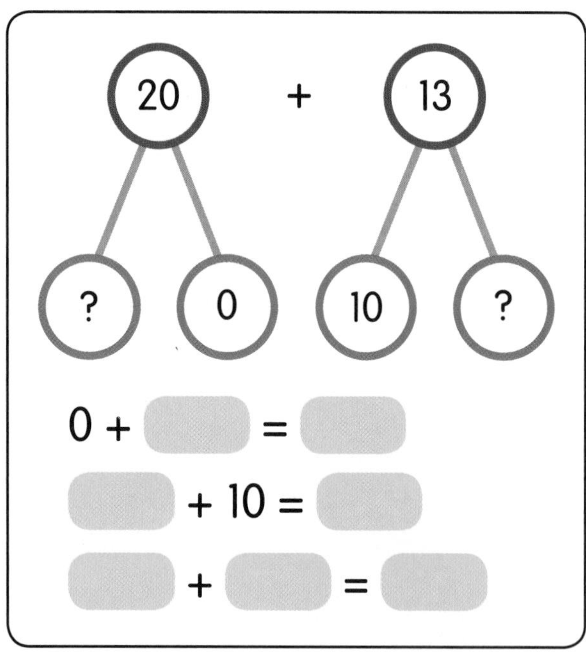

Entonces, 20 + 13 = ___.

Aprende

Puedes usar tablas de valor posicional para sumar dos números.

14 + 25 = ?

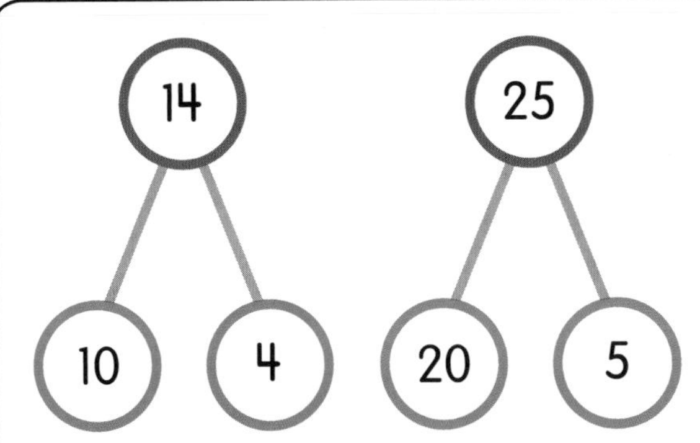

14 = 1 decena y 4 unidades
25 = 2 decenas y 5 unidades

	Decenas	Unidades
14		
25		

Paso 1 Suma las unidades.

	Decenas	Unidades
	1	4
+	2	5
		9

4 unidades + 5 unidades
= 9 unidades

Paso 2 Suma las decenas.

	Decenas	Unidades
	1	4
+	2	5
	3	9

1 decena + 2 decenas
= 3 decenas

Entonces, 14 + 25 = 39.

Aprendizaje con supervisión

Suma.

4 13 + 14 = ?

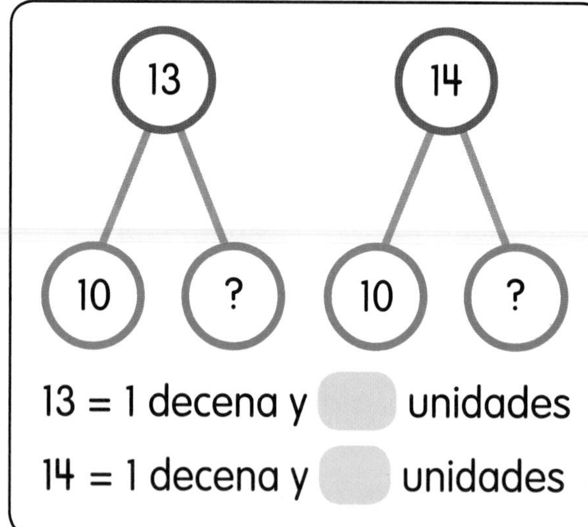

	Decenas	Unidades
13		
14		

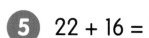

Primero, suma las unidades.
Luego, suma las decenas.

	Decenas	Unidades
	1	3
+	1	4

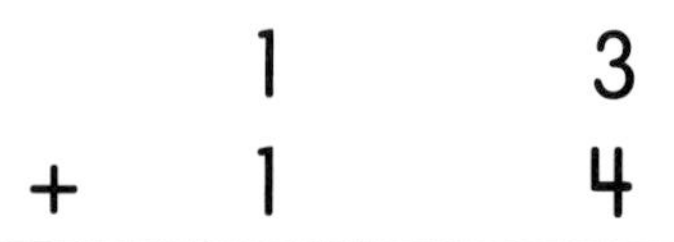

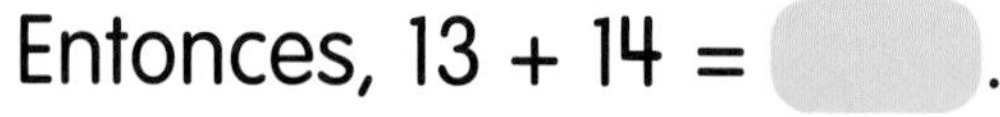

Entonces, 13 + 14 = .

5 22 + 16 =

Decenas Unidades

Practiquemos

Cuenta hacia adelante para sumar.

1. 22 + 3 = ___
2. 9 + 8 = ___

Suma.

3.

	Decenas	Unidades
	2	5
+		2
	___	

4.

	Decenas	Unidades
	1	9
+	2	0
	___	

5.

	Decenas	Unidades
	2	7
+	1	2
	___	

6.

	Decenas	Unidades
	1	4
+	2	4
	___	

7. 6 + 33 = ___

	Decenas	Unidades
	___	___
+	___	___
	___	

8. 21 + 18 = ___

	Decenas	Unidades
	___	___
+	___	___
	___	

POR TU CUENTA
Ver Cuaderno de actividades B:
Práctica 1, págs. 61 a 64

Suma con reagrupación

Objetivos de la lección

- Sumar un número de 2 dígitos y un número de 1 dígito con reagrupación.
- Sumar dos números de 2 dígitos con reagrupación.

Vocabulario
reagrupar

Juego

¡A sumar 40!

Jugadores: 4 a 6
Necesitas:
- habichuelas rojas
- habichuelas verdes
- un cubo numerado
- una tabla de valor posicional para cada jugador

Instrucciones:

Las habichuelas rojas representan las decenas y las verdes representan las unidades.

Lanza el cubo numerado.

Coloca el número de habichuelas verdes que haya indicado el cubo en tu tabla de valor posicional.

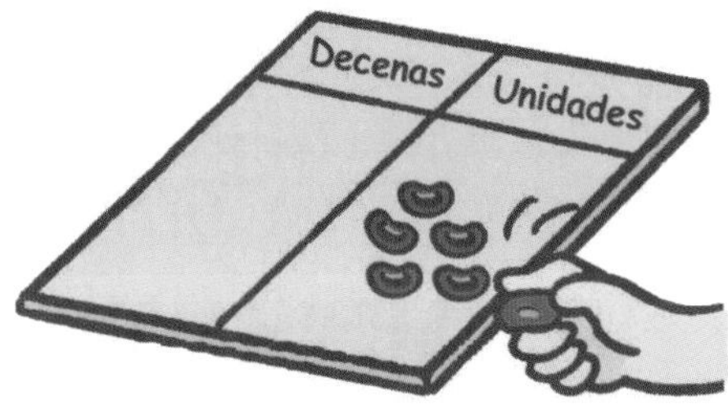

Los otros jugadores se turnan para repetir el  y el .

PASO 5 En tu siguiente turno, vuelve a lanzar el cubo numerado. Suma el número de habichuelas en tu tabla.

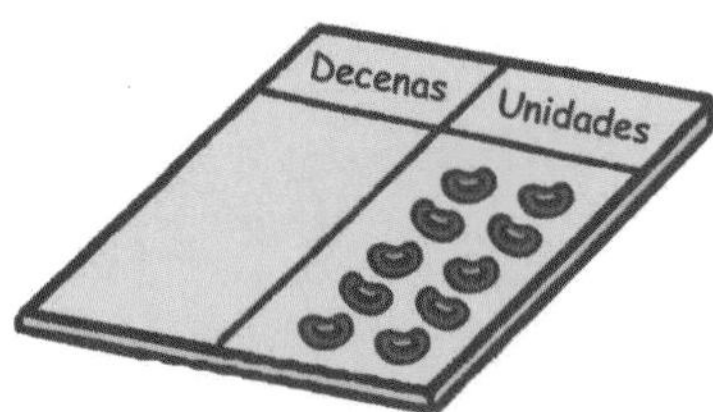

Si obtienes 10 o más habichuelas verdes, cambia 10 de ellas por una habichuela roja.

Debes **reagrupar** cuando cambias 10 unidades por 1 decena.

Gana el jugador que primero obtiene 4 habichuelas rojas o 4 decenas.

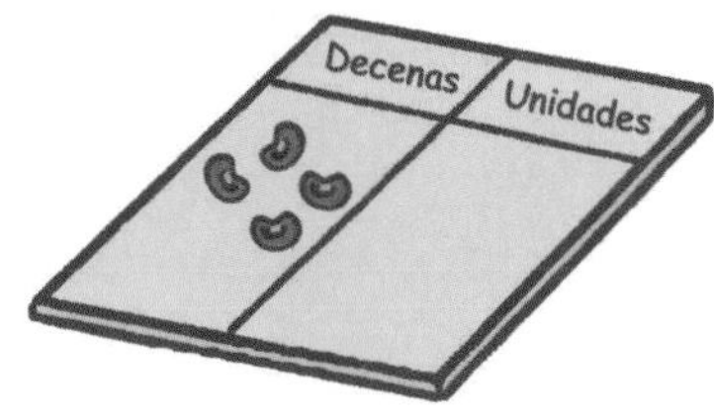

Aprendizaje con supervisión

Reagrupa las unidades en decenas y unidades. Luego, completa la tabla de valor posicional.

1

17 =

Decenas	Unidades
	17

=

Decenas	Unidades
	7

Aprende

Puedes usar tablas de valor posicional para sumar unidades a un número con reagrupación.

28 + 6 = ?

28 = 2 decenas y 8 unidades

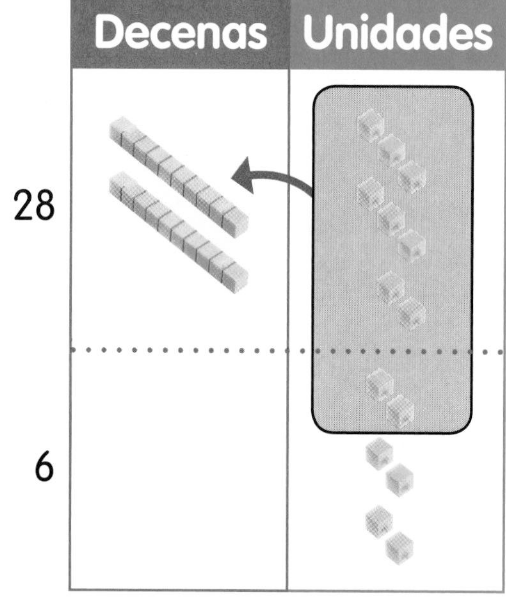

Paso 1 Suma las unidades.

	Decenas	Unidades
	1 2	8
+		6
	3	4

8 unidades + 6 unidades = 14 unidades

Reagrupa las unidades.
14 unidades = 1 decena y 4 unidades

	Decenas	Unidades
34		

Entonces, 28 + 6 = 34.

Paso 2 Suma las decenas.

	Decenas	Unidades
	1	
	2	8
+		6
	3	4

1 decena + 2 decenas + 0 decenas
= 3 decenas

Aprendizaje con supervisión

Suma y reagrupa.

2

	Decenas	Unidades
	1	2
+		8

Paso 1 Suma las unidades.

____ unidades + ____ unidades
= ____ unidades

Reagrupa las unidades.

____ unidades = ____ decena y
____ unidades

Paso 2 Suma las decenas.

____ decena + ____ decena
+ 0 decenas = ____ decenas

3

	Decenas	Unidades
	3	1
+		9

4

	Decenas	Unidades
	2	5
+		7

5

	Decenas	Unidades
	2	9
+		6

6

	Decenas	Unidades
	3	5
+		8

Aprende

Puedes usar tablas de valor posicional para sumar números con reagrupación.

14 + 18 = ?

14 = 1 decena y 4 unidades
18 = 1 decena y 8 unidades

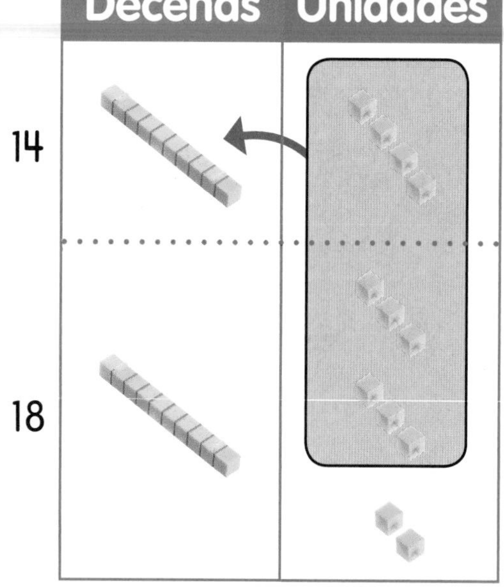

Paso 1 Suma las unidades.

	Decenas	Unidades
	1 (reagrupada)	
	1	4
+	1	8
		2

4 unidades + 8 unidades
= 12 unidades

Reagrupa las unidades.

12 unidades = 1 decena y 2 unidades

Decenas	Unidades
(3 barras de decenas)	(2 cubos de unidades)

32

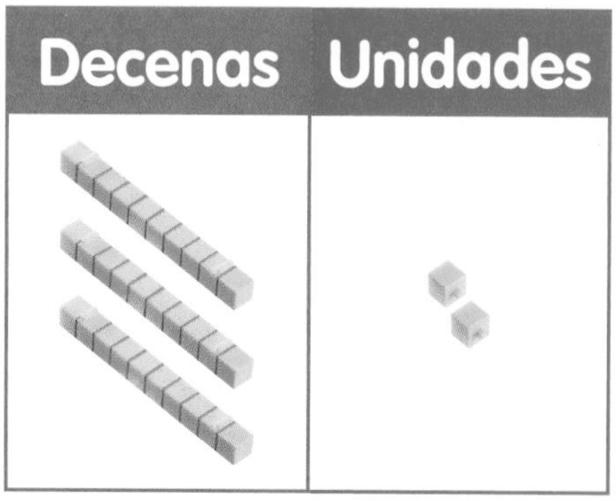

Paso 2 Suma las decenas.

	Decenas	Unidades
	1 (reagrupada)	
	1	4
+	1	8
	3	2

1 decena + 1 decena + 1 decena

= 3 decenas

Entonces, 14 + 18 = 32.

Aprendizaje con supervisión

Suma y reagrupa.

7

	Decenas	Unidades
	1	5
+	1	6

Paso 1 Suma las unidades.

___ unidades + ___ unidades = ___ unidades

Reagrupa las unidades.

___ unidades = ___ decena y ___ unidad

Paso 2 Suma las decenas.

___ decena + ___ decena + ___ decena = ___ decenas

8

	Decenas	Unidades
	1	5
+	1	5

9

	Decenas	Unidades
	1	2
+	2	8

10

	Decenas	Unidades
	1	2
+	1	9

11

	Decenas	Unidades
	1	7
+	1	7

12

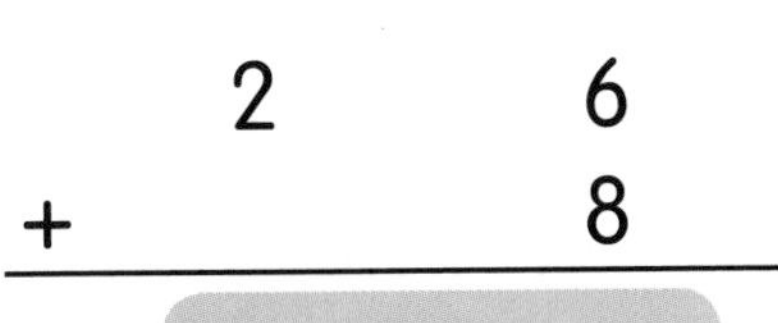

	Decenas	Unidades
	2	6
+		8

13

	Decenas	Unidades
	1	9
+		9

Practiquemos

Reagrupa las unidades en decenas y unidades. Luego, completa la tabla de valor posicional.

1

23 =

Decenas	Unidades
1	13

=

Decenas	Unidades

Suma y reagrupa.

2

	Decenas	Unidades
	1	8
+		9

3

	Decenas	Unidades
		8
+	2	7

4

	Decenas	Unidades
		4
+	1	6

5

	Decenas	Unidades
	1	5
+	1	9

6 7 + 29 = ___

	Decenas	Unidades
+		

7 14 + 26 = ___

	Decenas	Unidades
+		

POR TU CUENTA

Ver Cuaderno de actividades B: Práctica 2, págs. 65 a 68

LECCIÓN 4 Resta con reagrupación

Objetivos de la lección

- Restar un número de 1 dígito de un número de 2 dígitos con reagrupación.
- Restar un número de 2 dígitos de otro número de 2 dígitos con reagrupación.

Juego

¡A restar hasta 0!

Jugadores: 4 a 6

Necesitas:

- habichuelas rojas
- habichuelas verdes
- un cubo numerado
- una tabla de valor posicional para cada jugador

Instrucciones:

PASO 1 Las habichuelas rojas representan las decenas y las verdes representan las unidades.

PASO 2 Cada jugador comienza con 4 habichuelas rojas en la tabla.

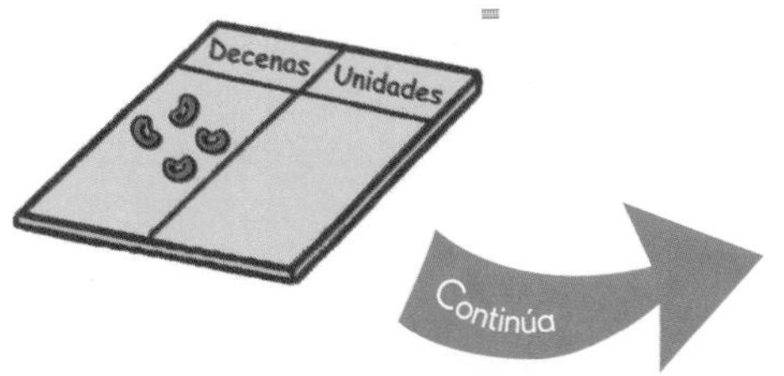

Continúa

Cambia 1 habichuela roja por 10 verdes. Luego, lanza el cubo numerado.

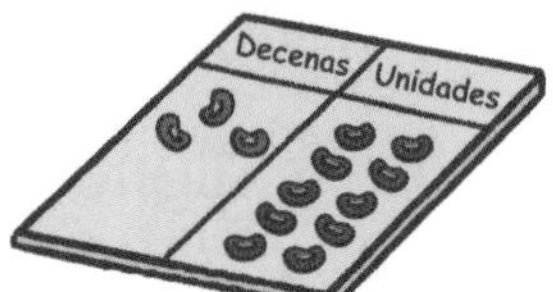

Quita el número de habichuelas verdes que sacaste en el cubo de tu tabla.

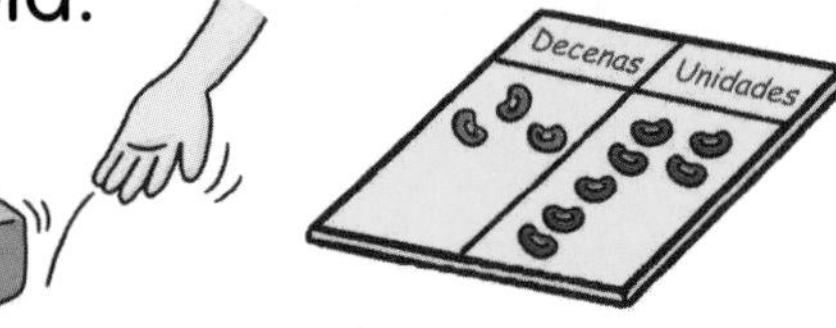

Los otros jugadores se turnan para repetir el   y el .

Gana el jugador que quita primero todas las habichuelas de su tabla u obtiene un cero.

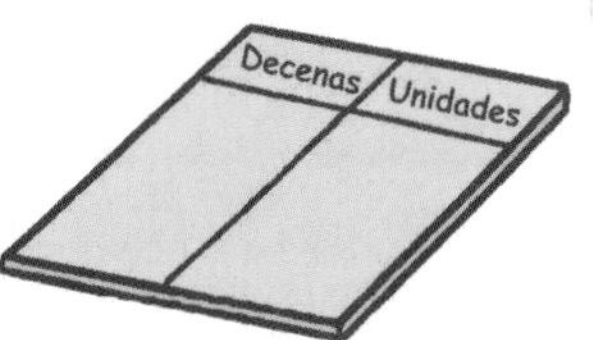

Reagrupas cuando cambias 1 decena por 10 unidades.

Aprendizaje con supervisión

Reagrupa las decenas y las unidades.
Luego, completa la tabla de valor posicional.

	Decenas	Unidades		Decenas	Unidades
25 =	**2**	**5**	=	**1**	

Aprende

Puedes usar tablas de valor posicional para restar unidades con reagrupación.

32 – 9 = ?

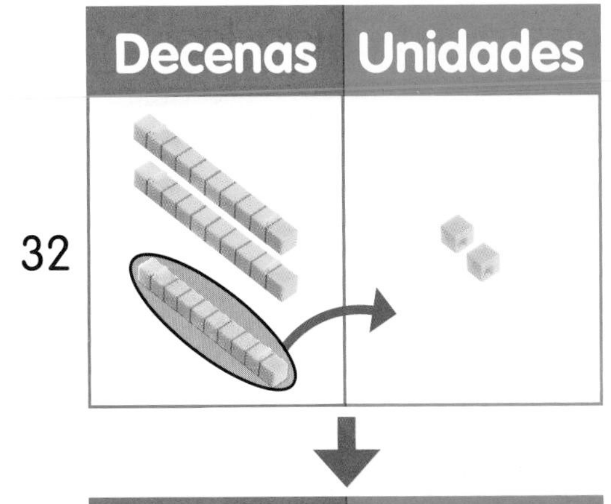

32

Paso 1 Resta las unidades.

¡No puedes restar 9 unidades de 2 unidades! Entonces, necesitas reagrupar.

Reagrupa las decenas y las unidades de 32.

32 = 3 decenas y 2 unidades
= 2 decenas y 12 unidades

Resta.

Decenas	Unidades
~~3~~ 2	[1]2
–	9
	3

12 unidades
– 9 unidades
= 3 unidades

Paso 2 Resta las decenas.

Decenas	Unidades
~~3~~ 2	[1]2
–	9
2	3

2 decenas
– 0 decenas
= 2 decenas

23

Entonces, 32 – 9 = 23.

¡Comprueba!

Si 32 – 9 = 23,
entonces, 23 + 9 debe ser igual a 32.
La respuesta es correcta.

$$\begin{array}{r} 23 \\ +\ 9 \\ \hline 32 \end{array}$$

Aprendizaje con supervisión

Reagrupa y resta.

2

Decenas	Unidades
2	6
–	7

¡Comprueba!

$$\begin{array}{r} \square \\ +\ \ 7 \\ \hline 2\ 6 \end{array}$$

Paso 1 Resta las unidades.

Reagrupa las decenas y las unidades de 26.

26 = 2 decenas y ___ unidades

= 1 decena y ___ unidades

Resta.

___ unidades – ___ unidades

= ___ unidades

Paso 2 Resta las decenas.

___ decena – ___ decenas

= ___ decena

3

Decenas	Unidades
2	3
–	6

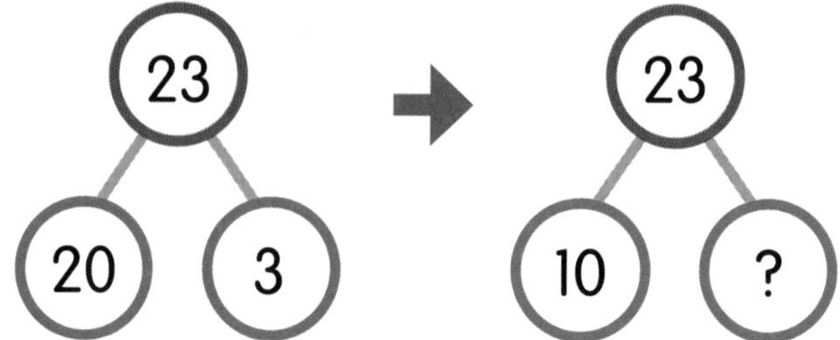

4

Decenas	Unidades
3	4
–	8

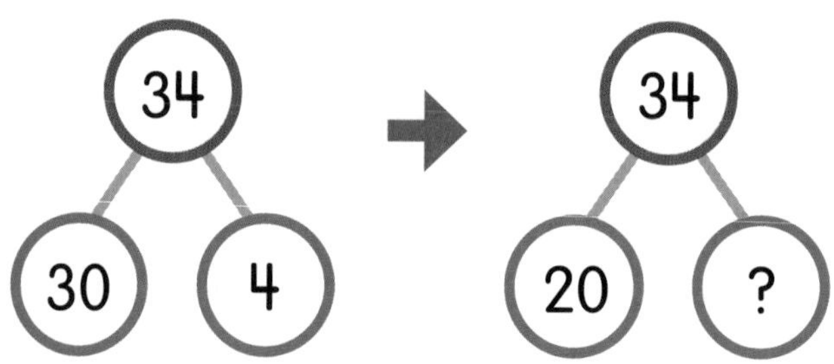

Aprende

Puedes usar tablas de valor posicional para restar números con reagrupación.

41 – 29 = ?

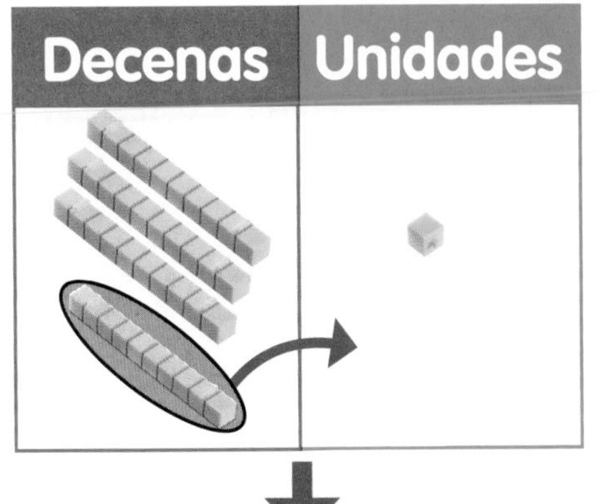

Paso 1 Resta las unidades.

¡No puedes restar 9 unidades de 1 unidad! Entonces, necesitas reagrupar.

Reagrupa las decenas y las unidades de 41.

41 = 4 decenas y 1 unidad
= 3 decenas y 11 unidades

Resta.

Decenas	Unidades
~~4~~ (3)	[1]1
– 2	9
	2

11 unidades
– 9 unidades
= 2 unidades

Decenas	Unidades

Paso 2 Resta las decenas.

Decenas	Unidades
~~4~~ (3)	[1]1
– 2	9
1	2

3 decenas
– 2 decenas
= 1 decena

12

Decenas	Unidades

Entonces, 41 – 29 = 12.

¡Comprueba!

Si 41 – 29 = 12,
entonces, 12 + 29 debe ser igual a 41.

La respuesta es correcta.

$$\begin{array}{r} 12 \\ +\ 29 \\ \hline 41 \end{array}$$

Aprendizaje con supervisión

Reagrupa y resta.

5

	Decenas	Unidades
	3	4
−	1	5

Paso 1 Resta las unidades.

Reagrupa las decenas y las unidades de 34.

34 = 3 decenas y ___ unidades

= 2 decenas y ___ unidades

Resta.

___ unidades − ___ unidades

= ___ unidades

Paso 2 Resta las decenas.

___ decenas − ___ decena

= ___ decena

¡Comprueba!

$$\begin{array}{r} \square \\ +\ 15 \\ \hline 34 \end{array}$$

6

	Decenas	Unidades
	3	1
−	1	9

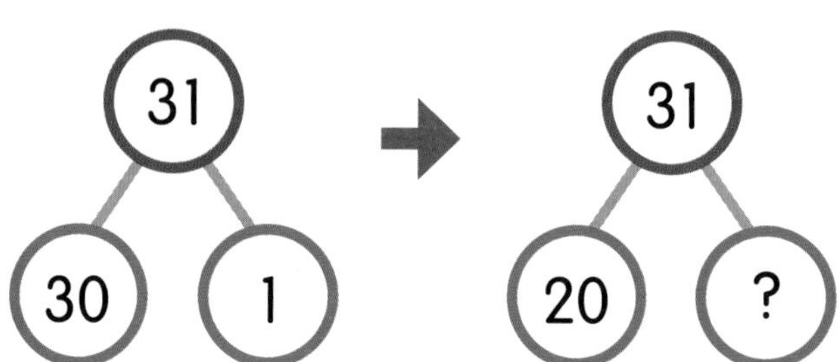

7

	Decenas	Unidades
	3	5
−	2	8

¡Comprueba!

$$\begin{array}{r} \square \\ +\ 28 \\ \hline 35 \end{array}$$

Practiquemos

Reagrupa las decenas y las unidades.
Luego, completa la tabla de valor posicional.

1

25 =

Decenas	Unidades
2	5

=

Decenas	Unidades
1	

2

39 =

Decenas	Unidades
3	9

=

Decenas	Unidades
2	

Reagrupa y resta.

3

Decenas	Unidades
2	4
−	7

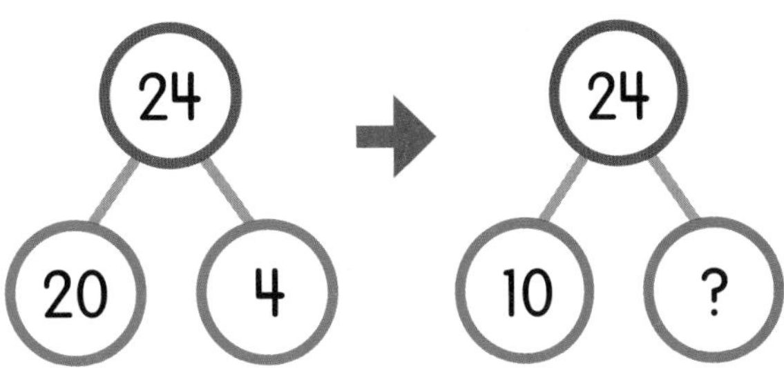

4

Decenas	Unidades
3	1
− 1	4

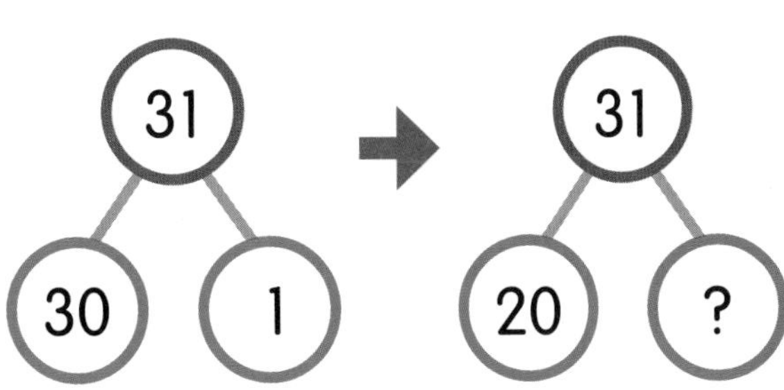

5

	Decenas	Unidades
	3	3
–		8

6

	Decenas	Unidades
	3	5
–	1	9

7

	Decenas	Unidades
	3	7
–	1	9

8

	Decenas	Unidades
	2	6
–	1	8

9 40 – 18 =

Decenas Unidades

10 28 – 19 =

Decenas Unidades

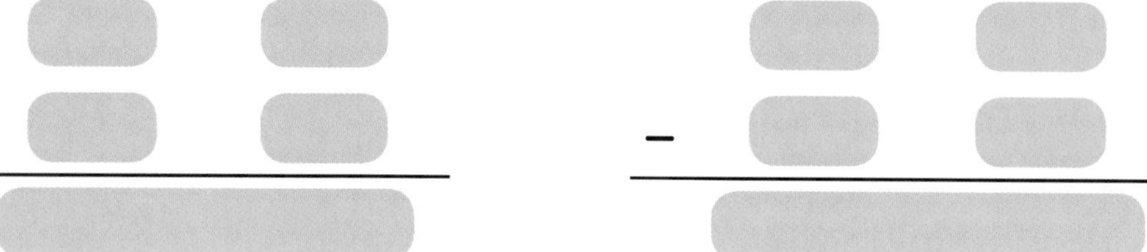

11 34 – 26 =

Decenas Unidades

12 23 – 6 =

Decenas Unidades

POR TU CUENTA

Ver Cuaderno de actividades B: Práctica 4, págs. 73 a 76

LECCIÓN 5

Sumar tres números

Objetivo de la lección

- Sumar tres números de 1 dígito.

Aprende

Puedes usar números conectados para sumar tres números.

5 + 7 + 6 = ?

Método 1

Paso 1 Primero, suma 10.
5 + 5 = 10

Paso 2 2 + 6 = 8

Paso 3 10 + 8 = 18

Entonces, 5 + 7 + 6 = 18.

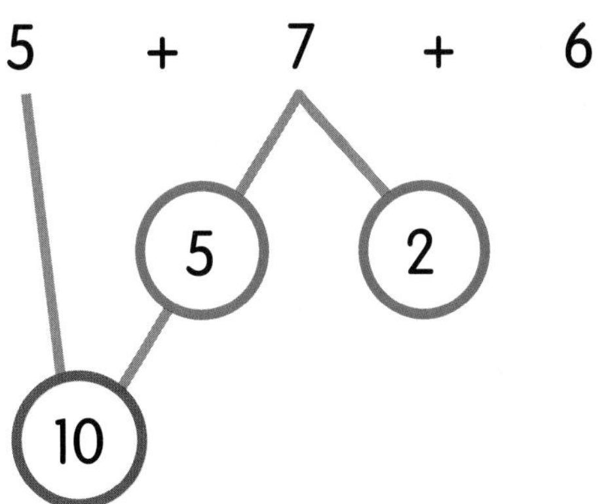

Método 2

Paso 1 Primero, suma 10.
7 + 3 = 10

Paso 2 5 + 3 = 8

Paso 3 10 + 8 = 18

Entonces, 5 + 7 + 6 = 18.

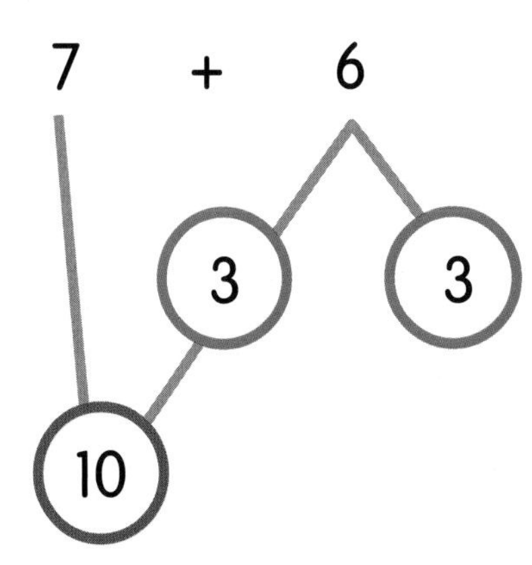

Aprendizaje con supervisión

Forma una decena.
Luego, suma.

1 6 + 8 + 3 = ___

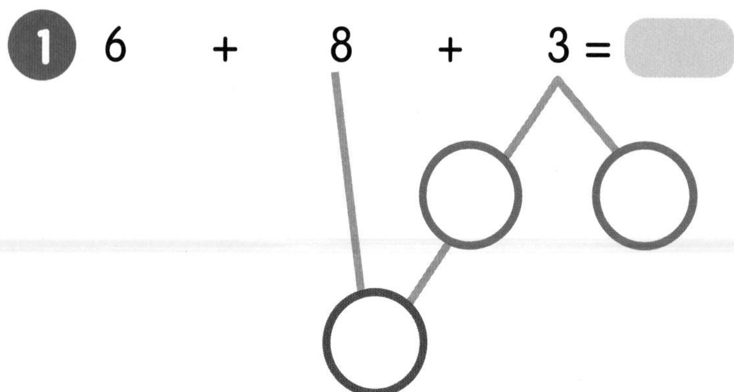

2 9 + 6 + 5 = ___

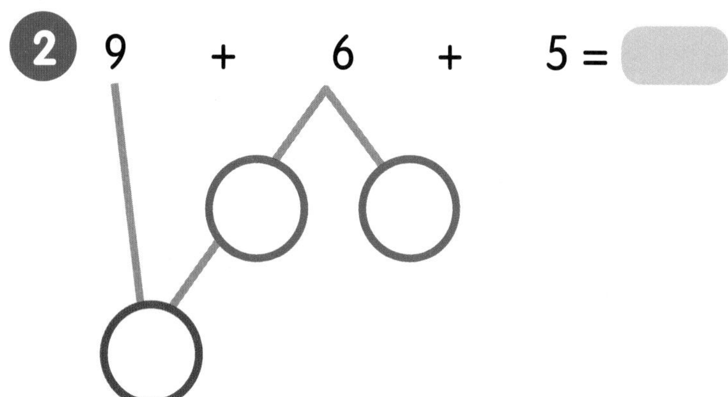

3 7 + 4 + 8 = ___

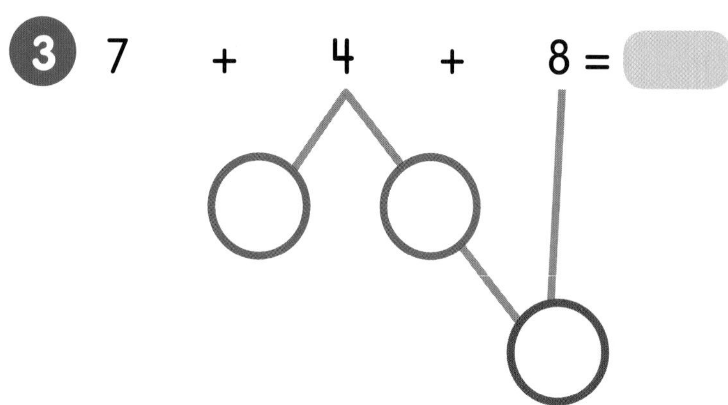

Exploremos

1 4 + 9 + 2 = ?

Método 1

Paso 1 Suma los dos primeros números.

4 + 9 = ▢

Paso 2 Suma el resultado al tercer número.

▢ + 2 = ▢

Entonces, 4 + 9 + 2 = ▢

Método 2

Paso 1 Suma los dos últimos números.

9 + 2 = ▢

Paso 2 Suma el primer número al resultado.

4 + ▢ = ▢

Entonces, 4 + 9 + 2 = ▢

¿En qué se parecen los métodos?
¿En qué se diferencian?

Exploremos

2. Muestra dos maneras de sumar los tres números.
   9 + 7 + 8 = ____

3. Piensa en 3 números de 1 dígito.
   Usa los dos métodos para sumar los números.
   ¿Obtienes la misma respuesta?

Practiquemos

Suma.

1. 2 + 4 + 8 = ____

2. 3 + 6 + 5 = ____

3. 6 + 7 + 8 = ____

POR TU CUENTA

Ver Cuaderno de actividades B:
Práctica 5, págs. 77 a 78

LECCIÓN 6 Problemas cotidianos: La suma y la resta

Objetivos de la lección

- Resolver problemas cotidianos.
- Usar operaciones relacionadas de suma y resta para comprobar las respuestas a los problemas cotidianos.

Puedes usar la suma para resolver problemas cotidianos.

Rose tiene 15 .

Shawn tiene 3  más que Rose.

¿Cuántos  tiene Shawn?

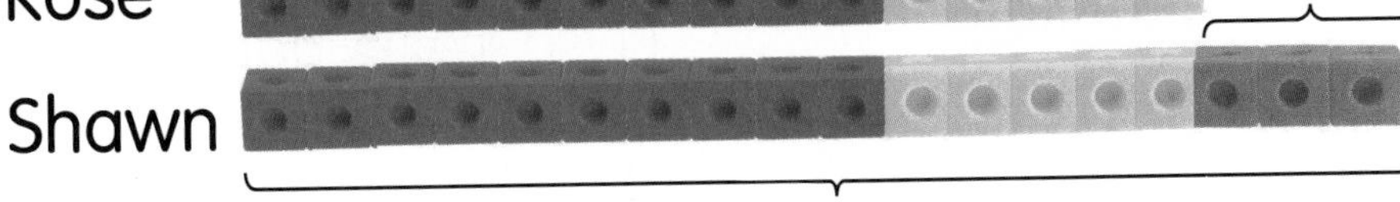

$15 + 3 = ?$

$15 + 3 = 18$

Shawn tiene 18 .

$$\begin{array}{r} 15 \\ +\ \ 3 \\ \hline 18 \end{array}$$

¡Comprueba!

Si 15 + 3 = 18, entonces, 18 – 3 debe ser igual a 15.

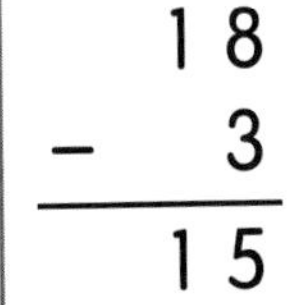

$$\begin{array}{r} 18 \\ -\ \ 3 \\ \hline 15 \end{array}$$

La respuesta es correcta.

Aprendizaje con supervisión

Resuelve. Comprueba tu resultado.

1. Jake prepara 10 vasos de jugo de naranja.
Dave prepara 8 vasos más de jugo de naranja que Jake.
¿Cuántos vasos de jugo de naranja preparó Dave?

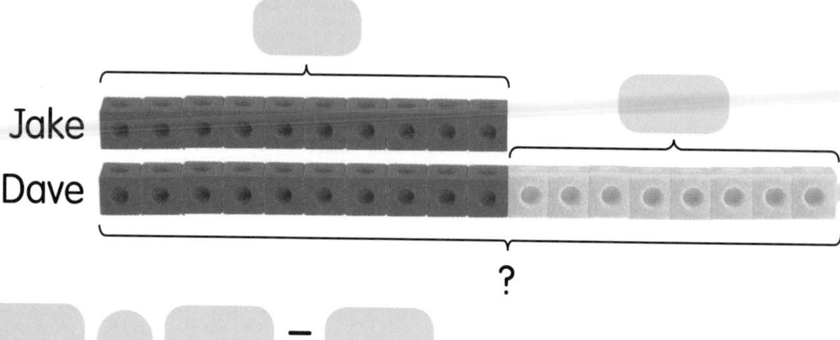

☐ ○ ☐ = ☐

Dave preparó ☐ vasos de jugo de naranja.

Aprende

Puedes usar la resta para resolver problemas cotidianos.

Emma tiene 13 adhesivos.
Jermaine tiene 17 adhesivos.
¿Cuántos adhesivos más tiene Jermaine?

Usa cubos para mostrar el número de adhesivos.

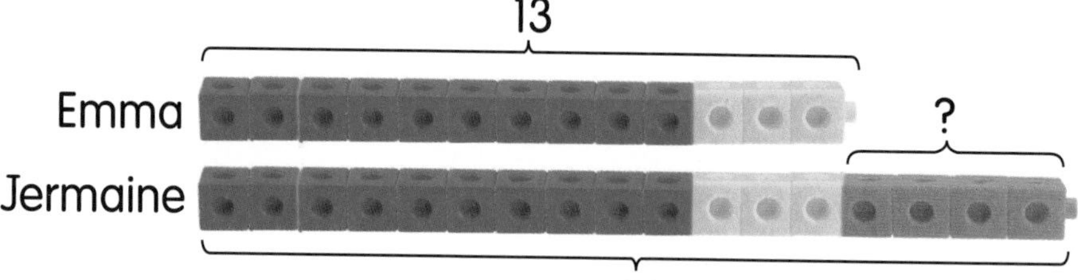

17 – 13 = ?

17 – 13 = 4

Jermaine tiene 4 adhesivos más.

¡Comprueba!

Si 17 – 13 = 4, entonces, 13 + 4 debe ser igual a 17.

La respuesta es correcta.

$$\begin{array}{r} 13 \\ +\ \ 4 \\ \hline 17 \end{array}$$

Aprendizaje con supervisión

Resuelve. Comprueba tu resultado.

2. Raoul tiene 19 tarjetas de béisbol.
Tyler tiene 11 tarjetas de béisbol.
¿Cuántas tarjetas de béisbol más tiene Raoul?

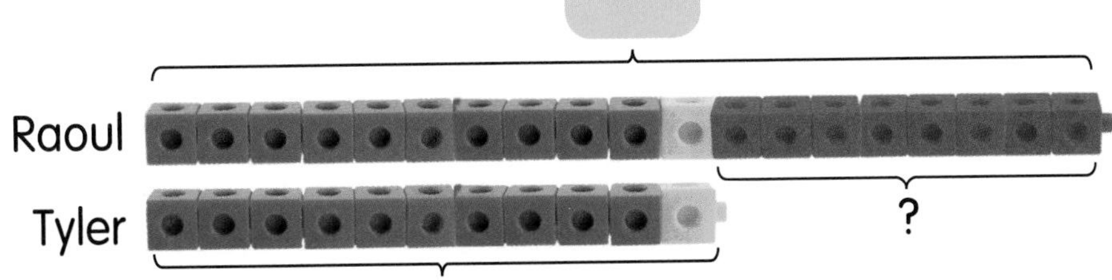

Raoul tiene ___ tarjetas de béisbol más.

Aprende

Puedes usar la resta para resolver problemas cotidianos.

Mike vive en el piso 14.°
Vive 11 pisos más alto que Nora.
¿En qué piso vive Nora?

Usa  para mostrar en qué piso vive cada uno.

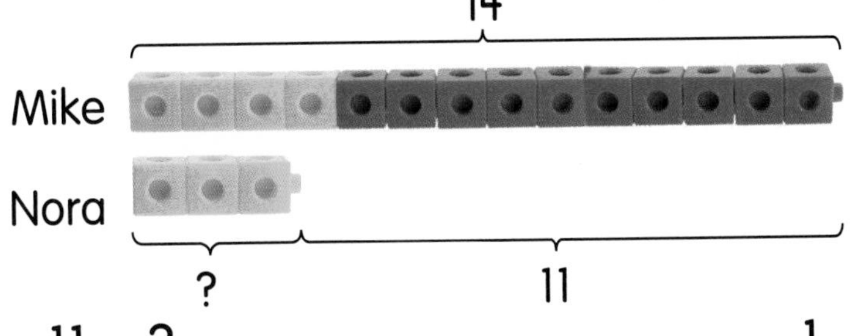

$14 - 11 = ?$

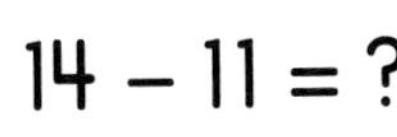

$14 - 11 = 3$

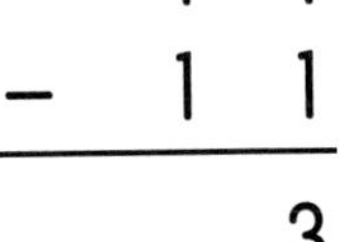

$$\begin{array}{r} 14 \\ -\ 11 \\ \hline 3 \end{array}$$

Nora vive en el 3.er piso.

¡Comprueba!

Si $14 - 11 = 3$, entonces, $11 + 3$ debe ser igual a 14.

La respuesta es correcta.

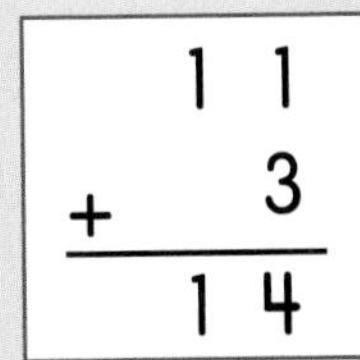

$$\begin{array}{r} 11 \\ +\ 3 \\ \hline 14 \end{array}$$

Aprendizaje con supervisión

Resuelve. Comprueba tu resultado.

3. Sam prepara 20 sorpresas para una fiesta.
Prepara 6 sorpresas más que Julia.
¿Cuántas sorpresas preparó Julia?

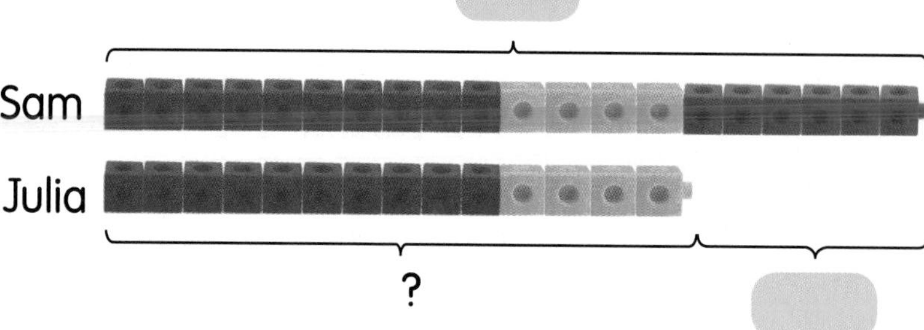

___ ◯ ___ = ___

Julia preparó ___ sorpresas.

Aprende **Puedes usar la resta para resolver problemas cotidianos.**

Henry prepara 19 tarjetas de San Valentín.
Beth prepara 7 tarjetas menos que Henry.
¿Cuántas tarjetas menos preparó Beth?

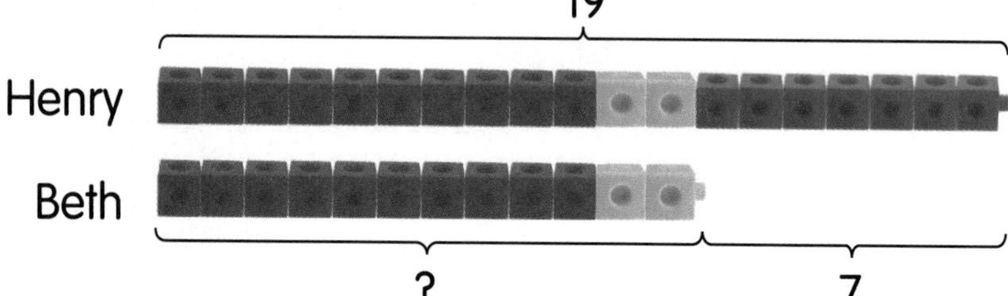

19 – 7 = ?

19 – 7 = 12

Beth preparó 12 tarjetas.

$$\begin{array}{r} 19 \\ -\ \ 7 \\ \hline 12 \end{array}$$

¡Comprueba!

Si 19 – 7 = 12, entonces, 12 + 7 debe ser igual a 19.

La respuesta es correcta.

$$\begin{array}{r} 12 \\ +\ \ 7 \\ \hline 19 \end{array}$$

Aprendizaje con supervisión

Resuelve. Comprueba tu resultado.

4. Amy tiene 16 cuentas.
Kevin tiene 7 cuentas menos que Amy.
¿Cuántas cuentas tiene Kevin?

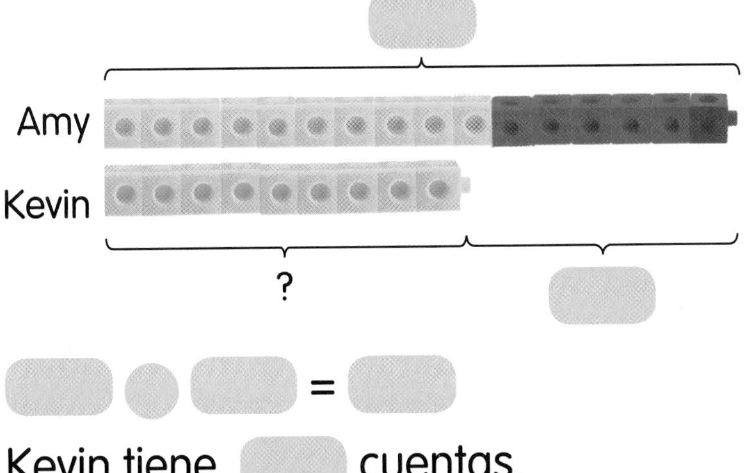

Kevin tiene ___ cuentas.

Manos a la obra

TRABAJAR EN PAREJAS

Escribe un cuento de suma y un cuento de resta.

Usa  **y estas palabras para que te sirvan de ayuda.**

Luego, resuelve los problemas.

1. | Gabe | Ken | más que |
|---|---|---|
| conchas marinas | cuántas | recoge |

2. | Will | Jonah | menos que |
|---|---|---|
| tarjetas | cuántas | hace |

Aprende

Puedes resolver problemas cotidianos que requieren sumar tres números.

Mel compró 6 naranjas y 5 peras.
Más tarde compró 3 manzanas.
¿Cuántas frutas compró en total?

5 + 6 = 11

11 + 3 = ?

Primero, suma 5 y 6. Luego, suma el tercer número al resultado

5 + 6 = 11
11 + 3 = 14
Mel compró 14 frutas en total.

Aprendizaje con supervisión

Resuelve.

5 Jane tiene tres grupos de lápices.
En el primer grupo hay 4 lápices, en el segundo hay 8 lápices y en el tercero hay 6 lápices.
¿Cuántos lápices hay en total?

4 + ___ = ___

___ + 6 = ___

Hay ___ lápices en total.

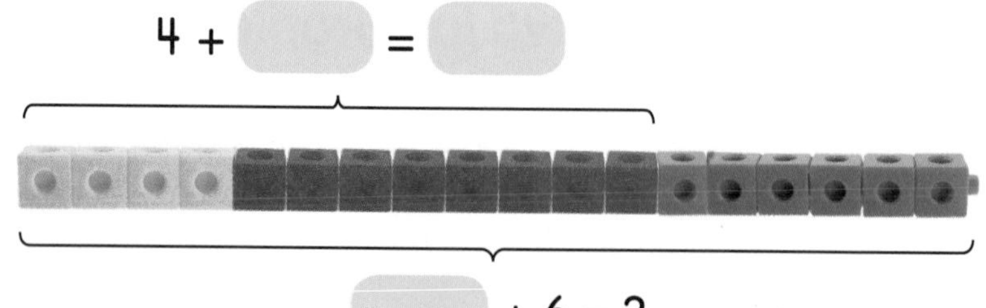

1. Usa las palabras y los números a continuación para escribir un problema cotidiano. Usa [cubos] o haz un modelo para mostrar tu respuesta.

cerezas	albaricoques	fresas	
Will	Sean	Ben	
5	3	9	en total

2. Piensa en un cuento de suma que tenga tres números. Escribe un problema cotidiano que requiera sumar tres números. Luego, resuelve el problema.

Elije tres números entre 0 y 9.

Practiquemos

Escribe los números que faltan.

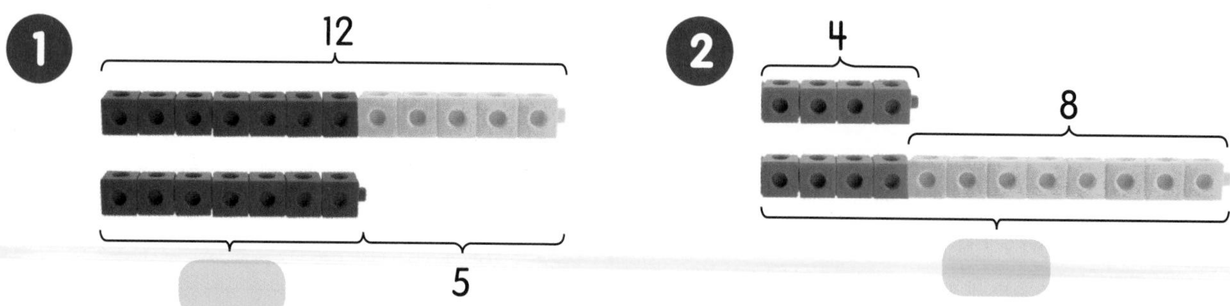

Resuelve. Comprueba tu resultado.

3. Alexis tiene 18 conejitos.
   Gabriella tiene 12 conejitos.
   ¿Cuántos conejitos más tiene Alexis?

4. Devan compra 13 adhesivos.
   Cara compra 7 adhesivos más que Devan.
   ¿Cuántos adhesivos más compró Cara?

5. Sita recoge 13 botellas en la playa.
   Recoge 8 botellas menos que Tina.
   ¿Cuántas botellas recogió Tina?

Resuelve. Comprueba tu resultado.

6. Ling contó 17 pajaritos en un parque.
Contó 9 pajaritos más que mariposas.
¿Cuántas mariposas contó Ling?

7. Lori prepara 6 emparedados.
Después prepara 2 emparedados más.
Meg prepara 5 emparedados.
¿Cuántos emparedados hay en total?

POR TU CUENTA
Ver Cuaderno de actividades B:
Práctica 6, págs. 79 a 82

DESTREZAS DE RAZONAMIENTO CRÍTICO

¡Ponte la gorra de pensar!

RESOLUCIÓN DE PROBLEMAS

Elige tres de los siguientes números y completa el enunciado de suma.
Usa cada número solo una vez en cada enunciado.

2 3 4 5 6 7

___ + ___ + ___ = 12

___ + ___ + ___ = 12

___ + ___ + ___ = 12

POR TU CUENTA
Ver Cuaderno de actividades B:
¡Ponte la gorra de pensar!
págs. 83 a 86

Resumen del capítulo

Has aprendido...

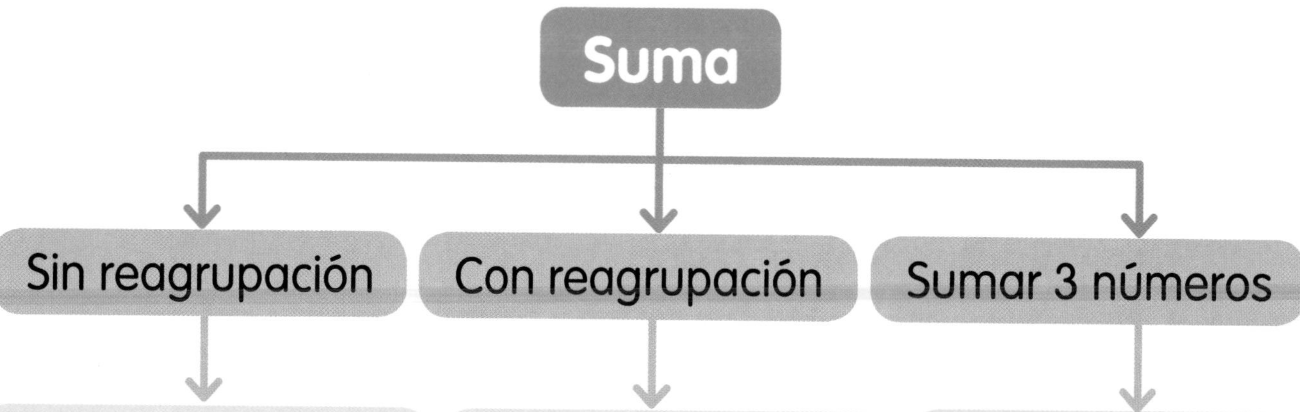

$26 + 3 = ?$

Método 1 Cuenta hacia adelante desde el número mayor.

26, 27, 28, 29

26	27	28	29

Método 2 Usa una tabla de valor posicional.

Paso 1 Suma las unidades.

Paso 2 Suma las decenas.

	Decenas	Unidades
	2	6
+		3
	2	9

$17 + 15 = ?$

Usa una tabla de valor posicional.

Paso 1 Suma las unidades. Reagrupa las unidades.

Paso 2 Suma las decenas.

	Decenas	Unidades
	1	
	1	7
+	1	5
	3	2

$4 + 7 + 5 = ?$

Método 1

$4 + 7 + 5$

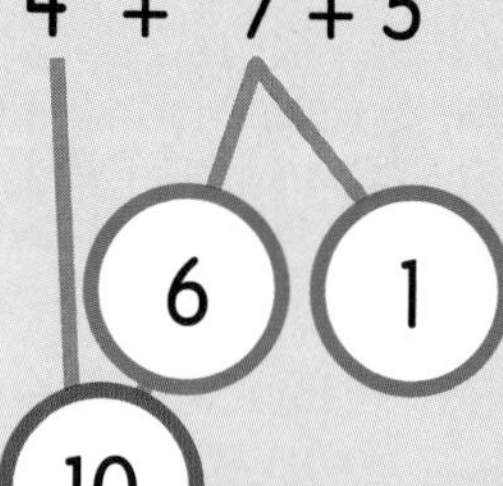

$1 + 5 = 6$

$10 + 6 = 16$

Método 2

$4 + 7 + 5$

3 2

10

$4 + 2 = 6$

$10 + 6 = 16$

Resolver problemas cotidianos

Los números enteros se pueden sumar y restar con y sin reagrupación.

Resta

Sin reagrupación

25 – 2 = ?

Método 1

Cuenta hacia atrás desde 25.
25, 24, 23

23	24	25

Método 2
Usa una tabla de valor posicional.

Paso 1 Resta las unidades.

Paso 2 Resta las decenas.

	Decenas	Unidades
	2	5
–		2
	2	3

Con reagrupación

35 – 17 = ?

Usa una tabla de valor posicional.

Paso 1 Reagrupa las decenas y las unidades de 35. Resta las unidades.

Paso 2 Resta las decenas.

	Decenas	Unidades
	~~3~~ 2	[1]5
–	1	7
	1	8

Resolver problemas cotidianos

Ver Cuaderno de actividades B: Repaso/Prueba del capítulo, págs. 87 a 88

Estrategias de cálculo mental

Aprendí lo que hay que hacer
y sé bien que tú también.
Para sumar 13 más 2,
agrupa 13 y suma 2.

Cuando ya sabes la regla,
no necesitas más herramientas.
Ya sea en casa o en la escuela,
¡sorprendo a todos con mi respuesta!

Conozco un truco del tío Rolo
para responder más rápido que todos.
De él mucho aprenderé,
¡y pronto sabré tanto como él!

Agrupa 13 en una decena y 3 unidades.
13 = 10 y 3
Mantén unidos el 3 y las unidades.

Lección 1 Suma mental
Lección 2 Resta mental

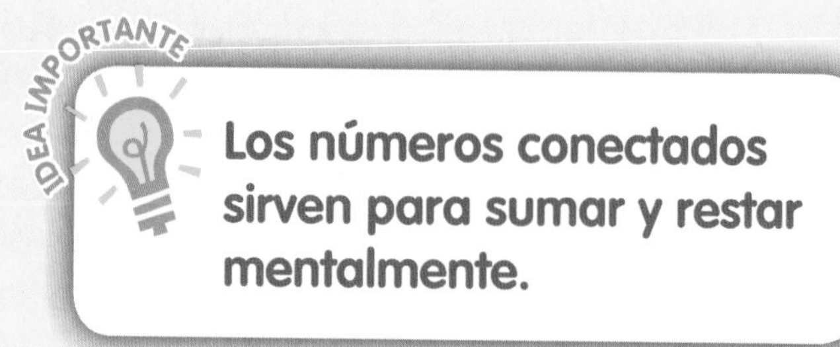

IDEA IMPORTANTE
Los números conectados sirven para sumar y restar mentalmente.

LECCIÓN

2 Resta mental

Objetivos de la lección

- Restar mentalmente números de 1 dígito.
- Restar mentalmente un número de 1 dígito de un número de 2 dígitos.
- Restar mentalmente decenas de un número de 2 dígitos.

Aprende

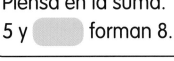

Puedes recordar los números conectados para restar unidades mentalmente.

Halla 9 – 4.

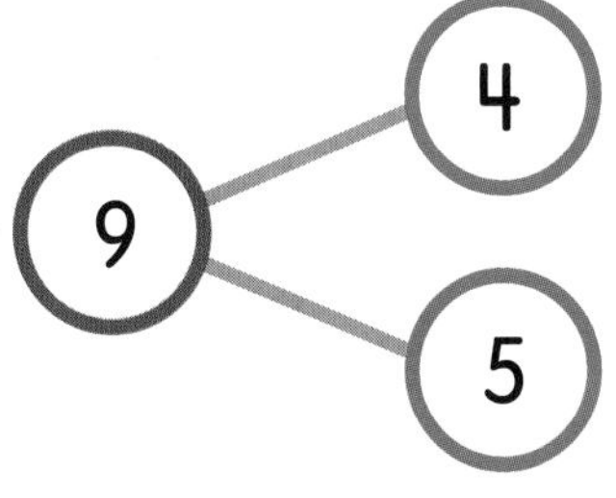

Piensa en la suma. 4 y 5 forman 9.

Entonces, 9 – 4 = 5.

Aprendizaje con supervisión

Resta mentalmente.

1. Halla 8 – 5.

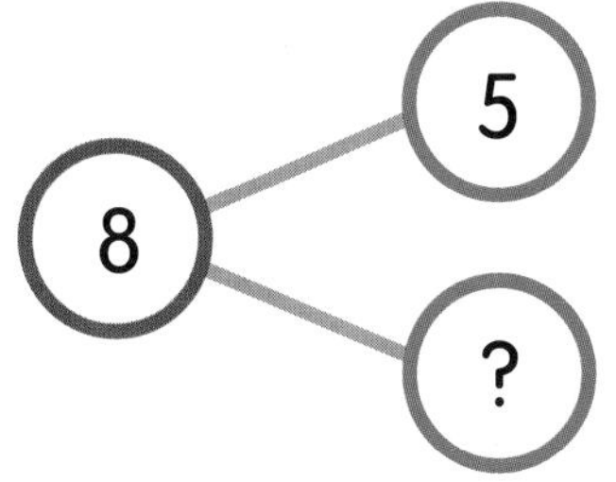

Piensa en la suma. 5 y ____ forman 8.

Entonces, 8 – 5 = ____.

Aprende

Puedes recordar los números conectados para restar unidades mentalmente.

Halla 13 – 6.

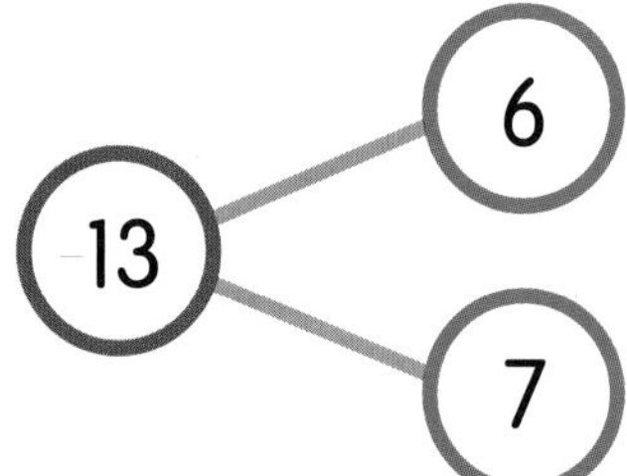

Entonces, 13 – 6 = 7.

Aprendizaje con supervisión

Resta mentalmente.

2 Halla 15 – 9.

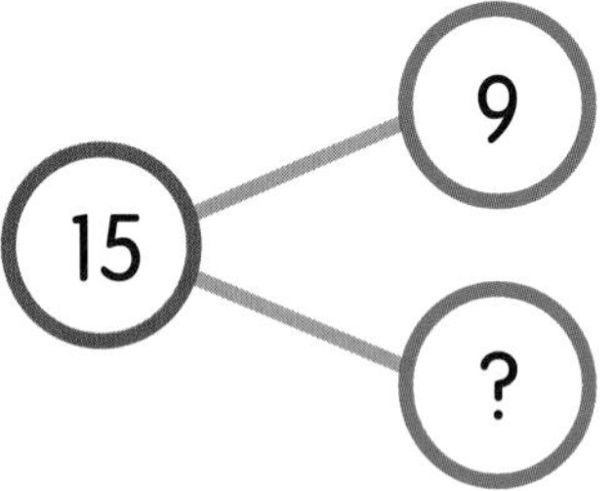

Entonces, 15 – 9 = ___.

3 Halla 17 – 8. ___

4 Halla 16 – 7. ___

5 Halla 12 – 7. ___

Aprende

Puedes usar la estrategia "restar las unidades" para restar unidades mentalmente.

Halla 28 – 3.

Agrupa 28 en decenas y unidades.

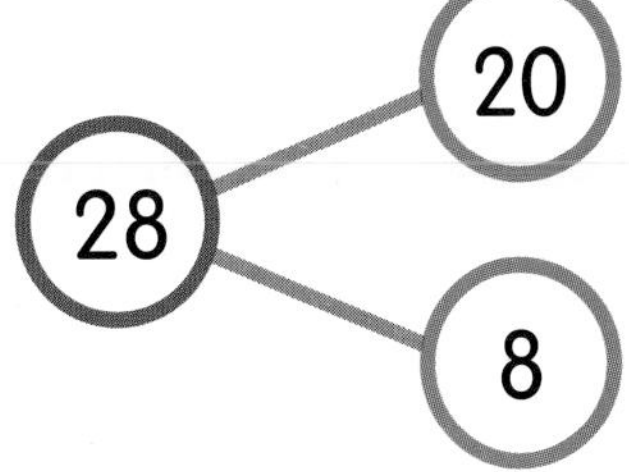

Paso 1 Resta las unidades. 8 – 3 = 5

Paso 2 Suma el resultado a las decenas. 20 + 5 = 25

Entonces, 28 – 3 = 25.

Aprendizaje con supervisión

Resta mentalmente.

6 Halla 37 – 4.

Agrupa 37 en decenas y unidades.

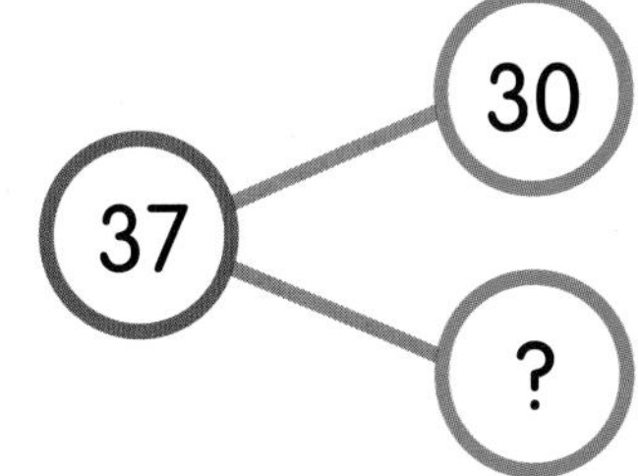

Paso 1 Resta las unidades. ___ – 4 = ___

Paso 2 Suma el resultado a las decenas. ___ + ___ = ___

Entonces, 37 – 4 = ___.

7 Halla 36 – 5. ___

Aprende

Puedes usar la estrategia "restar las decenas" para restar decenas mentalmente.

Halla 39 – 10.

Agrupa 39 en decenas y unidades.

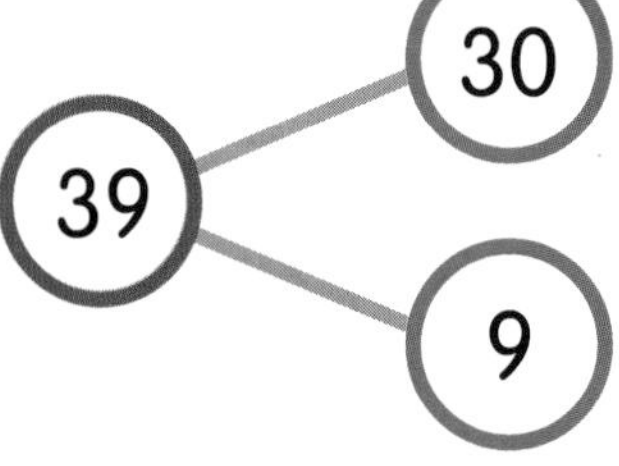

Paso 1 Resta las decenas. 30 – 10 = 20

Paso 2 Suma el resultado a las unidades. 9 + 20 = 29

Entonces, 39 – 10 = 29.

Aprendizaje con supervisión

Resta mentalmente.

8 Halla 35 – 20.

Agrupa 35 en decenas y unidades.

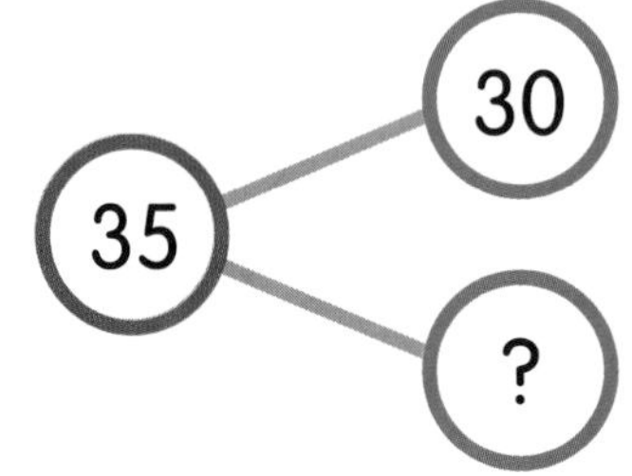

Paso 1 Resta las decenas. 30 – ___ = ___

Paso 2 Suma el resultado a las unidades. ___ + ___ = ___

Entonces, 35 – 20 = ___.

9 Halla 29 – 20. ___

Juego

Jugadores: 2 a 5
Necesitas:
- flecha giratoria
- tarjetas con números (11 a 19)

¡Resta mentalmente!

Instrucciones:

PASO 1 El jugador 1 toma una tarjeta.

PASO 2 El jugador 1 hace girar la flecha giratoria una vez para obtener un número.

PASO 3 El jugador 1 resta los números mentalmente.

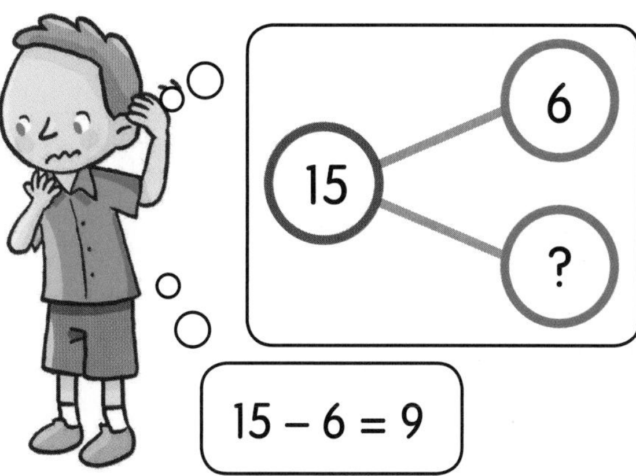

¡El jugador con más puntos gana!

PASO 4 Los otros jugadores comprueban el resultado. El jugador 1 obtiene 1 punto si el resultado es correcto. Túrnense para jugar. El juego termina después de 10 rondas.

Exploremos

Hay muchas maneras de sumar dos números de 1 dígito mentalmente.

Ejemplo

$8 + 7 = ?$

Una manera:

$8 + 7 = ?$

$8 + 7$

2 5

$8 + 2 = 10$

$10 + 5 = 15$

1. Piensa en otra manera de sumar 7 y 8 mentalmente.
2. Piensa en dos maneras diferentes de sumar 6 y 7 mentalmente.

Practiquemos

Resta mentalmente.
Piensa en la suma.

1. $7 - 5 =$ ☐
2. $6 - 4 =$ ☐
3. $12 - 6 =$ ☐
4. $11 - 8 =$ ☐

Resta mentalmente.
Primero, resta las unidades.
Luego, suma el resultado a las decenas.

5. $27 - 6 =$ ☐
6. $39 - 4 =$ ☐

Resta mentalmente.
Primero, resta las decenas.
Luego, suma el resultado a las unidades.

7. $25 - 10 =$ ☐
8. $37 - 20 =$ ☐
9. $19 - 10 =$ ☐

POR TU CUENTA

Ver Cuaderno de actividades B: Práctica 2, págs. 103 a 104

DESTREZAS DE RAZONAMIENTO CRÍTICO

¡Ponte la gorra de pensar!

RESOLUCIÓN DE PROBLEMAS

1. Tina suma dos números mentalmente para obtener 24. El dígito de las unidades de uno de los números es 8. ¿Qué dos números pueden ser?

Hay más de una respuesta correcta.

2. Jamal resta dos números para obtener 17. El dígito de las unidades del número mayor es 9. ¿Qué dos números pueden ser?

POR TU CUENTA

Ver Cuaderno de actividades B: ¡Ponte la gorra de pensar! págs. 105 a 106

Resumen del capítulo

IDEA IMPORTANTE

Los números conectados sirven para sumar y restar mentalmente.

Has aprendido...

Suma mental

Sumar las unidades

$2 + 14 = ?$

4 10

$2 + 4 = 6$

$10 + 6 = 16$

Sumar las decenas

$12 + 20 = ?$

2 10

$10 + 20 = 30$

$2 + 30 = 32$

Usar operaciones de dobles para sumar unidades

$3 + 4 = ?$

3 1

$$\begin{aligned} 3 + 4 &= 3 + 3 + 1 \\ &= 6 + 1 \\ &= 7 \end{aligned}$$

Entonces, 3 + 4 es el doble de 3 más 1.

Resta mental

Recordar los números conectados para restar

$7 - 4 = ?$

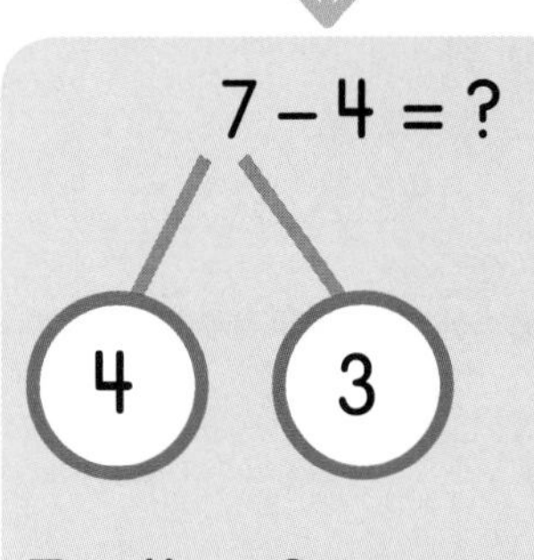

$7 - 4 = 3$

Restar unidades

$27 - 3 = ?$

20 7

$7 - 3 = 4$

$20 + 4 = 24$

Restar decenas

$38 - 10 = ?$

$30 - 10 = 20$

$20 + 8 = 28$

POR TU CUENTA

Ver Cuaderno de actividades B: Repaso/Prueba del capítulo, págs. 107 a 108

El calendario y la hora

Treinta días trae noviembre,
con abril, junio y septiembre.
Veintiocho solo trae uno,
y los demás, treinta y uno.
Y cuando el año bisiesto viene
febrero ya trae veintinueve.

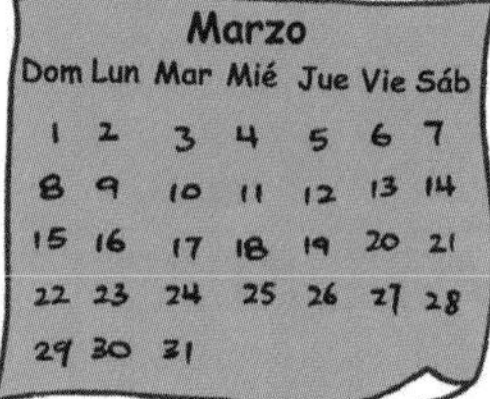

Agosto
Dom Lun Mar Mié Jue Vie Sáb
1
2 3 4 5 6 7 8
9 10 11 12 13 14 15
16 17 18 19 20 21 22
23 24 25 26 27 28 29
30 31

Lección 1 Usar un calendario
Lección 2 Decir la hora en punto
Lección 3 Decir la hora hasta la media hora

Los calendarios se usan para mostrar los días, las semanas y los meses de un año. Los relojes se usan para leer la hora del día.

Recordar conocimientos previos

Usar números ordinales y posiciones

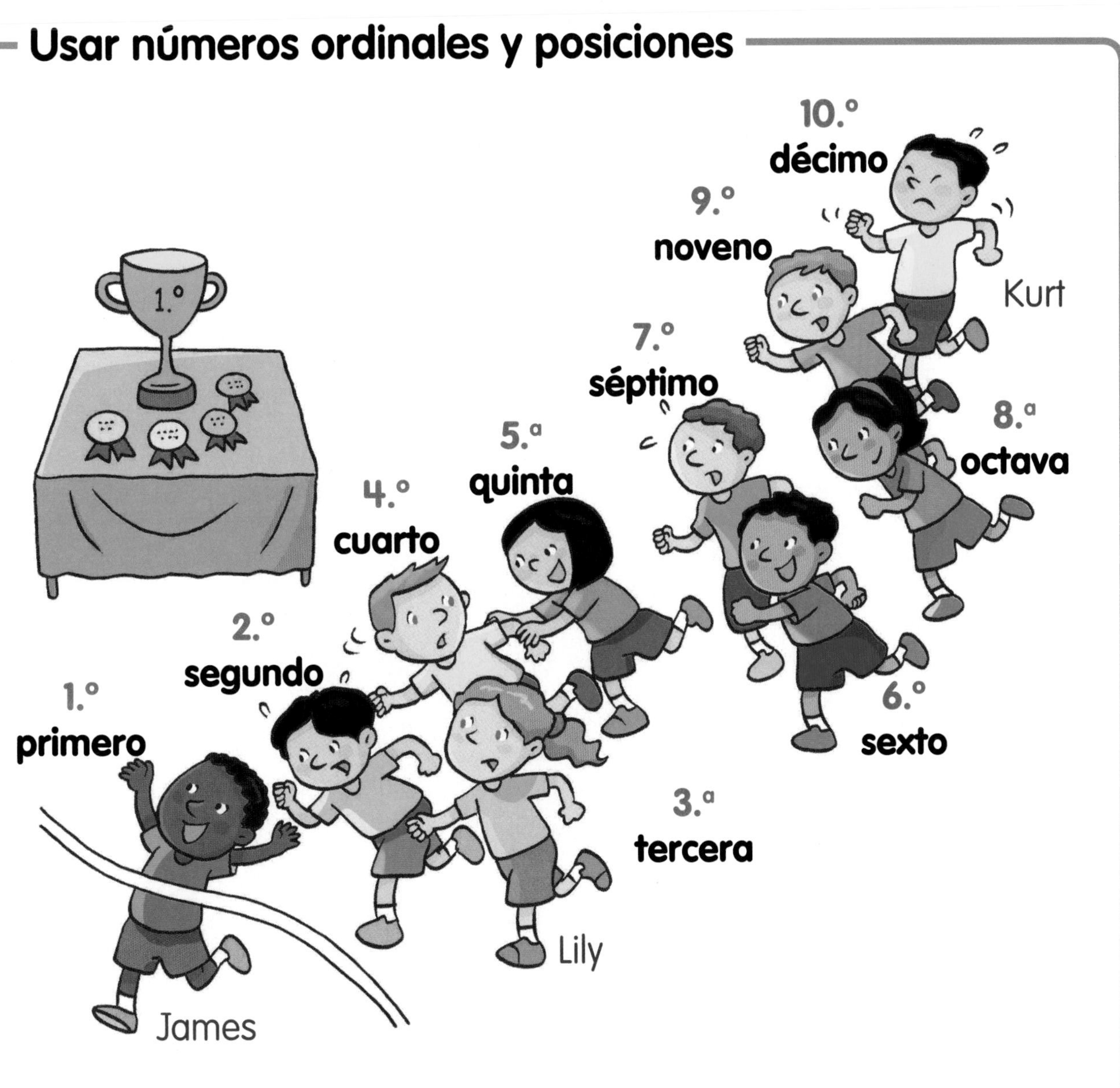

Los niños jugaron una carrera.

James llegó primero.

Lily llegó tercera.

Kurt llegó último.

Los niños están corriendo una carrera.

LLEGADA
Joe
Laura
Tim
Will
Kurt
SALIDA

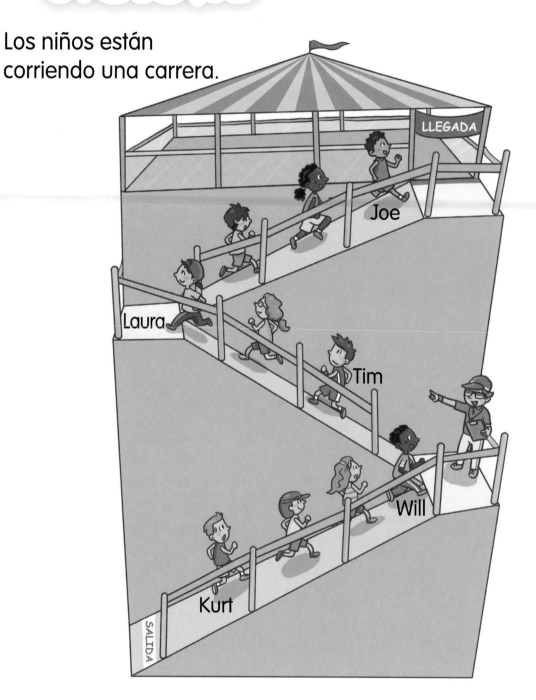

Observa la ilustración. Completa las oraciones.

1. ____ está cuarta.
2. ____ está último.
3. ____ está 7º.

Usar un calendario

Objetivos de la lección

- Leer un calendario.
- Los días de la semana y los meses del año.
- Escribir la fecha.
- Las estaciones del año.

Vocabulario

calendario	días
semanas	meses
año	fecha
más calientes	más fríos
estaciones	

Aprende — Puedes leer un **calendario**.

Cada uno de estos son calendarios.

Un calendario muestra los **días**, las **semanas** y los **meses** de un **año**.

Aprende

Puedes conocer los días de la semana.

Hay 7 días en una semana.
El primer día de la semana es el domingo.
El último día de la semana es el sábado.

JULIO						
Domingo	Lunes	Martes	Miércoles	Jueves	Viernes	Sábado

Cuenta los días de la semana desde el domingo hasta el sábado.

Puedes escribir "Domingo" así: "Dom".

Lunes → Lun
Martes → Mar
Miércoles → Mié
Jueves → Jue
Viernes → Vie
Sábado → Sáb

Aprendizaje con supervisión

Completa.

1. Una semana tiene ___ días.
2. El ___ es el primer día de la semana.
3. El último día de la semana es el ___.
4. El día ___ está justo antes del martes.
5. El día ___ está entre el martes y el jueves.
6. El día ___ está justo después del jueves.

Manos a la obra

TRABAJAR EN PAREJAS

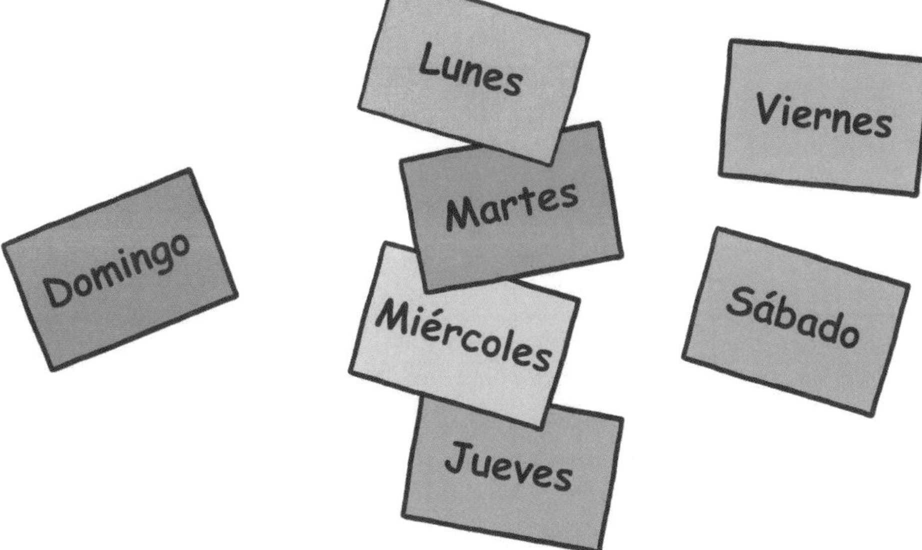

Usa siete tarjetas y escribe en orden los nombres de los 7 días de la semana.

Señala y di el nombre de cada día a tu compañero.

Tu compañero señalará y te dirá el nombre de cada día.

Mezcla las tarjetas y pide a tu compañero que las ordene.

Aprende

Puedes conocer los meses del año.

ENERO

Dom	Lun	Mar	Mié	Jue	Vie	Sáb
					1	2
3	4	5	6	7	8	9
10	11	12	13	14	15	16
17	18	19	20	21	22	23
24	25	26	27	28	29	30
31						

FEBRERO

Dom	Lun	Mar	Mié	Jue	Vie	Sáb
	1	2	3	4	5	6
7	8	9	10	11	12	13
14	15	16	17	18	19	20
21	22	23	24	25	26	27
28						

MARZO

Dom	Lun	Mar	Mié	Jue	Vie	Sáb
	1	2	3	4	5	6
7	8	9	10	11	12	13
14	15	16	17	18	19	20
21	22	23	24	25	26	27
28	29	30	31			

ABRIL

Dom	Lun	Mar	Mié	Jue	Vie	Sáb
				1	2	3
4	5	6	7	8	9	10
11	12	13	14	15	16	17
18	19	20	21	22	23	24
25	26	27	28	29	30	

MAYO

Dom	Lun	Mar	Mié	Jue	Vie	Sáb
						1
2	3	4	5	6	7	8
9	10	11	12	13	14	15
16	17	18	19	20	21	22
23	24	25	26	27	28	29
30	31					

JUNIO

Dom	Lun	Mar	Mié	Jue	Vie	Sáb
		1	2	3	4	5
6	7	8	9	10	11	12
13	14	15	16	17	18	19
20	21	22	23	24	25	26
27	28	29	30			

JULIO

Dom	Lun	Mar	Mié	Jue	Vie	Sáb
				1	2	3
4	5	6	7	8	9	10
11	12	13	14	15	16	17
18	19	20	21	22	23	24
25	26	27	28	29	30	31

AGOSTO

Dom	Lun	Mar	Mié	Jue	Vie	Sáb
1	2	3	4	5	6	7
8	9	10	11	12	13	14
15	16	17	18	19	20	21
22	23	24	25	26	27	28
29	30	31				

SEPTIEMBRE

Dom	Lun	Mar	Mié	Jue	Vie	Sáb
			1	2	3	4
5	6	7	8	9	10	11
12	13	14	15	16	17	18
19	20	21	22	23	24	25
26	27	28	29	30		

OCTUBRE

Dom	Lun	Mar	Mié	Jue	Vie	Sáb
					1	2
3	4	5	6	7	8	9
10	11	12	13	14	15	16
17	18	19	20	21	22	23
24	25	26	27	28	29	30
31						

NOVIEMBRE

Dom	Lun	Mar	Mié	Jue	Vie	Sáb
	1	2	3	4	5	6
7	8	9	10	11	12	13
14	15	16	17	18	19	20
21	22	23	24	25	26	27
28	29	30				

DICIEMBRE

Dom	Lun	Mar	Mié	Jue	Vie	Sáb
			1	2	3	4
5	6	7	8	9	10	11
12	13	14	15	16	17	18
19	20	21	22	23	24	25
26	27	28	29	30	31	

Un año tiene 12 meses.
El primer mes del año es enero.
El segundo mes del año es febrero.
El último mes del año es diciembre.

Algunos meses tienen 30 días.
Algunos meses tienen 31 días.
¿Cuántos días tiene febrero?

Aprendizaje con supervisión

Completa.

7. Un año tiene ____ meses.
8. ____ es el tercer mes del año.
9. Junio es el ____ mes del año.
10. ____ es el mes que está entre abril y junio.
11. ____ es el mes que está justo antes de agosto.
12. ____ es el mes que está justo después de septiembre.
13. Abril, junio, ____ y ____ tienen 30 días.
14. ____, ____, ____, ____, ____, ____ y ____ tienen 31 días.
15. Febrero tiene ____ ó ____ días.
16. La escuela comienza en el mes de ____.

Aprende

Puedes usar un calendario como ayuda para escribir la fecha.

Marzo de 2015						
Domingo	Lunes	Martes	Miércoles	Jueves	Viernes	Sábado
1	2	3	4	5	6	7
8	9	10	11	12	13	14
15	16	17	18	19	20	21
22	23	24	25	26	27	28
29	30	31				

Este calendario muestra el mes de marzo del año 2015.

El mes comienza un domingo.

La fecha es 1.° de marzo de 2015.

El mes termina un martes.

La fecha es 31 de marzo de 2015.

Si hoy es el segundo miércoles de marzo de 2015, ¿qué fecha es?

Aprendizaje con supervisión

Usa el calendario para completar las oraciones.

17 El segundo día del mes es un ______.

18 Hay ______ días viernes en este mes de marzo.

19 La fecha del primer martes del mes es ______.

20 Si hoy es el último miércoles del mes, la fecha es ______.

21 El primer día del próximo mes es un ______.

22 Un año después del 10 de marzo de 2015 será el 10 de marzo de ______.

Puedes conocer los meses y las estaciones del año.

Enero	Febrero	Marzo	Abril
Mayo	Junio	Julio	Agosto
Septiembre	Octubre	Noviembre	Diciembre

Estos son los 12 meses del año.
Los meses nos ayudan a conocer las estaciones del año.

Las cuatro estaciones

Primavera

Verano

Otoño

Invierno

Hay 4 estaciones en el año.
Son la primavera, el verano, el otoño y el invierno.
Algunos meses son **más calientes**.
Otros son **más fríos**.

Aprendizaje con supervisión

Completa.

23 ¿Es diciembre uno de los meses más fríos para ti? Explica tu respuesta.

Manos a la obra

Haz tu propio calendario.

Marca las fechas especiales.

Algunas fechas especiales son los cumpleaños, las vacaciones y los días de escuela.

Año: Mes:

Dom	Lun	Mar	Mié	Jue	Vie	Sáb

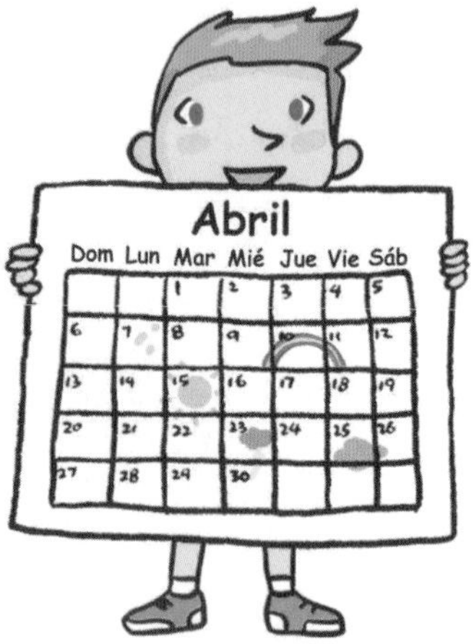

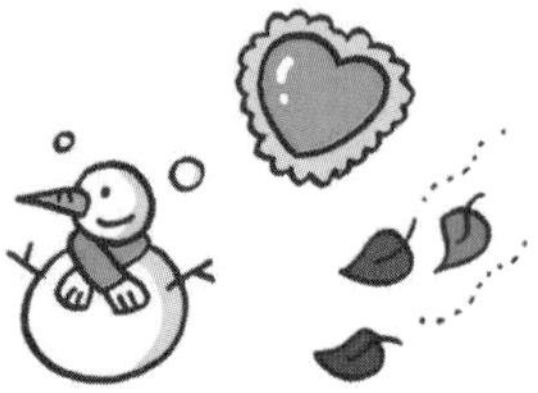

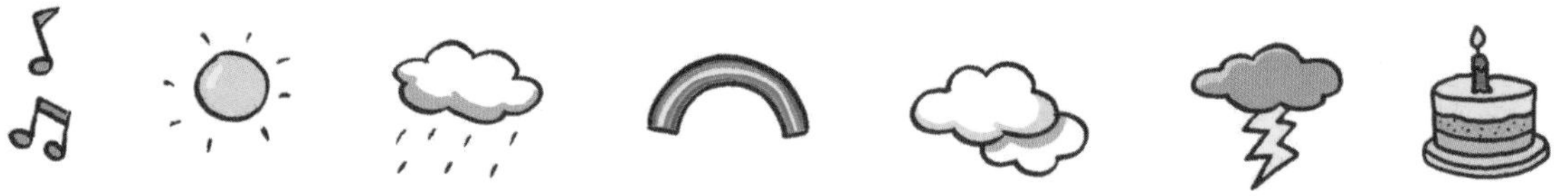

Recuerda, el primer día de un mes puede ser cualquier día de la semana.

Practiquemos

Completa los espacios en blanco.
Usa el calendario como ayuda.

2015

ENERO

Dom	Lun	Mar	Mié	Jue	Vie	Sáb
				1	2	3
4	5	6	7	8	9	10
11	12	13	14	15	16	17
18	19	20	21	22	23	24
25	26	27	28	29	30	31

FEBRERO

Dom	Lun	Mar	Mié	Jue	Vie	Sáb
1	2	3	4	5	6	7
8	9	10	11	12	13	14
15	16	17	18	19	20	21
22	23	24	25	26	27	28

MARZO

Dom	Lun	Mar	Mié	Jue	Vie	Sáb
1	2	3	4	5	6	7
8	9	10	11	12	13	14
15	16	17	18	19	20	21
22	23	24	25	26	27	28
29	30	31				

ABRIL

Dom	Lun	Mar	Mié	Jue	Vie	Sáb
			1	2	3	4
5	6	7	8	9	10	11
12	13	14	15	16	17	18
19	20	21	22	23	24	25
26	27	28	29	30		

MAYO

Dom	Lun	Mar	Mié	Jue	Vie	Sáb
					1	2
3	4	5	6	7	8	9
10	11	12	13	14	15	16
17	18	19	20	21	22	23
24	25	26	27	28	29	30
31						

JUNIO

Dom	Lun	Mar	Mié	Jue	Vie	Sáb
	1	2	3	4	5	6
7	8	9	10	11	12	13
14	15	16	17	18	19	20
21	22	23	24	25	26	27
28	29	30				

JULIO

Dom	Lun	Mar	Mié	Jue	Vie	Sáb
			1	2	3	4
5	6	7	8	9	10	11
12	13	14	15	16	17	18
19	20	21	22	23	24	25
26	27	28	29	30	31	

AGOSTO

Dom	Lun	Mar	Mié	Jue	Vie	Sáb
						1
2	3	4	5	6	7	8
9	10	11	12	13	14	15
16	17	18	19	20	21	22
23	24	25	26	27	28	29
30	31					

SEPTIEMBRE

Dom	Lun	Mar	Mié	Jue	Vie	Sáb
		1	2	3	4	5
6	7	8	9	10	11	12
13	14	15	16	17	18	19
20	21	22	23	24	25	26
27	28	29	30			

OCTUBRE

Dom	Lun	Mar	Mié	Jue	Vie	Sáb
				1	2	3
4	5	6	7	8	9	10
11	12	13	14	15	16	17
18	19	20	21	22	23	24
25	26	27	28	29	30	31

NOVIEMBRE

Dom	Lun	Mar	Mié	Jue	Vie	Sáb
1	2	3	4	5	6	7
8	9	10	11	12	13	14
15	16	17	18	19	20	21
22	23	24	25	26	27	28
29	30					

DICIEMBRE

Dom	Lun	Mar	Mié	Jue	Vie	Sáb
		1	2	3	4	5
6	7	8	9	10	11	12
13	14	15	16	17	18	19
20	21	22	23	24	25	26
27	28	29	30	31		

1. El cuarto mes del año es ____.
2. La fecha una semana después del 8 de mayo de 2015 es ____.
3. La estación para el mes de enero es ____.
4. La fecha del segundo martes de marzo es ____.
5. El Día de la Independencia, 4 de julio, es un ____.
6. ____ es la fecha dos semanas antes del 26 de agosto de 2015.
7. Las vacaciones de verano comienzan en el mes de ____.
8. ____ es el único mes que tiene 28 días.

POR TU CUENTA

Ver Cuaderno de actividades B: Práctica 1, págs. 109 a 112

Decir la hora en punto

Objetivos de la lección

- Usar la frase *en punto* para decir la hora hasta la hora.
- Leer y mostrar la hora en punto en un reloj.
- Leer y mostrar la hora en punto en un reloj digital.

Vocabulario

en punto
minutero
horario
reloj digital

Aprende

Puedes decir la hora en punto.

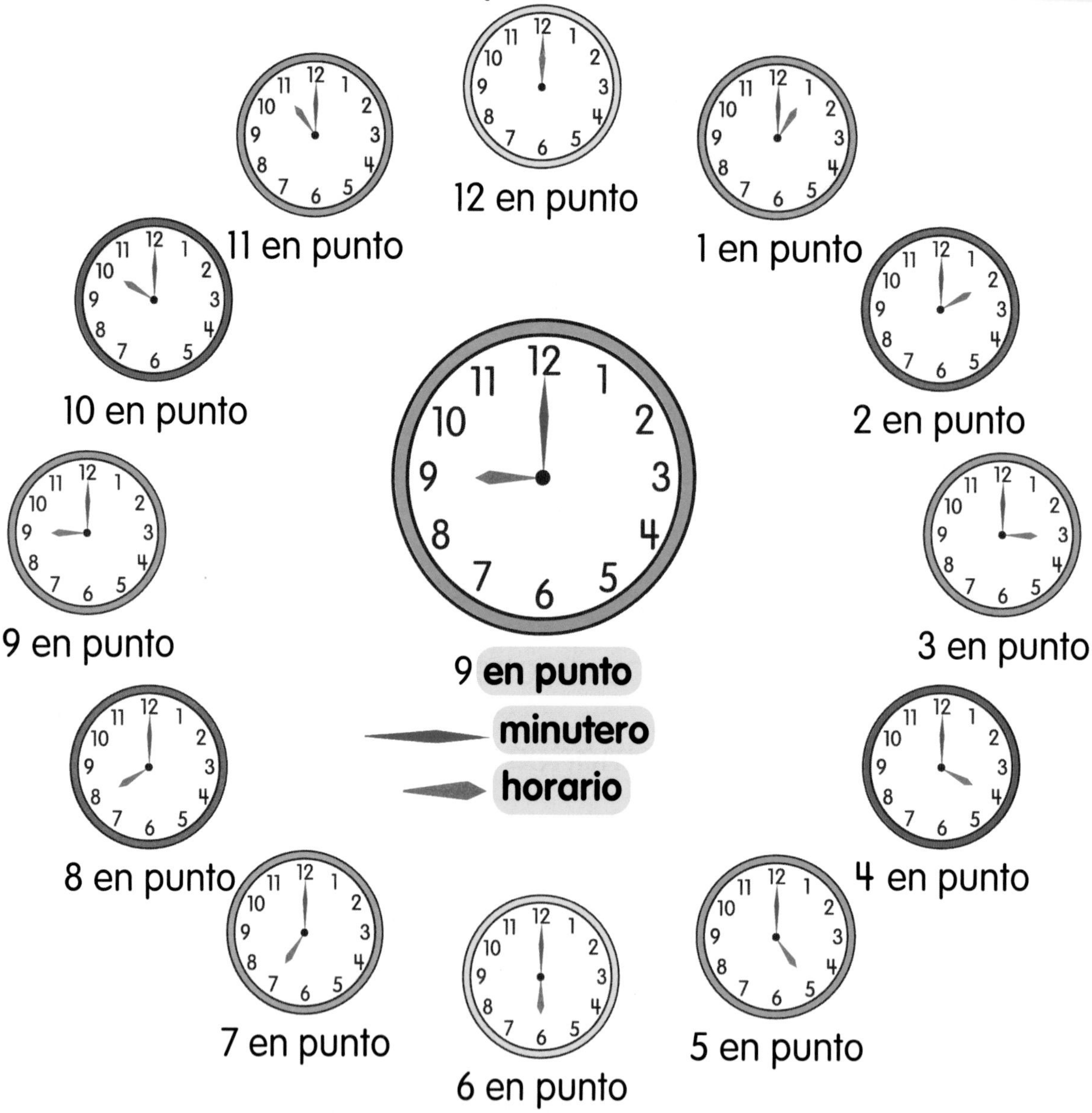

12 en punto

11 en punto

1 en punto

10 en punto

2 en punto

9 en punto

3 en punto

9 **en punto**

minutero

horario

8 en punto

4 en punto

7 en punto

6 en punto

5 en punto

Cuando el minutero está en el 12, se lee así: "en punto".

Aprende

Puedes decir la hora hasta la media hora en un reloj digital.

12 y media

Cuando los minutos están en 30, se dice que es la hora y media.

La hora es 3 y los minutos son 30. Son las 3 y media.

Aprendizaje con supervisión

Completa los espacios en blanco.

8 

 y media

Son las .

9 

 y media

Los minutos son .

Escribe la hora.

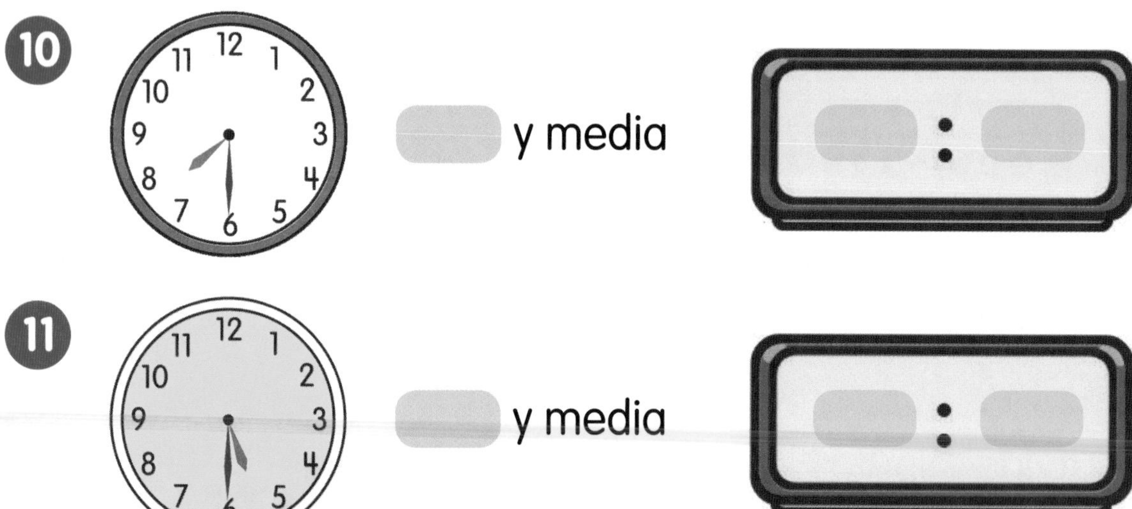

Practiquemos

Escribe la hora.

Empareja la ilustración con la hora.
Elige el reloj correcto.

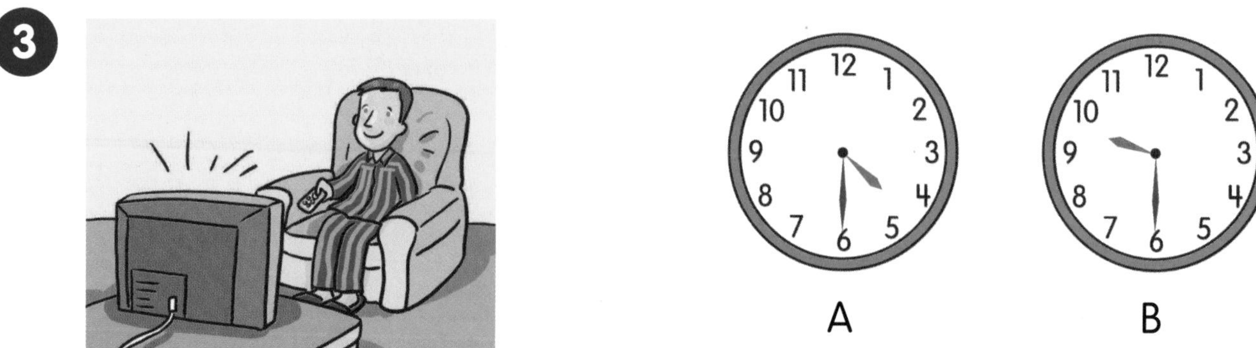

Papá mira televisión por la noche antes de dormir.

4 

A

B

La escuela comienza a la mañana.

Escribe la hora.

7 

8 

POR TU CUENTA

Ver Cuaderno de actividades B: Práctica 3, págs. 121 a 128

RESOLUCIÓN DE PROBLEMAS

1 A las 6 y media, el horario y el minutero señalan el número 6.

¿Es esto correcto?
Explica tu respuesta.

2 ¿A qué hora del día el minutero y el horario estarán uno sobre el otro?

POR TU CUENTA

Ver Cuaderno de actividades B: ¡Ponte la gorra de pensar! págs. 129 a 130

Resumen del capítulo

Los calendarios se usan para mostrar los días, las semanas y los meses de un año. Los relojes se usan para leer la hora del día.

Has aprendido...

El calendario y la hora

- **Calendario**
  - Los días de la semana
    - Domingo
    - Lunes
    - Martes
    - Miércoles
    - Jueves
    - Viernes
    - Sábado
  - Los meses del año
    - Enero
    - Febrero
    - Marzo
    - Abril
    - Mayo
    - Junio
    - Julio
    - Agosto
    - Septiembre
    - Octubre
    - Noviembre
    - Diciembre
  - Las estaciones del año
    - Primavera
    - Verano
    - Otoño
    - Invierno
- **Hora**
  - Decir y escribir la hora en punto

2 en punto

  - Decir y escribir la hora hasta la media hora

5 y media

POR TU CUENTA

Ver Cuaderno de actividades B: Repaso/Prueba del capítulo, págs. 131 a 132

CAPÍTULO 16 Los números hasta 120

Lección 1 Contar hasta 120

Lección 2 Valor posicional

Lección 3 Comparar, ordenar y patrones

IDEA IMPORTANTE

Contar, comparar y ordenar números de 1 a 120.

Recordar conocimientos previos

Contar hasta 40

30
treinta

31, 32, 33, 34, 35, 36, 37, 38, 39, 40
cuarenta

Unir decenas y unidades

30 y 4 suman 34.

34 es igual a 30 y 4.

30 + 4 = 34

Usar el valor posicional

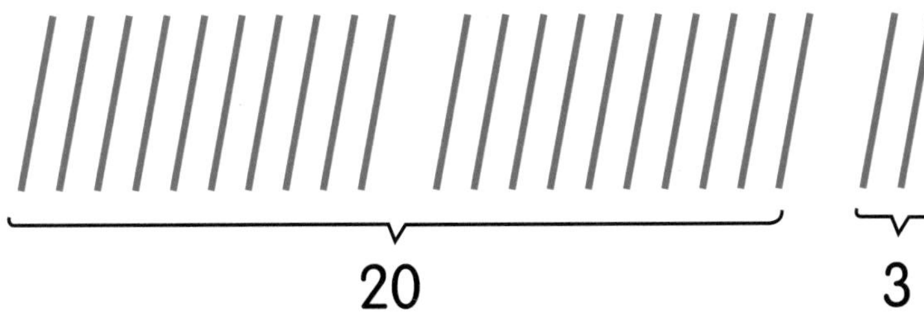

Decenas	Unidades
2	**3**

23 es igual a 2 decenas y 3 unidades.

23 = 20 + 3

Comparar y ordenar números

Compara 36, 39 y 40.

Decenas	Unidades
3	6
3	9
4	0

Compara las decenas.
4 decenas es mayor que 3 decenas.
40 es el número mayor.

Las decenas de 36 y 39 son iguales.
Entonces, compara las unidades.

6 unidades es menos que 9 unidades.
Entonces, 36 es menor que 39.
36 es el número menor.

Ordena los números de mayor a menor.
40, 39, 36

Formar patrones numéricos

24, 27, 30, 33, 36, 39

Los números están ordenados en un patrón.
Cada número es 3 más que el número anterior.

✔Repaso rápido

Cuenta hacia adelante.

1. 27, 28, 29, ____, ____, ____

2. 35, 36, 37, ____, ____, ____

Escribe los números que faltan.

3. 20 y 8 suman ____.
4. 35 es igual a ____ más 5.
5. 30 + ____ = 37
6. 26 = ____ decenas y ____ unidades
7. 2 decenas y 9 unidades = ____

Compara y ordena.

28 32 19

8. El número menor es ____.
9. El número mayor es ____.
10. Ordena los números de menor a mayor.
    ____, ____, ____
    menor

Completa el patrón numérico.

11. 31, 33, 35, ____, ____, 41
12. 30, 27, 24, ____, ____, ____, 12

Contar hasta 120

Objetivos de la lección

- Contar hacia adelante desde 41 hasta 120.
- Leer y escribir desde 41 hasta 120 en números y en palabras.

Vocabulario

cincuenta
sesenta
setenta
ochenta
ciento veinte
noventa
cien
estimar

Aprende

Puedes contar números mayores que 40.

Cuenta los palitos.

10 palitos = 1 decena

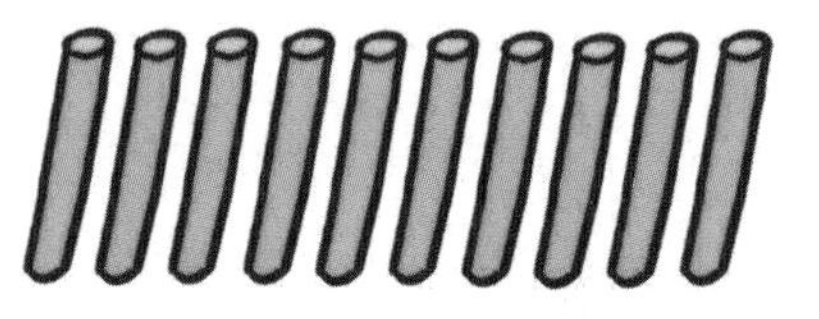

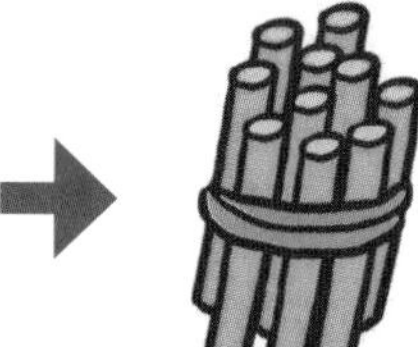

diez

20 palitos = 2 decenas

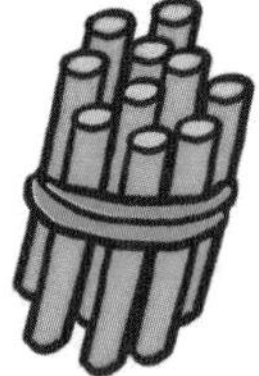

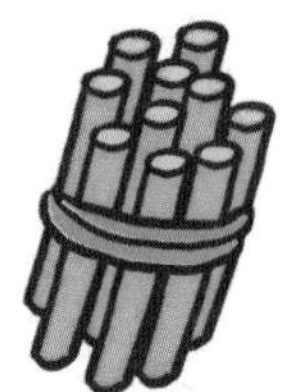

veinte

Cuenta los atados de 10.

5 decenas = **50**

cincuenta

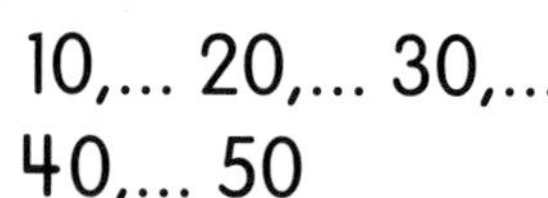

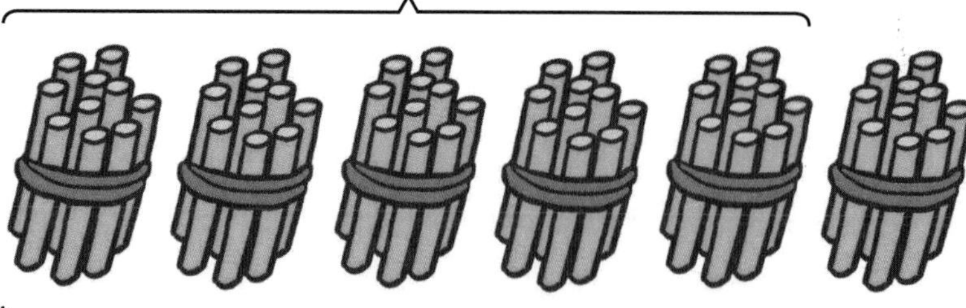

6 decenas = **60**

sesenta

7 decenas = **70**

setenta

8 decenas = **80**

ochenta

9 decenas = **90**

noventa

10 decenas = **100**

cien

Aprende

Puedes contar de diez en diez y de uno en uno.

40
cuarenta

40, ... 50
cuarenta, ...
cincuenta

40, ... 50, 51, 52, 53
cuarenta, ... cincuenta, cincuenta y uno, cincuenta y dos, cincuenta y tres

Hay 53 ■.

Aprendizaje con supervisión

Cuenta de diez en diez y de uno en uno. Luego, escribe los números que faltan.

1

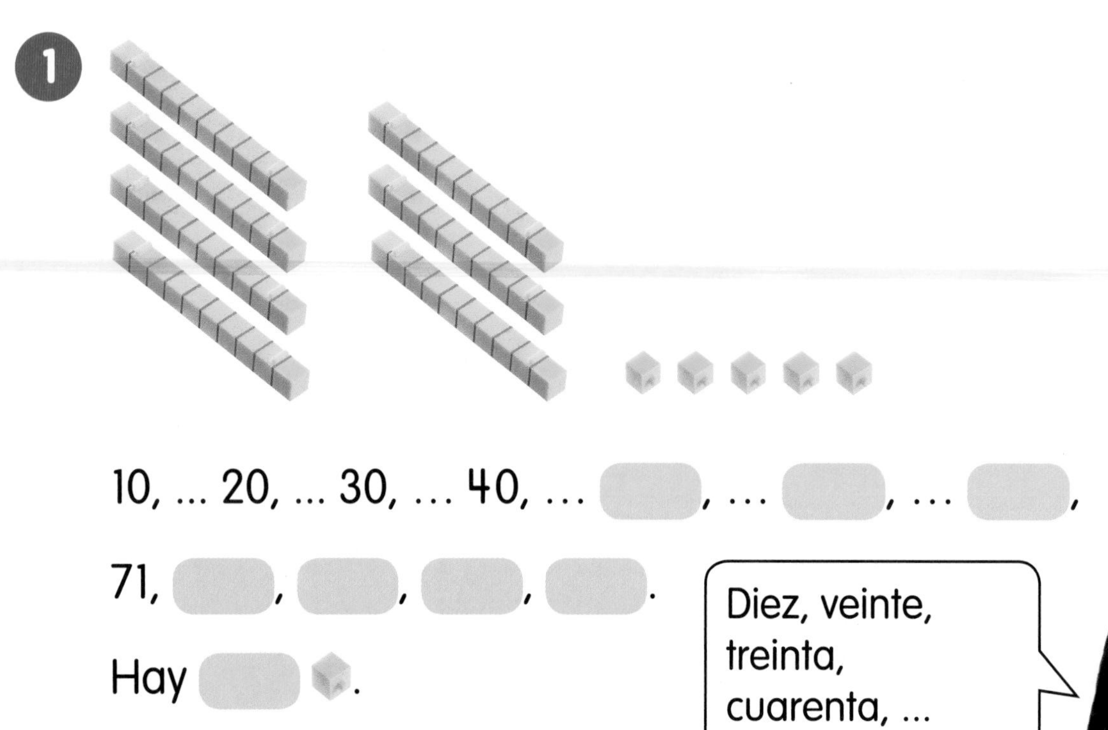

10, ... 20, ... 30, ... 40, ... ______, ... ______, ... ______,

71, ______, ______, ______, ______.

Hay ______ ▫.

Diez, veinte, treinta, cuarenta, ... setenta y uno, ...

Aprende

Puedes contar de diez en diez.

¡10, 20, 30, 40, 50, 60, 70, 80, 90, 100! ¡10 decenas = 100!

Aprende

Puedes formar números con decenas y unidades.

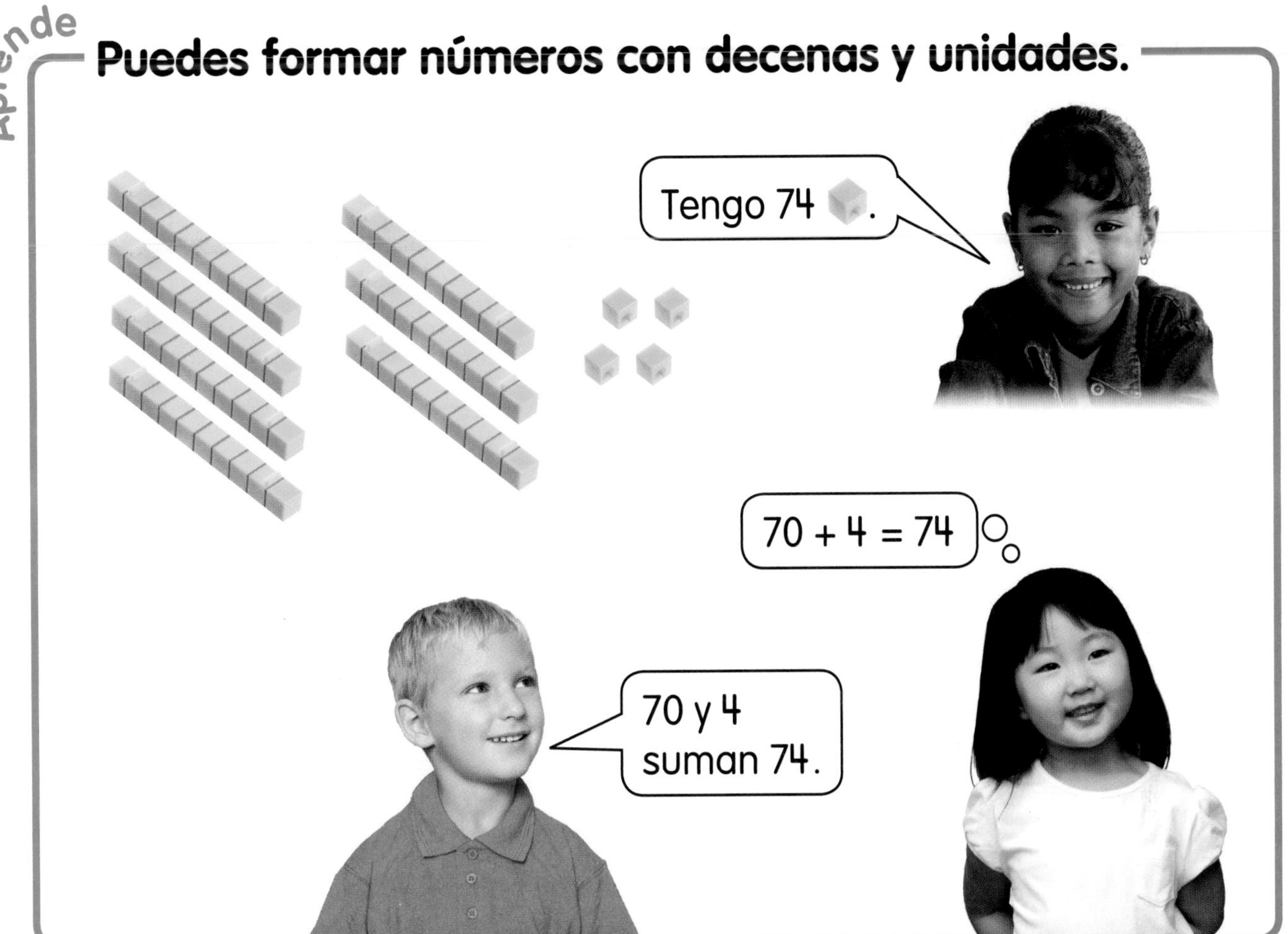

Tengo 74 .
70 + 4 = 74
70 y 4
suman 74.

Aprendizaje con supervisión

Escribe el número que falta.

2. 50 + 4 = ____
3. 60 y 7 suman ____.
4. 7 y 70 suman ____.
5. 80 y 2 suman ____.
6. 3 y 90 suman ____.
7. 9 + 90 = ____

Aprende

Puedes estimar el número de cosas.

¿Aproximadamente cuántos ▪ hay?

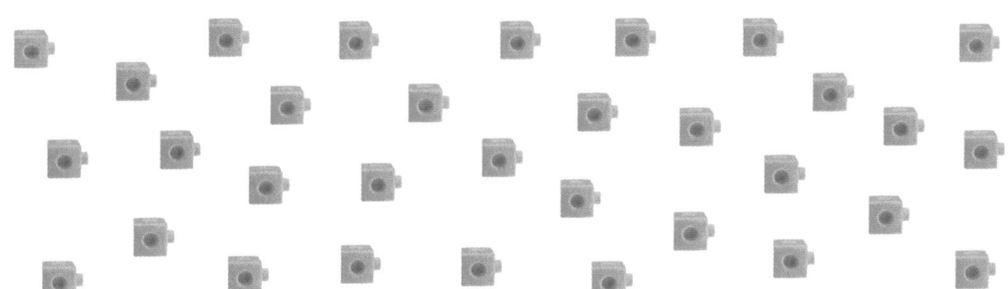

Paso 1 Encierra en un círculo un grupo de 10 ▪.

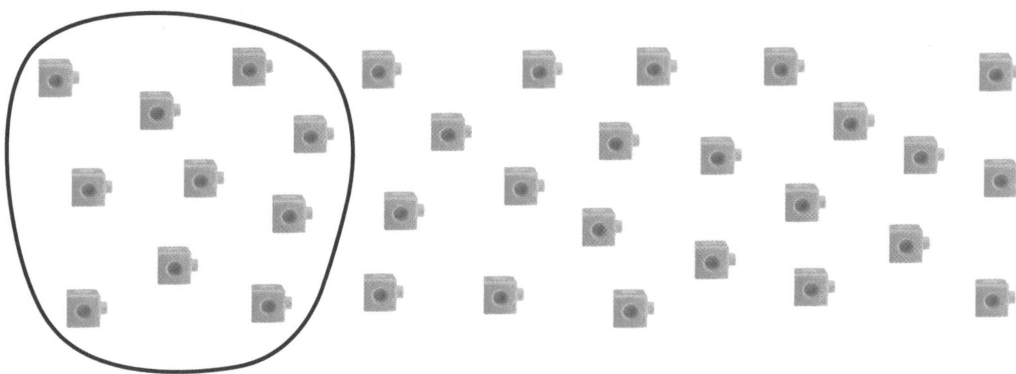

Paso 2 Observa el resto de los ▪.
Sin contar, di aproximadamente cuántos grupos más de 10 hay.

Hay aproximadamente 3 grupos de 10 en total.
10 + 10 + 10 = 30
Hay **aproximadamente** 30 ▪.

Hay aproximadamente 30 ▪.

Paso 3 Cuenta los ▪.

Contemos. 1, 2, 3, 4, ... 10, ...
20, ... 30, 31, 32.
Hay 32 ▪ en total.

Hay 32 ▪.

El número real de ▪ es 32.

Cuando estimas el número de cosas, calculas aproximadamente cuántas hay.

Aprendizaje con supervisión

Encierra en un círculo un grupo de 10 ▪.
Estima cuántos ▪ hay.
Luego, cuéntalos.

8 

Estimación: ____

Cuenta: ____

9 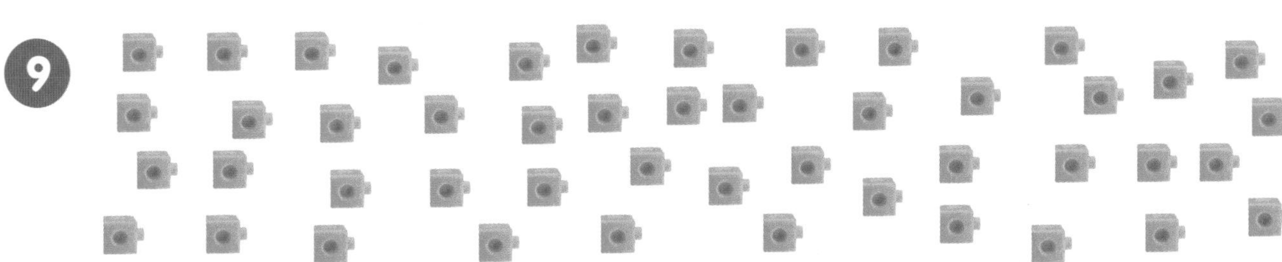

Estimación: ____

Cuenta: ____

Aprende

Puedes contar números mayores que 100.

Cuenta los palitos.

103

ciento tres

Cuenta de uno en uno desde 100: 101, 102,103

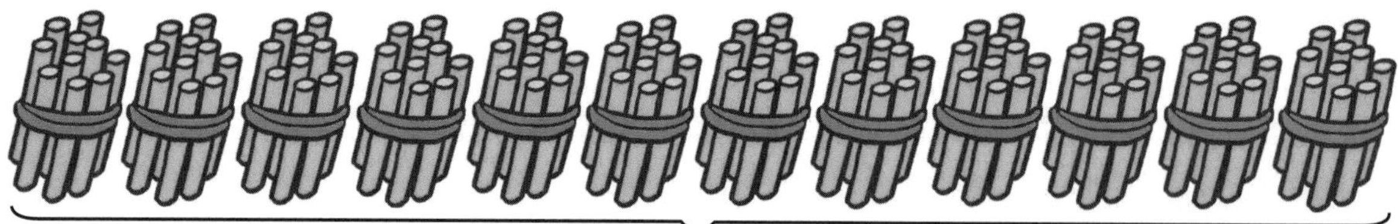

120

ciento veinte

Aprende

Puedes contar hacia adelante desde cualquier número.

97, 98, 99, 100, 101, ...

104, 105, 106, 107, 108, 109, ...

115, 116, 117, 118, 119, 120, ...

Aprendizaje con supervisión

¿Cuántos palitos hay?
Cuenta. Escribe el número.

10 Cuenta hacia adelante desde 100.

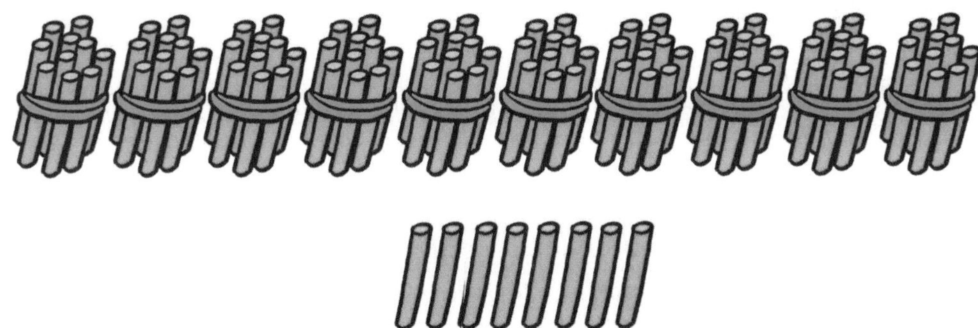

Hay ______ palitos.

11 Cuenta hacia adelante desde 108.

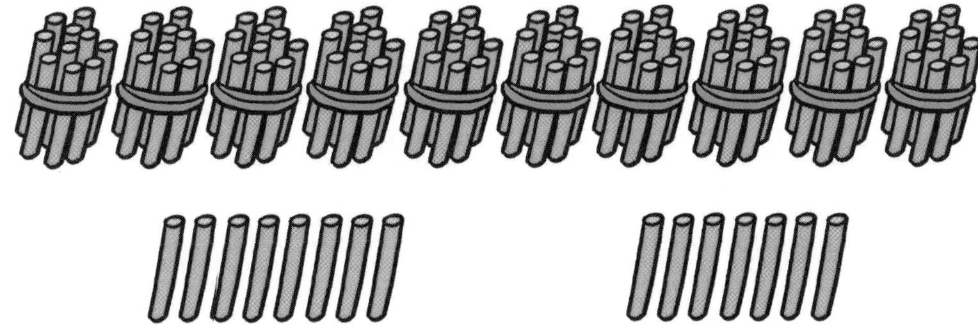

Hay ______ palitos.

Escribe el número.

12 ciento doce ______

Escribe el número en palabras.

13 119 ______

Practiquemos

Cuenta.

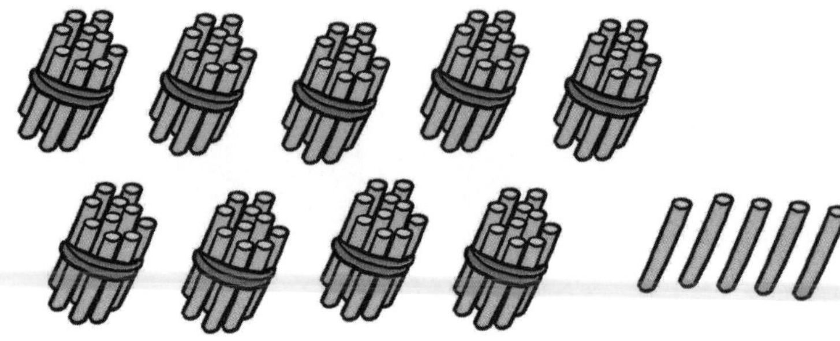

10, ... 20, ... 30, ... 40, ... 50, ... 60, ... ____, ... ____, ...
____, 91, ____, ____, ____, ____

Hay ____ palitos.

Escribe el número.

2 cuarenta y ocho ____

3 cien ____

Escribe el número en palabras.
Usa las letras desordenadas como ayuda.

4 50 aineccnut ____

5 91 nvaeton oun y ____

Escribe los números que faltan.

6 80 y 5 suman ____.

7 ____ es igual a 7 y 50.

8 9 + 70 = ____

9 90 + 8 = ____

10 ____ y 9 suman 89.

11 40 y ____ suman 47.

¿Se te ocurren otros números que sumen 89 y 47?

Encierra en un círculo un grupo de 10.
Estima cuántos hay.
Luego, cuéntalos.

12

Estimación: 

Cuenta:

13

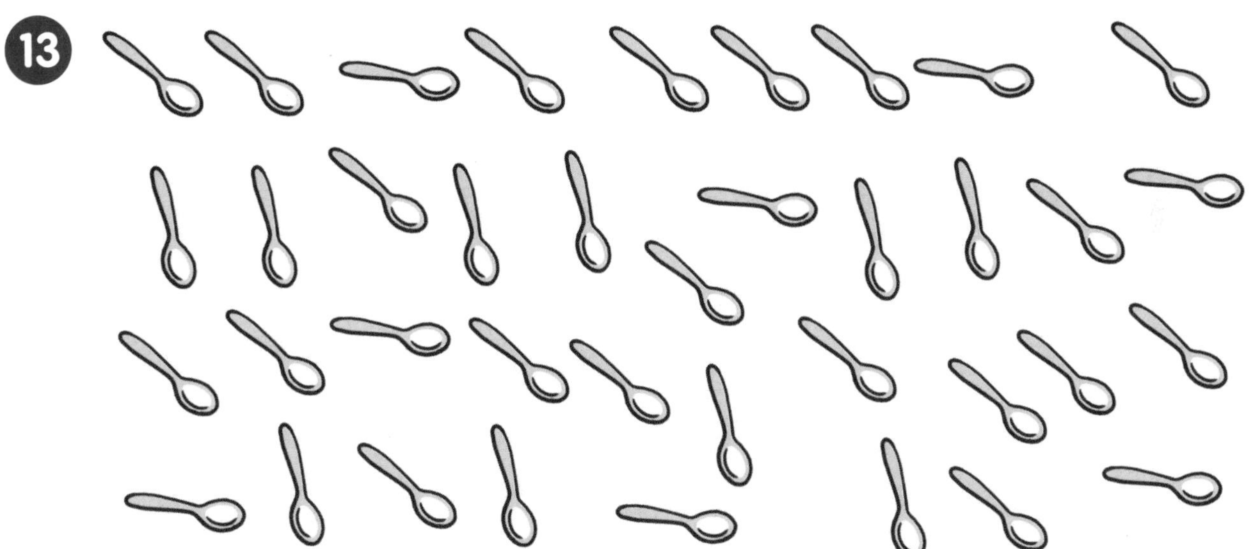

Estimación: 

Cuenta: 

Cuenta

14

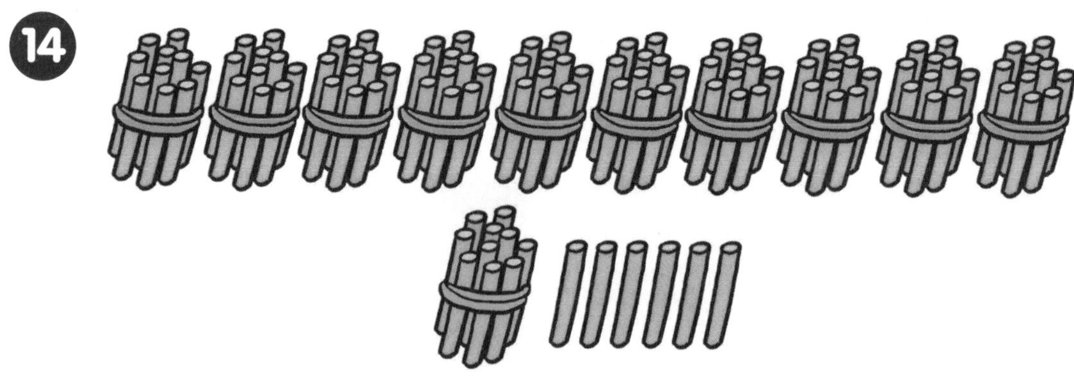

Hay ___ palitos.

Escribe el número.

15 ciento seis ___

16 ciento veinte ___

Escribe el número en palabras.

17 108 ___

18 117 ___

Halla los números que faltan.

19 99, 100, ___, 102, 103

20 116, 117, 118, 119, ___

21 96, 97, 98, 99, ___

22 106, 107, ___, 109, 110

23 115, 116, ___, 118, 119

POR TU CUENTA

Ver Cuaderno de actividades B: Práctica 1, págs. 141 a 144

LECCIÓN 2

Valor posicional

Objetivos de la lección

- Usar una tabla de valor posicional para representar números hasta 100.
- Representar hasta 100 objetos en decenas y unidades.

Aprende

Puedes usar el valor posicional para representar números hasta 100.

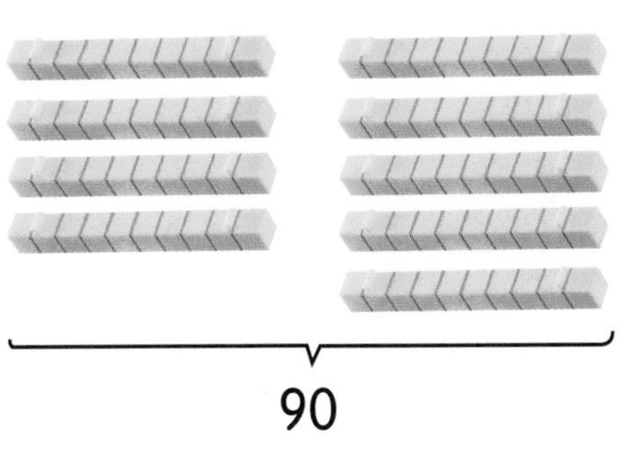

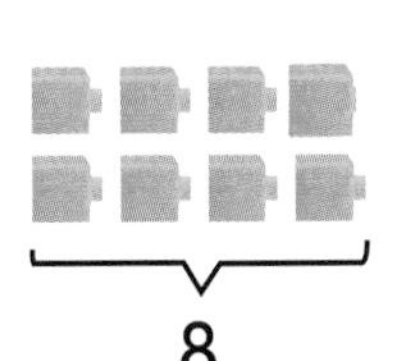

90 8

Decenas	Unidades
9	8

98 = 9 decenas y 8 unidades

98 = 90 + 8

Aprendizaje con supervisión

Usa el valor posicional para escribir los números que faltan.

1 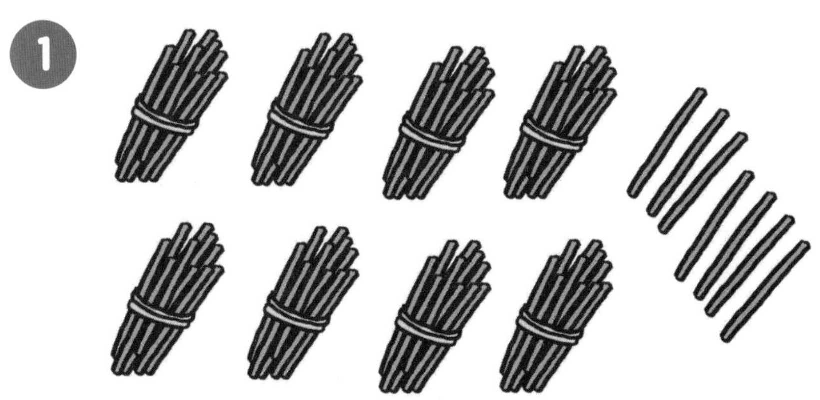

Decenas	Unidades

87 = ___ decenas y ___ unidades

Manos a la obra

Usa 100 .

Representa estos números en decenas y unidades.

Puedes hacer un atado con cada grupo de diez .

38 45 56 72 97

Practiquemos

Observa cada tabla de valor posicional.
Halla el número que se representa.

Decenas	Unidades

Decenas	Unidades

Cuenta de diez en diez y de uno en uno.
Escribe los números que faltan.

Decenas	Unidades

60 =  decenas y ___ unidades

60 + 0 = ___

Decenas	Unidades

54 = ___ decenas y ___ unidades

50 + 4 = ___

96 = ___ decenas y  unidades

90 + 6 = ___

Decenas	Unidades

POR TU CUENTA

Ver Cuaderno de actividades B: Práctica 2, págs. 145 a 148

Comparar, ordenar y patrones

Objetivos de la lección

- Usar una estrategia para comparar números hasta 100.
- Usar los signos >, < y = para comparar números.
- Comparar y ordenar números hasta 100.
- Escribir los números que faltan en un patrón numérico.

Vocabulario
recta numérica
mayor que (>)
menor que (<)

Aprende

Puedes usar una recta numérica para contar y comparar números.

Esta es una recta numérica.
Los números están ordenados para formar un patrón regular.

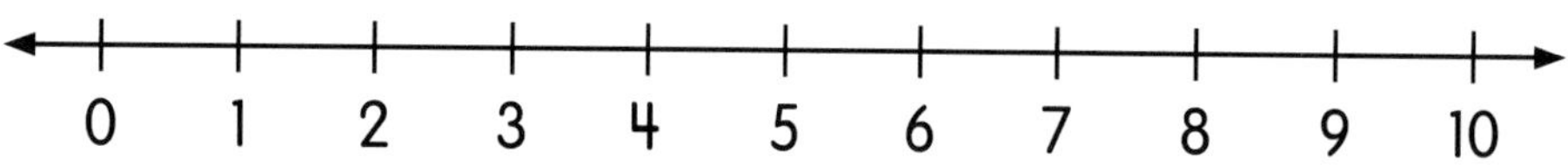

Puedes usar una recta numérica para contar hacia adelante para hallar cuántos más hay y hacia atrás para hallar cuántos menos hay.

Una recta numérica es similar a la cinta para contar de la página 66 del capítulo 12.

0	1	2	3	4	5	6	7	8	9	10

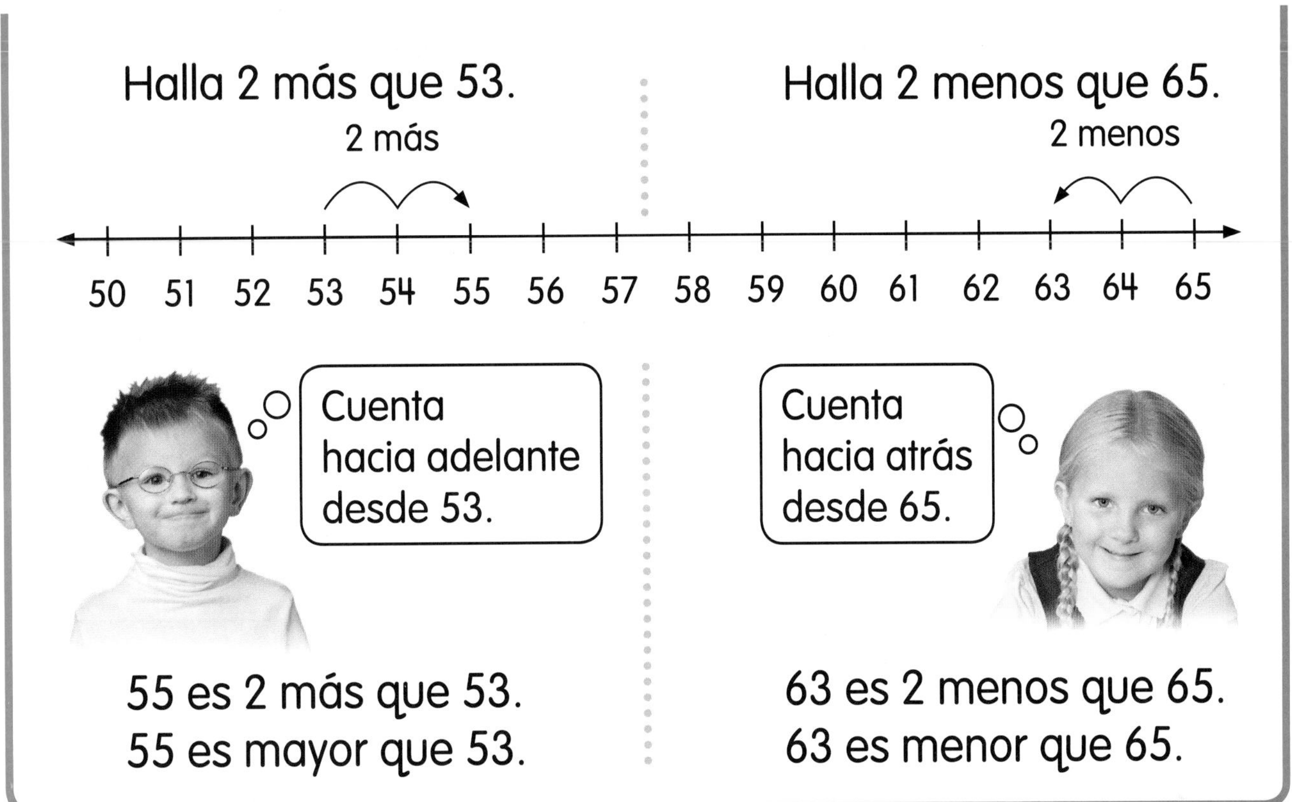

Halla 2 más que 53.
2 más
50 51 52 53 54 55 56 57 58 59 60 61 62 63 64 65
Cuenta hacia adelante desde 53.
55 es 2 más que 53.
55 es mayor que 53.
Halla 2 menos que 65.
2 menos
Cuenta hacia atrás desde 65.
63 es 2 menos que 65.
63 es menor que 65.

Aprendizaje con supervisión

Escribe los números que faltan.
Usa la recta numérica como ayuda.

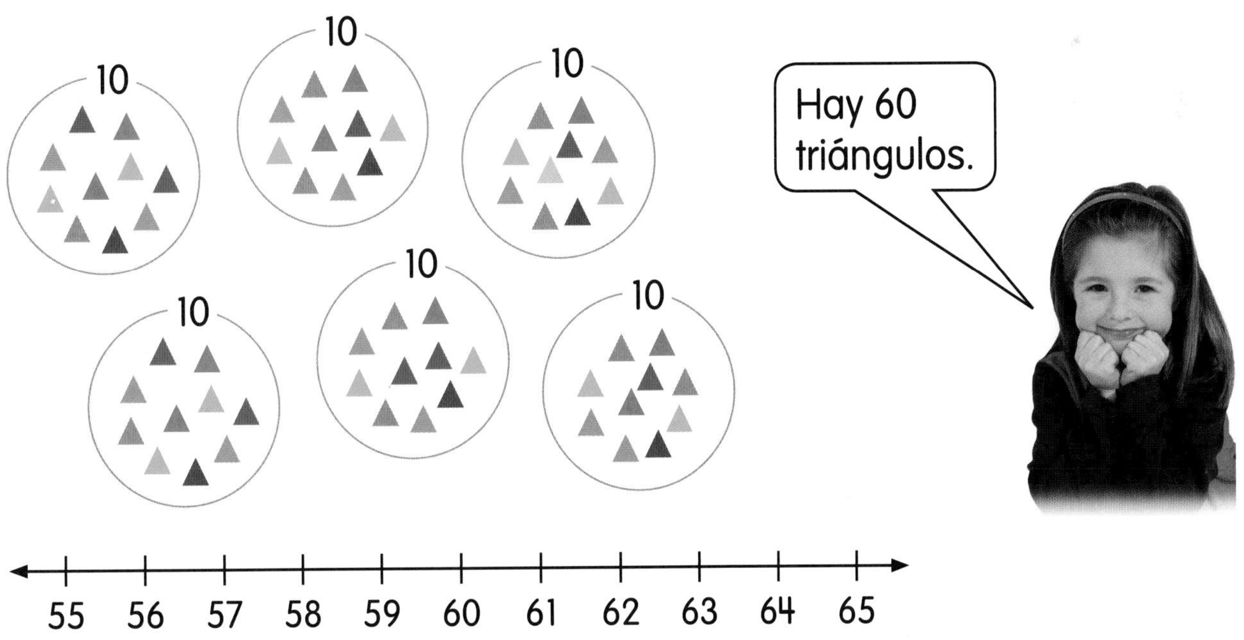

1. 3 más que 60 es igual a ____.
2. 3 menos que 60 es igual a ____.

Manos a la obra

Usa una tabla con los números hasta cien.

1	2	3	4	5	6	7	8	9	10
11	12	13	14	15	16	17	18	19	20
21	22	23	24	25	26	27	28	29	30
31	32	33	34	35	36	37	38	39	40
41	42	43	44	45	46	47	48	49	50
51	52	53	54	55	56	57	58	59	60
61	62	63	64	65	66	67	68	69	70
71	72	73	74	75	76	77	78	79	80
81	82	83	84	85	86	87	88	89	90
91	92	93	94	95	96	97	98	99	100

1 PASO 1 Comienza en 50. Cuenta hacia adelante de 5 en 5.

PASO 2 Encierra el número en un círculo rojo.
Escribe el número en un papel.

PASO 3 Cuenta hacia adelante de 5 en 5 otra vez. Luego, repite el PASO 2. Hazlo seis veces.

PASO 4 Escribe dos enunciados con las palabras **más que** y **menos que**.

Ejemplo

65 es 5 más que 60.

70 es 5 menos que 75.

2 PASO **1** Comienza en 72. Cuenta hacia adelante de 2 en 2.

PASO **2** Encierra el número en un círculo amarillo. Escribe el número en un papel.

PASO **3** Cuenta hacia adelante de 2 en 2 otra vez.

Luego, repite el PASO **2**. Hazlo diez veces.

PASO **4** Observa la recta numérica. Escribe los números que faltan.

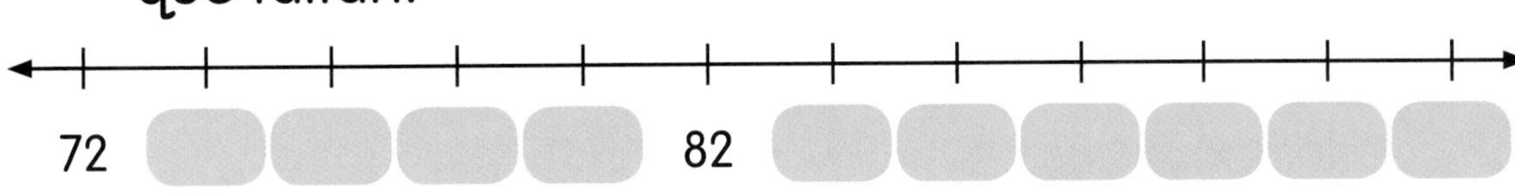

PASO **5** Escribe dos enunciados con las palabras **más que** y **menos que**.

3 PASO **1** Comienza en 25. Cuenta hacia adelante de 10 en 10.

PASO **2** Encierra el número en un círculo verde. Escribe el número en un papel.

PASO **3** Cuenta hacia adelante de 10 en 10 otra vez.

Luego, repite el PASO **2**. Hazlo cinco veces.

PASO **4** Observa la recta numérica. Escribe los números que faltan.

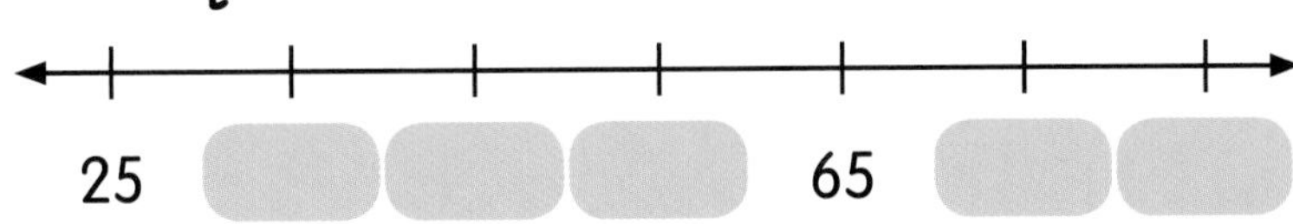

PASO **5** Escribe dos enunciados con las palabras **más que** y **menos que**.

Manos a la obra

TRABAJAR EN GRUPO

PASO 1 Usa dos flechas giratorias. Haz girar la flecha giratoria A para obtener un número menor que 10.

PASO 2 Haz girar la flecha giratoria B para obtener un número menor que 100.

PASO 3 Tu compañero usa los dos números para completar los enunciados.

1. ____ más que ____ es igual a ____.
2. ____ menos que ____ es igual a ____.

Usa una recta numérica como ayuda.

Ejemplo

Haces girar las flechas giratorias y obtienes estos números.

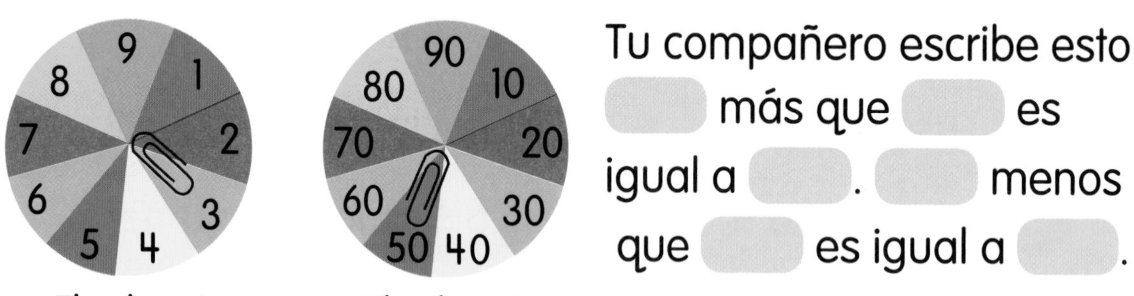

Tu compañero escribe esto.
____ más que ____ es igual a ____. ____ menos que ____ es igual a ____.

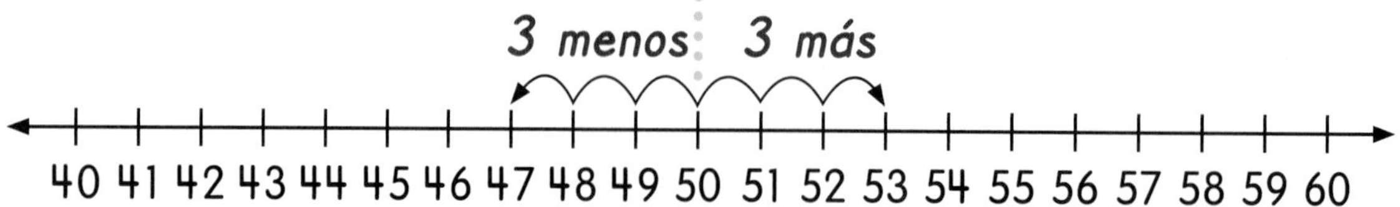

Aprende

Puedes comparar números cuando las decenas son diferentes.

Compara 60 y 59.

Decenas	Unidades
6	0

Compara las decenas. Las decenas son diferentes. 6 decenas son mayores que 5 decenas.

Decenas	Unidades
5	9

Entonces, 60 es mayor que 59.

Aprendizaje con supervisión

Compara los números.

3 ¿Cuál número es mayor?
¿Cuál número es menor?

72 56

¿Son iguales las decenas?

___ decenas es mayor que ___ decenas.

Entonces, ___ es mayor que ___.

___ es menor que ___.

Aprende

Puedes comparar números cuando las decenas son iguales.

Decenas	Unidades
6	7

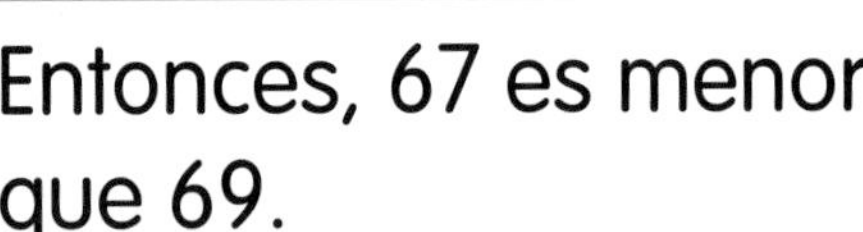
Entonces, 67 es menor que 69.

Decenas	Unidades
6	9

Aprendizaje con supervisión

Compara los números.

4 ¿Cuál número es mayor?
¿Cuál número es menor?

¿Son iguales las decenas?
¿Son iguales las unidades?

87 84

____ unidades son mayores que ____ unidades.

Entonces, ____ es mayor que ____ .

 ____ es menor que  ____.

Compara los números.

5 ¿Cuál es el número menor?
¿Cuál es el número mayor?

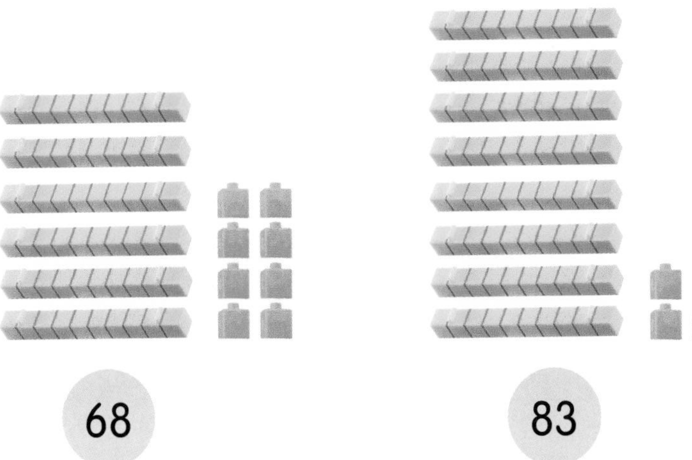

68 83 95

El número menor es ____.

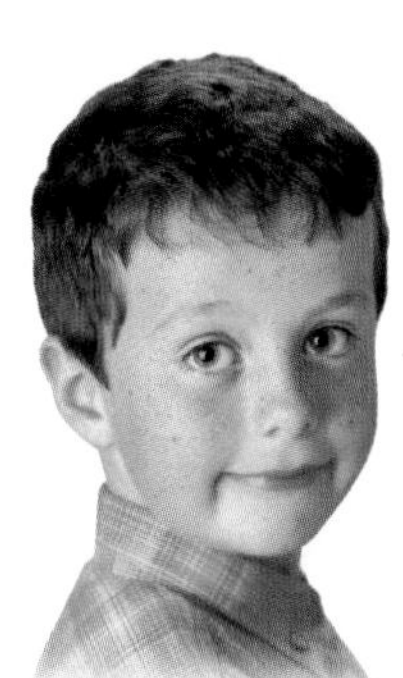

¿Por qué es el número menor?

¿Por qué 95 es mayor que 83?

El número mayor es .

Ordena los números de mayor a menor.

____, ____, ____
mayor

Ordena los números de menor a mayor.

6 84 48 100

7 56 59 58

Aprende

Puedes usar los signos >, < y = para comparar números.

Decenas	Unidades
8	8

Decenas	Unidades
7	9

88 es mayor que 79.
Puedes escribir 88 **>** 79.

79 es menor que 88.
Puedes escribir 79 **<** 88.

El signo **>** significa mayor que.
El signo **<** significa menor que.

Decenas	Unidades
7	8

Decenas	Unidades
7	8

Las decenas y las unidades son iguales.
78 es igual a 78.
Puedes escribir 78 = 78

Aprendizaje con supervisión

Completa los espacios en blanco con >, < o =.

8

Decenas	Unidades
8	8

Decenas	Unidades
9	9

88 es menor que 99.
88 ____ 99.

9

Decenas	Unidades
7	6

Decenas	Unidades
6	7

76 es mayor que 67.
76 ____ 67.

10

Decenas	Unidades
5	5

Decenas	Unidades
4	15

55 es igual a 40 + 15.
55 ____ 40 + 15.

Aprende

Puedes sumar o restar para escribir los números que faltan en un patrón.

Los números de la recta numérica forman un patrón. Faltan algunos números.

5 más que 50 es igual a 55. 5 menos que 60 es igual a 55.

5 más que 80 es igual a 85. 5 menos que 90 es igual a 85.

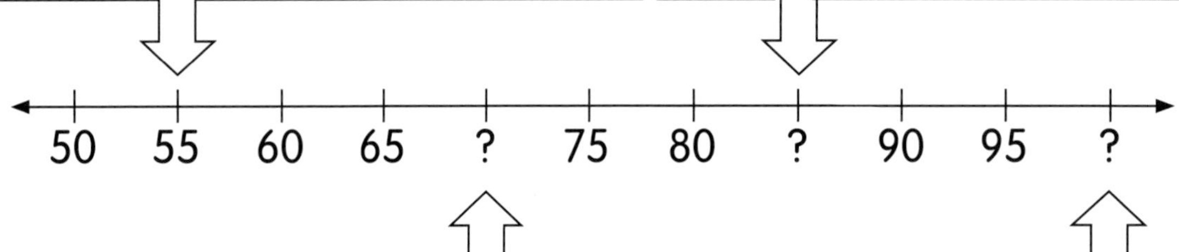

5 más que 65 es igual a 70. 5 menos que 75 es igual a 70.

5 más que 95 es igual a 100.

Sumo 5 a un número para hallar 5 más que ese número. Resto 5 de un número para hallar 5 menos que ese número.

Aprendizaje con supervisión

Los números de la recta numérica forman un patrón. Escribe los números que faltan.

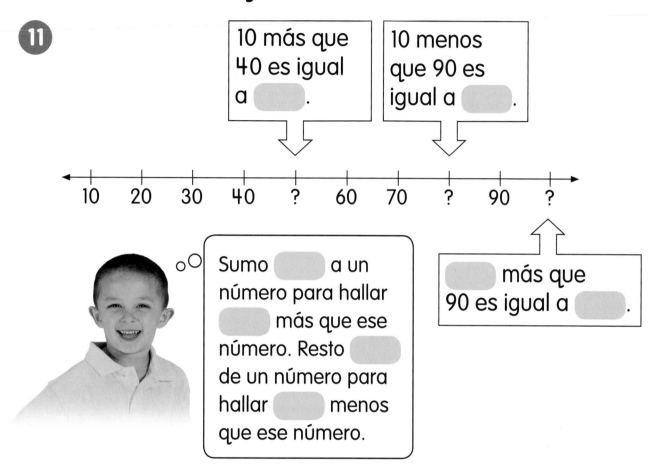

11

10 más que 40 es igual a ____.

10 menos que 90 es igual a ____.

10 20 30 40 ? 60 70 ? 90 ?

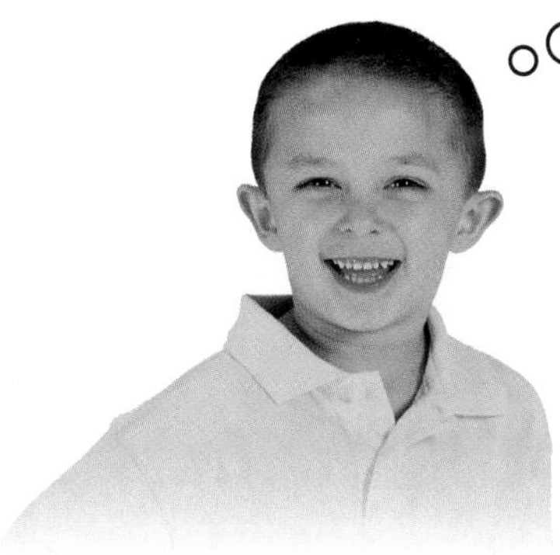

Sumo ____ a un número para hallar ____ más que ese número. Resto ____ de un número para hallar ____ menos que ese número.

____ más que 90 es igual a ____.

Escribe los números que faltan.

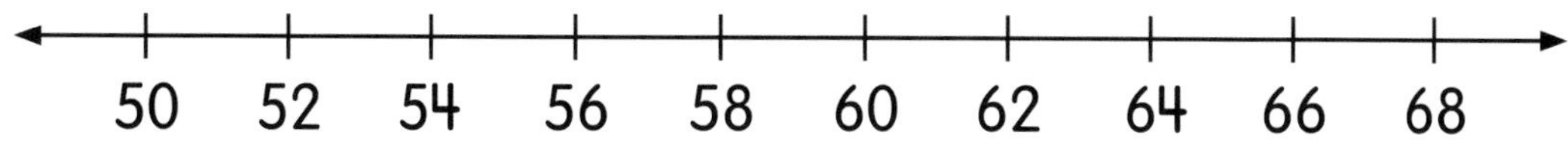

12 2 más que 52 es igual a ____.

13 ____ es 2 menos que 62.

14 2 menos que 66 es igual a ____.

Juego

¿Cuál es mi número?

Instrucciones:

PASO **1** Piensa en un número entre 50 y 100.

PASO **2** Los jugadores se turnan para hacerte preguntas y así hallar el número.

PASO **3** Solo puedes responder a las preguntas con **Sí** o con **No**.

PASO **4** ¡A ver quién descubre el número correcto primero!

¿El número es mayor que 70?
sí
97
¿Es menor que 90?
no
¿Es menor que 96?
no

Practiquemos

Compara.

1. ¿Cuál conjunto tiene más?

   ¿Cuál número es mayor?

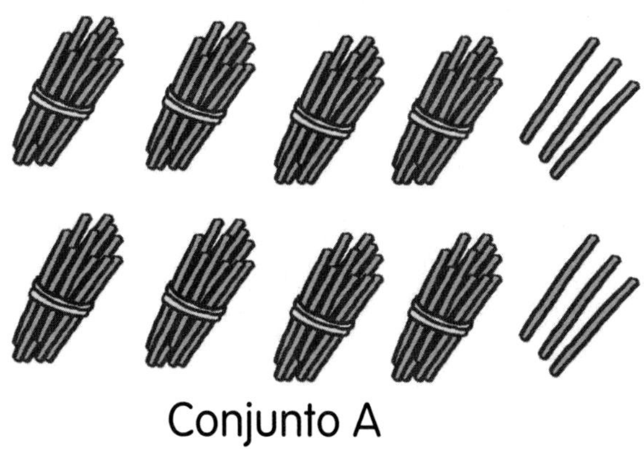

Conjunto A

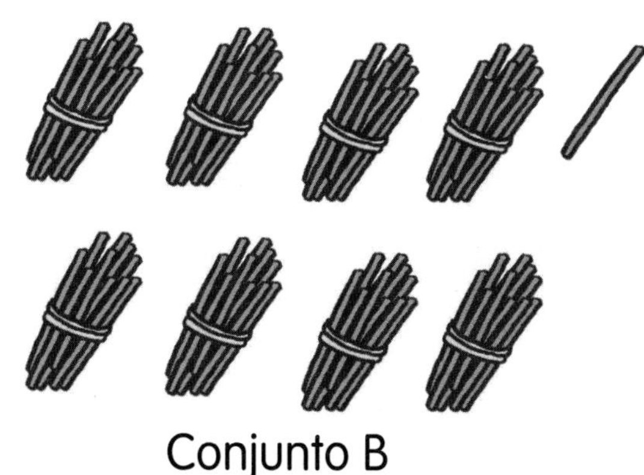

Conjunto B

2. ¿Cuál conjunto tiene menos?

   ¿Cuál número es menor?

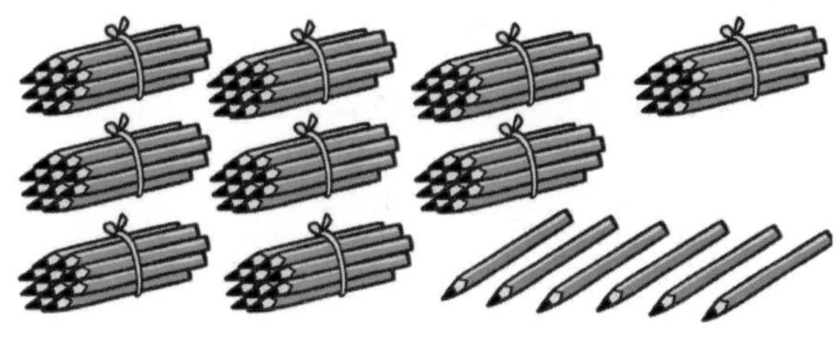

Conjunto A

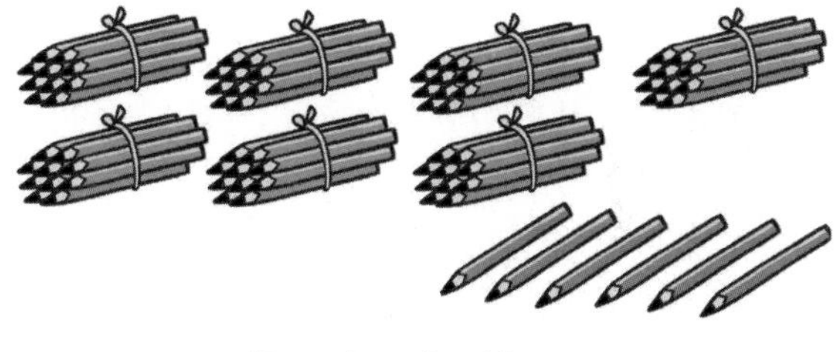

Conjunto B

Compara.
¿Cuál número es mayor?

3.  62 ó 59

4.  79 ó 84

Compara.
¿Cuál número es menor?

5.  78 ó 90

6.  68 ó 52

Compara.

71 78 85

7. ¿Cuál número es el menor? ____
8. ¿Cuál número es el mayor? ____

Completa.

82 53 95 60 79

9. ¿Cuál número es el mayor? ____
10. ¿Cuál número es el menor? ____
11. Ordena los números de menor a mayor.

    ____, ____, ____, ____, ____

    menor
12. ¿Qué número es 5 más que 95? ____
13. ¿Qué número es 5 menos que 95? ____
14. Escribe dos números mayores que 53 pero menores que 79.

    ____ ____
15. Escribe dos números menores que 82 pero mayores que 79.

    ____ ____

Escribe los números que faltan en cada patrón.

16. 56, 57, 58, 59, ____, 61, 62, ____, ____, 65
17. 81, 83, 85, ____, 89, ____, ____
18. ____, ____, 98, 97, 96, ____
19. 95, 85, 75, ____, ____, ____, 35

Completa los espacios en blanco con >, < o =.

20. menor que ____

21. mayor que ____

22. es igual a ____

23. 41 es mayor que 20.
41 ____ 20

24. 57 es menor que 66.
57 ____ 66

25. 20 + 18 es igual a 38.
20 + 18 ____ 38

26. 64 ____ 59

27. 57 ____ 57

28. 71 ____ 90

POR TU CUENTA

Ver Cuaderno de actividades B: Práctica 3, págs. 149 a 153

Exploremos

1	2	3	4	5	6	7	8	9	10
11	12	13	14	15	16	17	18	19	20
21	22	23	24	25	26	27	28	29	30
31	32	33	34	35	36	37	38	39	40
41	42	43	44	45	46	47	48	49	50
51	52	53	54	55	56	57	58	59	60
61	62	63	64	65	66	67	68	69	70
71	72	73	74	75	76	77	78	79	80
81	82	83	84	85	86	87	88	89	90
91	92	93	94	95	96	97	98	99	100

Escribe 5 patrones numéricos diferentes que comiencen con 33.

Piensa en el conteo salteado.

Ejemplo

33, 37, 41, 45, 49

LECTURA Y ESCRITURA

Diario de matemáticas

Explica cómo obtuviste los números en los patrones que escribiste en la actividad Exploremos.

Ejemplo

33, 37, 41, 45, 49

Obtuve cada número sumando 4 al número anterior.

+4 +4

33, 37, 41, 45, 49

RESOLUCIÓN DE PROBLEMAS

Coloca cada trajeta con números en la máquina de números para formar un patrón de 5 números.

En cada tarjeta, se muestra la regla para formar el patrón.

Ejemplo

45

Coloca la tarjeta con el número "45" en la máquina de números. Obtendrás "48". Esto es **3 más que** 45, es decir, es una **regla de + 3**. Toma la tarjeta con el número "48" y colócala en la máquina de números otra vez. Repite esto 3 veces.

45

Patrón: 45, 48, 51, 54, 57

Regla: +3

48

1. 36 Regla: Sumar 5 al número que se puso en la máquina.

2. 51 Regla: Restar 2 del número que se puso en la máquina.

POR TU CUENTA

Ver Cuaderno de actividades B: ¡Ponte la gorra de pensar! págs. 155 a 158

Resumen del capítulo

Has aprendido...

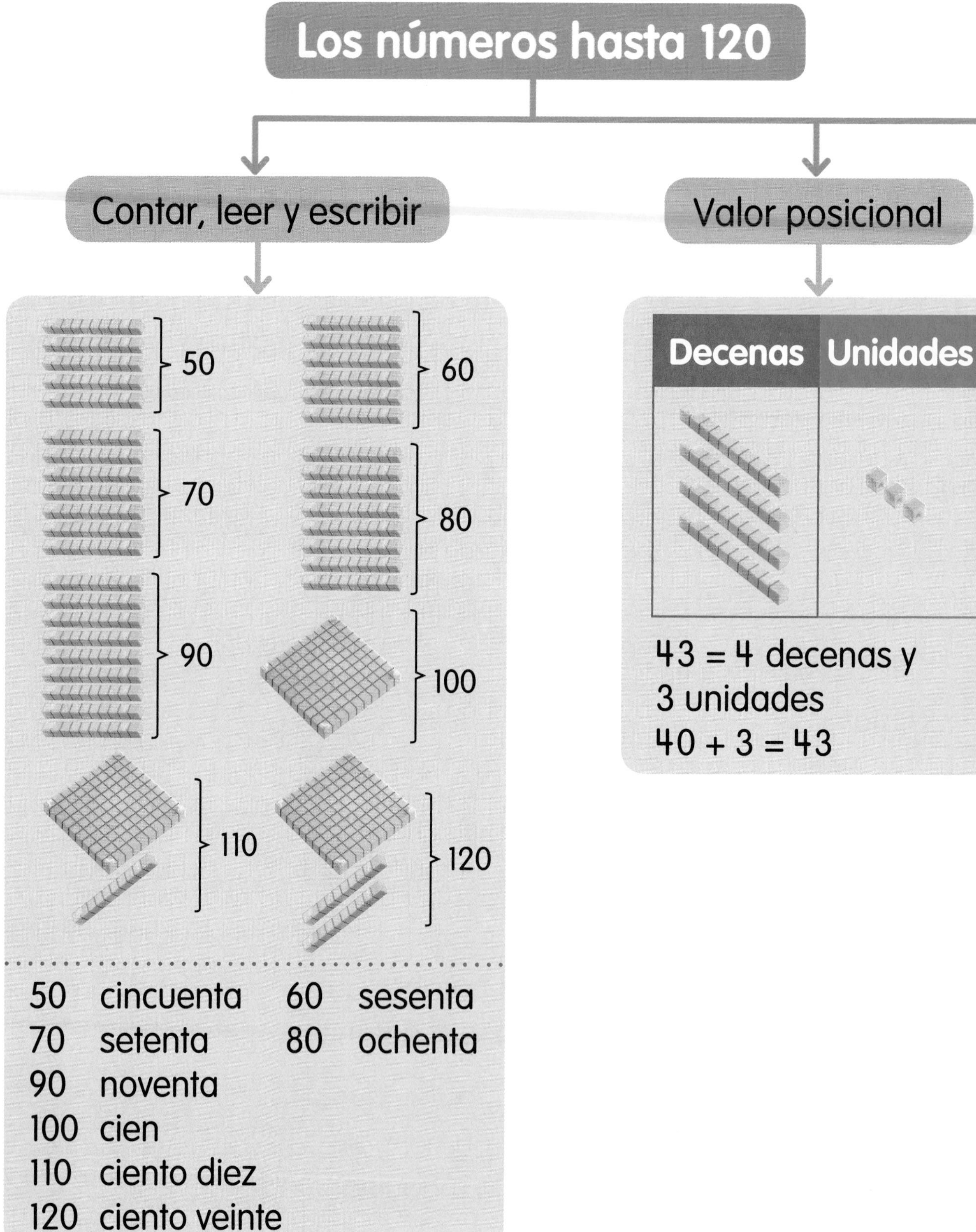

Aprendizaje con supervisión

Completa.

2

Decenas	Unidades
5	0
+ 3	0

Paso 1 Suma las unidades.

unidades + unidades = unidades

Paso 2 Suma las decenas.

decenas + decenas = decenas

3

Decenas	Unidades
5	8
+ 2	0

Paso 1 Suma las unidades.

unidades + unidades = unidades

Paso 2 Suma las decenas.

decenas + decenas = decenas

Aprende

Puedes usar una tabla de valor posicional para sumar dos números.

42 + 56 = ?

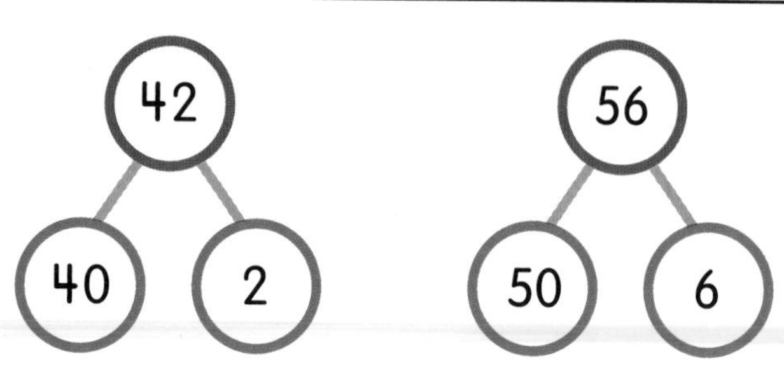

42 = 4 decenas y 2 unidades
56 = 5 decenas y 6 unidades

	Decenas	Unidades
42		
56		

Paso 1 Suma las unidades.

	Decenas	Unidades
	4	2
+	5	6
		8

2 unidades + 6 unidades = 8 unidades

Paso 2 Suma las decenas.

	Decenas	Unidades
	4	2
+	5	6
	9	8

4 decenas + 5 decenas = 9 decenas

Entonces, 42 + 56 = 98.

Aprendizaje con supervisión

Completa.

4

	Decenas	Unidades
	5	3
+	3	6

Paso 1 Suma las unidades.

___ unidades + ___ unidades =

___ unidades

Paso 2 Suma las decenas.

___ decenas + ___ decenas =

___ decenas

Practiquemos

Cuenta hacia adelante para sumar.

1 62 + 6 = ___

2 84 + 4 = ___

Suma.

3

	Decenas	Unidades
	4	6
+		3

4

	Decenas	Unidades
	2	0
+	7	0

5

	Decenas	Unidades
	4	7
+	5	0

6

	Decenas	Unidades
	3	2
+	4	7

POR TU CUENTA

Ver Cuaderno de actividades B: Práctica 1, págs. 161 a 164

Suma con reagrupación

Objetivos de la lección

- Sumar un número de 2 dígitos y un número de 1 dígito con reagrupación.
- Sumar dos números de 2 dígitos con reagrupación.

Aprende

Puedes usar tablas de valor posicional para sumar unidades a un número con reagrupación.

66 + 7 = ?

66 = 6 decenas y 6 unidades

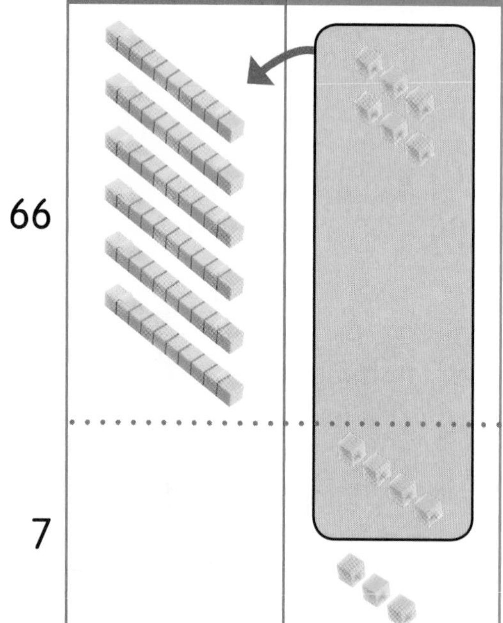

Paso 1 Suma las unidades.

	Decenas	Unidades
	$\overset{1}{6}$	6
+		7
		3

6 unidades + 7 unidades = 13 unidades

Reagrupa las unidades.

13 unidades = 1 decena y 3 unidades

73 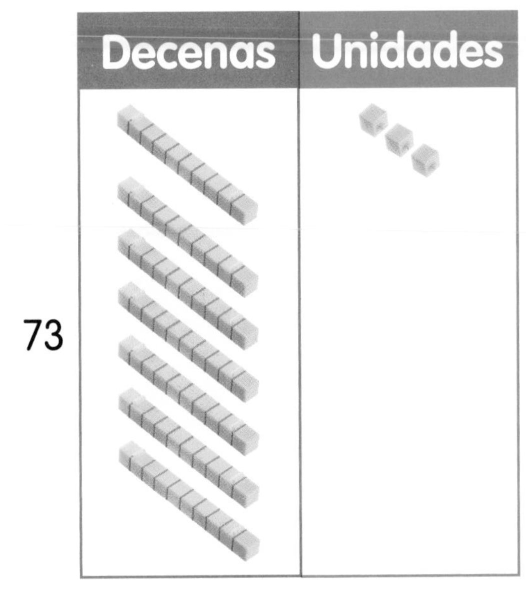

Paso 2 Suma las decenas.

	Decenas	Unidades
	1 6	6
+		7
	7	3

1 decena + 6 decenas + 0 decenas = 7 decenas

Entonces, 66 + 7 = 73.

Aprendizaje con supervisión

Suma y reagrupa.

1

	Decenas	Unidades
	6	2
+		9

Paso 1 Suma las unidades.

2 unidades + 9 unidades = ___ unidades

Reagrupa las unidades.

___ unidades = 1 decena y ___ unidad

Paso 2 Suma las decenas.

___ decena + 6 decenas + 0 decenas = ___ decenas

2

	Decenas	Unidades
	5	6
+		8

3 36 + 5 = ___

4 53 + 9 = ___

Manos a la obra

TRABAJAR EN GRUPO

Usa una flecha giratoria.

flecha giratoria

PASO 1 Haz girar la flecha giratoria para obtener un número.

PASO 2 Suma este número a 52 y resuelve.

52 + ▭ = ▭

PASO 3 Haz girar la flecha giratoria para obtener otro número. Suma este número a 64 y resuelve.

64 + ▭ = ▭

PASO 4 Pide a alguien de tu grupo que compruebe tu trabajo. Túrnate con tus compañeros para hacer girar la flecha giratoria y resolver.

Puedes usar tablas de valor posicional para sumar números con reagrupación.

33 + 18 = ?

33 = 3 decenas y 3 unidades
18 = 1 decena y 8 unidades

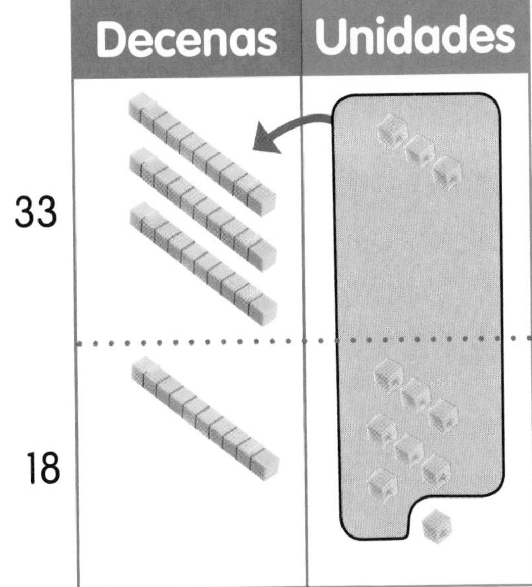

Paso 1 Suma las unidades.

Decenas Unidades

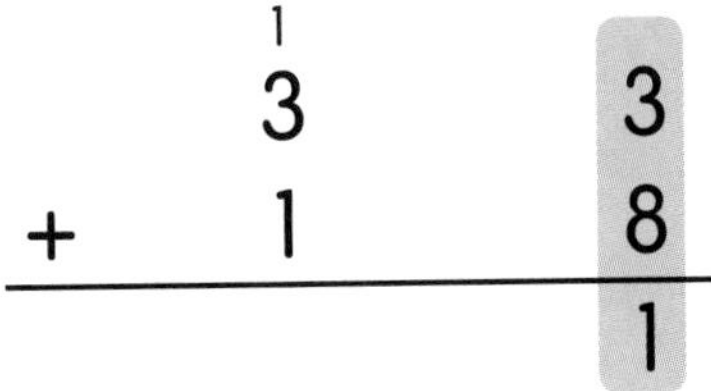

3 unidades + 8 unidades =
11 unidades

Reagrupa las unidades.
11 unidades = 1 decena y 1 unidad

	Decenas	Unidades
51		

Paso 2 Suma las decenas.

	Decenas	Unidades
	1	
	3	3
+	1	8
	5	1

1 decena + 3 decenas + 1 decena =
5 decenas

Entonces, 33 + 18 = 51.

Aprendizaje con supervisión

Suma y reagrupa.

5

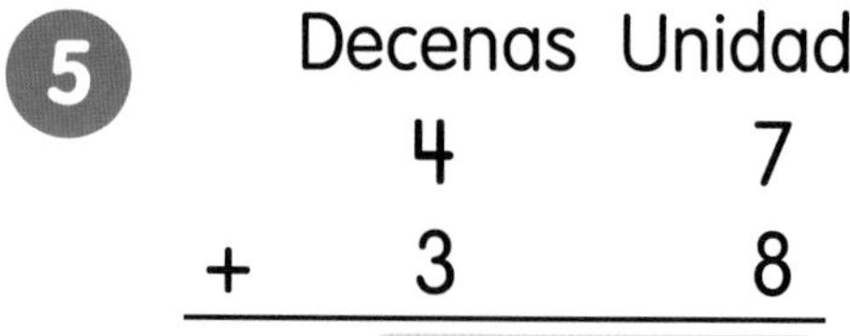

Paso 1 Suma las unidades.
___ unidades + ___ unidades =
___ unidades
Reagrupa las unidades.
___ unidades = ___ decena y
___ unidades

Paso 2 Suma las unidades.
___ decena + ___ decenas +
___ decenas = ___ decenas

6

	Decenas	Unidades
	2	8
+	1	4

7

	Decenas	Unidades
	5	4
+	2	7

8

	Decenas	Unidades
	3	5
+	3	6

9

	Decenas	Unidades
	4	9
+	2	3

10

	Decenas	Unidades
	6	3
+	2	8

11

	Decenas	Unidades
	7	7
+	1	9

Practiquemos

Completa.

1. 7 unidades + 5 unidades = ___ unidades
   = 1 decena y ___ unidades

2. 9 unidades + 6 unidades = ___ unidades
   = ___ decena y 5 unidades

Suma y reagrupa.

3.

	Decenas	Unidades
	7	5
+		8
	___	___

4.

	Decenas	Unidades
	8	7
+		6
	___	___

5.

	Decenas	Unidades
	5	5
+	3	7
	___	___

6.

	Decenas	Unidades
	2	3
+	6	8
	___	___

7. 76 + 9 = ___

	Decenas	Unidades
	___	___
+	___	___
	___	___

8. 14 + 56 = ___

	Decenas	Unidades
	___	___
+	___	___
	___	___

POR TU CUENTA

Ver Cuaderno de actividades B: Práctica 2, págs. 165 a 170

LECCIÓN 3

Resta sin reagrupación

Objetivos de la lección

- Restar un número de 1 dígito de un número de 2 dígitos sin reagrupación.
- Restar un número de 2 dígitos de otro número de 2 dígitos sin reagrupación.

Aprende

Puedes restar unidades de un número de diferentes maneras.

48 – 3 = ?

Método 1 Cuenta hacia atrás a partir del número mayor.

45 46 47 48

48, 47, 46, 45

Método 2 Usa una tabla de valor posicional.

	Decenas	Unidades
48		

Paso 1 Resta las unidades.

	Decenas	Unidades	
	4	8	8 unidades –
–		3	3 unidades =
		5	5 unidades

	Decenas	Unidades
45		

Paso 2 Resta las decenas.

	Decenas	Unidades	
	4	8	4 decenas –
–		3	0 decenas =
	4	5	4 decenas

Entonces, 48 – 3 = 45.

Aprendizaje con supervisión

Resta.

1 68 – 6 = ?

Método 1 Cuenta hacia atrás a partir del número mayor.

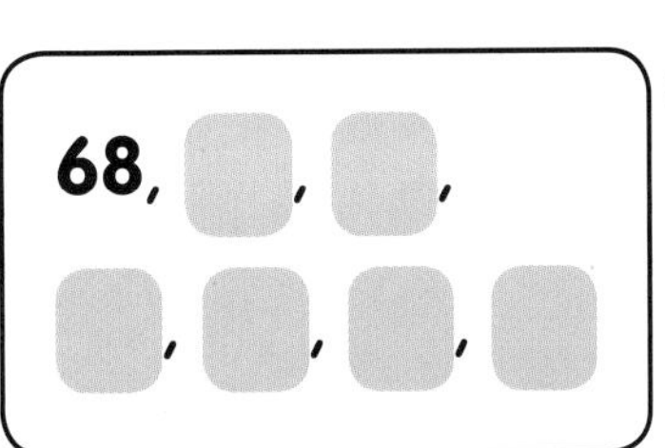

Método 2 Usa una tabla de valor posicional.

	Decenas	Unidades
68		

Primero, resta las unidades.
Luego, resta las decenas.

	Decenas	Unidades
___		

	Decenas	Unidades
	6	8
–		6
	___	___

Entonces, 68 – 6 = ___.

Aprende

Puedes usar tablas de valor posicional para restar decenas.

70 – 40 = ?

Decenas	Unidades
(70: 7 decenas)	

Paso 1 Resta las unidades.

	Decenas	Unidades
	7	0
–	4	0
		0

0 unidades – 0 unidades = 0 unidades

Decenas	Unidades
(30: 7 decenas, 4 tachadas)	

Paso 2 Resta las decenas.

	Decenas	Unidades
	7	0
–	4	0
	3	0

7 decenas – 4 decenas = 3 decenas

7 decenas – 4 decenas = 3 decenas
70 – 40 = 30

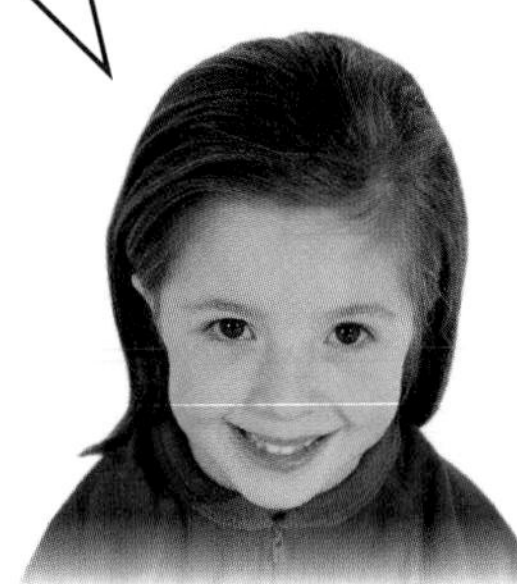

Entonces, 70 – 40 = 30.

¡Comprueba!

Si 70 – 40 = 30,
entonces, 30 + 40 debe ser igual a 70.
El resultado es correcto.

	3 0
+	4 0
	7 0

Aprendizaje con supervisión

Resta.

 60 – 40 = ?

	Decenas	Unidades
60		

Primero, resta las unidades. Luego, resta las decenas.

	Decenas	Unidades
20		

	Decenas	Unidades
	6	0
–	4	0

6 decenas – 4 decenas = ☐ decenas

60 – 40 = ☐

Entonces, 60 – 40 = ☐.

¡Comprueba!

	☐	
+	4	0
	6	0

Aprende

Puedes usar tablas de valor posicional para restar decenas de un número.

55 – 30 = ?

55

Decenas	Unidades

Paso 1 Resta las unidades.

	Decenas	Unidades
	5	5
–	3	0
		5

5 unidades – 0 unidades = 5 unidades

25

Decenas	Unidades

Paso 2 Resta las decenas.

	Decenas	Unidades
	5	5
–	3	0
	2	5

5 decenas – 3 decenas = 2 decenas

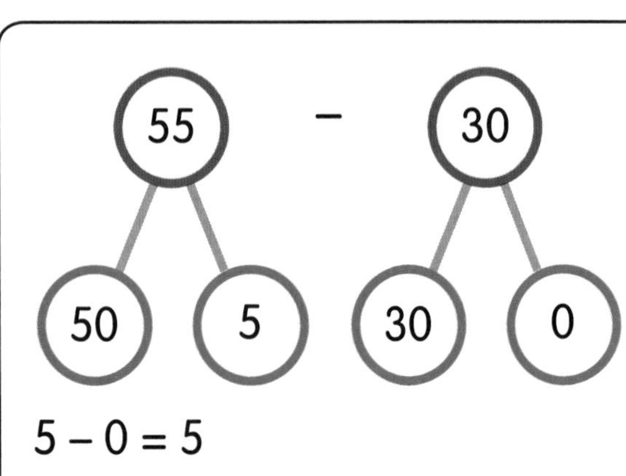

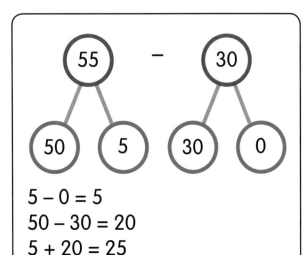

5 – 0 = 5
50 – 30 = 20
5 + 20 = 25

Entonces, 55 – 30 = 25.

¡Comprueba!

Si 55 – 30 = 25, entonces, 25 + 30 debe ser igual a 55. El resultado es correcto.

	2	5
+	3	0
	5	5

Aprende

Puedes usar tablas de valor posicional para restar un número de otro número.

58 – 24 = ?

58 = 5 decenas y 8 unidades
24 = 2 decenas y 4 unidades

Decenas	Unidades
58	

Decenas	Unidades
34	

Paso 1 Resta las unidades.

	Decenas	Unidades
	5	8
–	2	4
		4

8 unidades – 4 unidades = 4 unidades

Paso 2 Resta las decenas.

	Decenas	Unidades
	5	8
–	2	4
	3	4

5 decenas – 2 decenas = 3 decenas

Entonces, 58 – 24 = 34.

¡Comprueba!

Si 58 – 24 = 34, entonces, 34 + 24 debe ser igual a 58.

$$\begin{array}{r} 34 \\ +\ 24 \\ \hline 58 \end{array}$$

El resultado es correcto.

Aprendizaje con supervisión

Completa.

	Decenas	Unidades
	7	2
−	4	0
	____	

Paso 1 Resta las unidades.

____ unidades − ____ unidades = ____ unidades

Paso 2 Resta las decenas.

____ decenas − ____ decenas = ____ decenas

3

	Decenas	Unidades
	6	9
−	3	3
	____	

Paso 1 Resta las unidades.

____ unidades − ____ unidades = ____ unidades

Paso 2 Resta las decenas.

____ decenas − ____ decenas = ____ decenas

____
+ 3 3
6 9

Practiquemos

Cuenta hacia atrás para restar. Comprueba tu resultado.

1. 87 – 4 = ___

2. 79 – 3 = ___

Resta.

3.

	Decenas	Unidades
	6	8
–		5
	___	___

4.

	Decenas	Unidades
	9	0
–	4	0
	___	___

5.

	Decenas	Unidades
	7	7
–	5	0
	___	___

6.

	Decenas	Unidades
	9	9
–	7	1
	___	___

7. 53 – 2 = ___

	Decenas	Unidades
	___	___
–	___	___
	___	___

8. 89 – 23 = ___

	Decenas	Unidades
	___	___
–	___	___
	___	___

POR TU CUENTA

Ver Cuaderno de actividades B: Práctica 3, págs. 171 a 174

Resta con reagrupación

Objetivos de la lección

- Restar un número de 1 dígito de un número de 2 dígitos con reagrupación.
- Restar números de 2 dígitos con reagrupación.

Aprende

Puedes usar tablas de valor posicional para restar unidades con reagrupación.

52 – 9 = ?

52

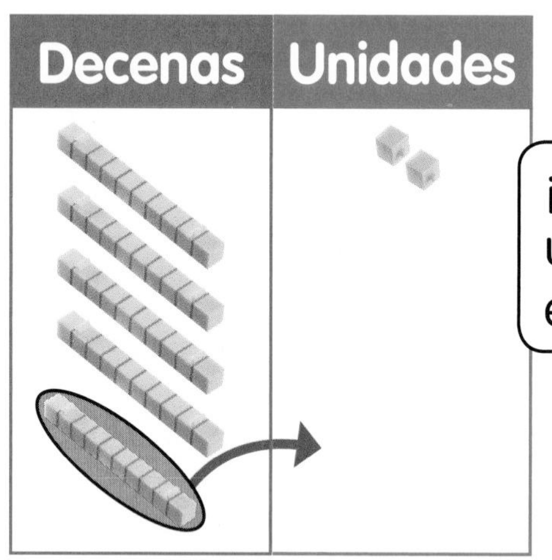

Paso 1 Resta las unidades.

¡No puedes restar 9 unidades de 2 unidades! Por eso, tienes que reagrupar.

Decenas	Unidades

Reagrupa las decenas y las unidades de 52.

52 = 5 decenas y 2 unidades
= 4 decenas y 12 unidades

Resta

	Decenas	Unidades
	~~5~~ 4	[1]2
–		9
		3

12 unidades – 9 unidades = 3 unidades

43 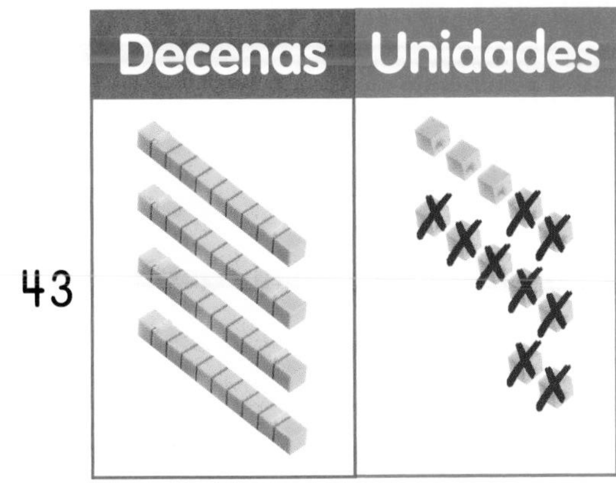

Paso 2 Resta las decenas.

Decenas	Unidades
~~5~~ (4)	[1]2
+	9
4	3

4 decenas – 0 decenas = 4 decenas

Entonces,
52 – 9 = 43.

¡Comprueba!

Si 52 – 9 = 43,
entonces, 43 + 9 debe ser igual a 52.
El resultado es correcto.

$$\begin{array}{r} 43 \\ +\ 9 \\ \hline 52 \end{array}$$

Aprendizaje con supervisión

Reagrupa y resta.

1

Decenas	Unidades
5	5
–	7

Paso 1 Resta las unidades.

Reagrupa las decenas y las unidades de 55.

55 = 5 decenas y ____ unidades
= 4 decenas y ____ unidades

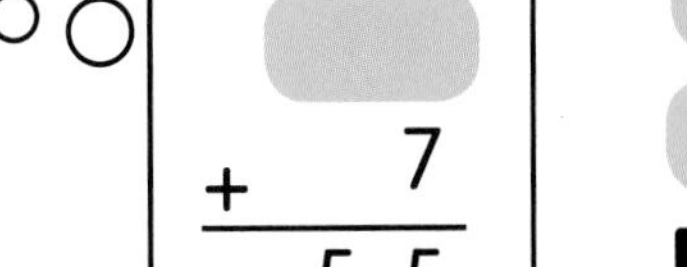

$$\begin{array}{r} \square \\ +\ 7 \\ \hline 55 \end{array}$$

Resta
____ unidades – ____ unidades =
____ unidades

Paso 2 Resta las decenas.
____ decenas – ____ decenas =
____ decenas

2

Decenas	Unidades
7	3
–	6

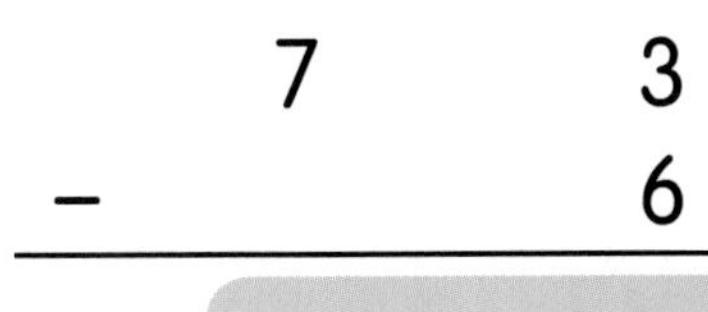

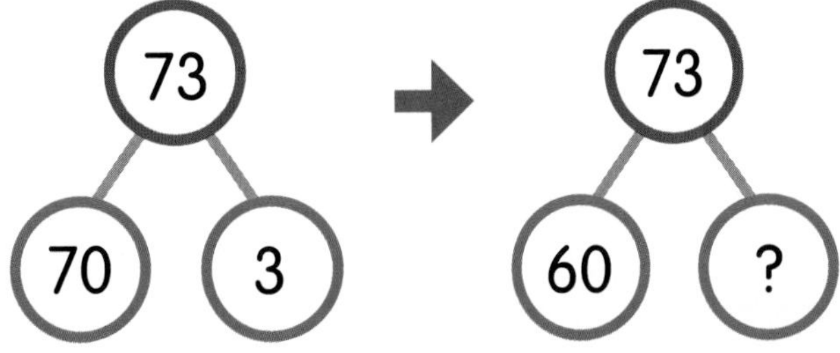

Aprende Puedes usar tablas de valor posicional para restar números con reagrupación.

54 – 38 = ?

54

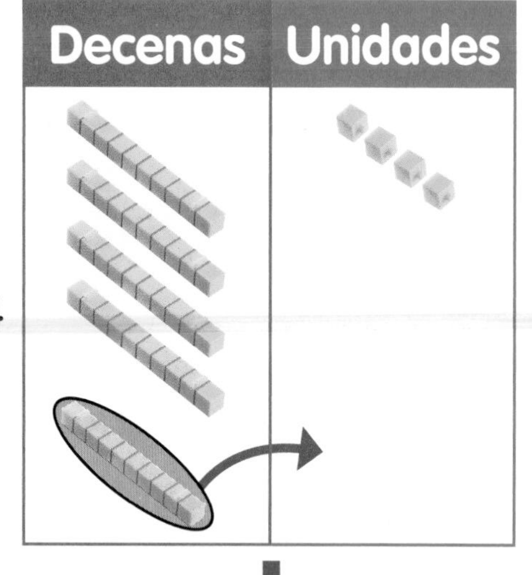

Paso 1 Resta las unidades.

¡No puedes restar 8 unidades de 4 unidades! Tienes que reagrupar.

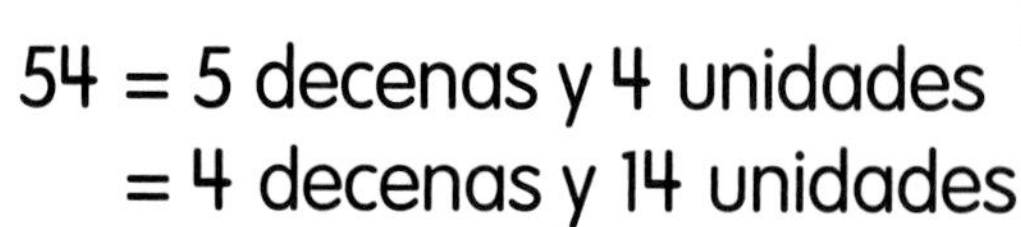

Reagrupa las decenas y las unidades de 54.

54 = 5 decenas y 4 unidades
    = 4 decenas y 14 unidades

Resta

	Decenas	Unidades
	$\overset{4}{\cancel{5}}$	$^{1}4$
–	3	8
		6

14 unidades – 8 unidades = 6 unidades

Decenas | Unidades

Paso 2 Resta las decenas.

	Decenas	Unidades
	$\overset{4}{\cancel{5}}$	$^{1}4$
–	3	8
	1	6

Decenas | Unidades

16

4 decenas – 3 decenas = 1 decena

Entonces,
54 – 38 = 16.

¡Comprueba!

Si 54 – 38 = 16,
entonces, 16 + 38 debe ser igual a 54.
El resultado es correcto.

	1 6
+	3 8
	5 4

Aprendizaje con supervisión

Reagrupa y resta.

3

	Decenas	Unidades
	7	2
−	5	5

Paso 1 Resta las unidades.

Reagrupa las decenas y las unidades de 72.

72 = 7 decenas y ____ unidades

= 6 decenas y ____ unidades

Resta

____ unidades − ____ unidades = ____ unidades

Paso 2 Resta las decenas.

____ decenas − ____ decenas = ____ decena

4

	Decenas	Unidades
	6	2
−	5	8

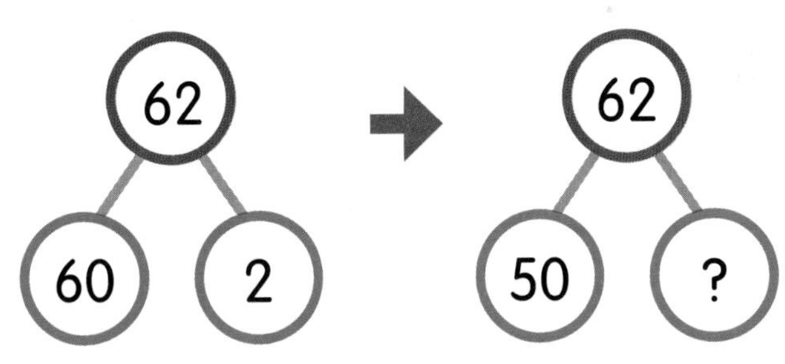

5

	Decenas	Unidades
	8	5
−	5	9

TRABAJAR EN GRUPO **Juego**

¡De paseo en el zoológico!

Jugadores: 4
Necesitas:
- 1 ficha para cada jugador
- un cubo numerado

Miras unas flores +10

LANZA OTRA VEZ

Bebes agua+5

AVANZA 2 ESPACIOS

DESCANSA

Hora del almuerzo ¡Mmm! +8

Visitas a un oso bebé +6

Pierdes tu mapa −2

¡Uy! Te caes en un arbusto lleno de espinas +1

AVANZA 1 ESPACIO

Ayudas a un abuelo +15

PASO 1 Cada jugador comienza con 10 puntos. El jugador 1 lanza el cubo numerado. El jugador avanza el número de espacios que indica el cubo numerado.

PASO 2 El jugador sigue la instrucción escrita en el espacio donde cae su ficha.

Te despides de los animales

DESCANSA

Tomas fotos a los camellos +2

LANZA OTRA VEZ

Tomas el camino equivocado −2

COMIENZO +10

Saludas a los loros +5

Pierdes tu lápiz −7

Encuentras un pájaro bebé +10

Tomas fotos a las jirafas +9

PASO 3 Túrnate con los otros jugadores. El juego termina cuando uno de los jugadores llega al último espacio.

¡Gana el jugador que más puntos tenga!

Miras un espectáculo de animales +5

Pisas el barro −1

Usas la computadora del cuarto para niños +5

LANZA OTRA VEZ

¡Uy! Te pica un mosquito +2

Tomas fotos a los canguros +3

DESCANSA

Comes una barra de cereal... ¡qué rico! +1

Das plátanos a los monos −2

Tomas fotos a los osos +2

Practiquemos

Reagrupa.

1. 82 = 8 decenas y ___ unidades
   = 7 decenas y ___ unidades

2. 75 = 7 decenas y ___ unidades
   = 6 decenas y ___ unidades

Reagrupa y resta. Comprueba tu resultado.

3.

	Decenas	Unidades
	5	3
–		9
	___	

4.

	Decenas	Unidades
	9	2
–		6
	___	

5.

	Decenas	Unidades
	7	3
–	3	7
	___	

6.

	Decenas	Unidades
	9	0
–	5	4
	___	

7. 64 – 6 = ___

	Decenas	Unidades
	___	___
–	___	___
	___	

8. 71 – 56 = ___

	Decenas	Unidades
	___	___
–	___	___
	___	

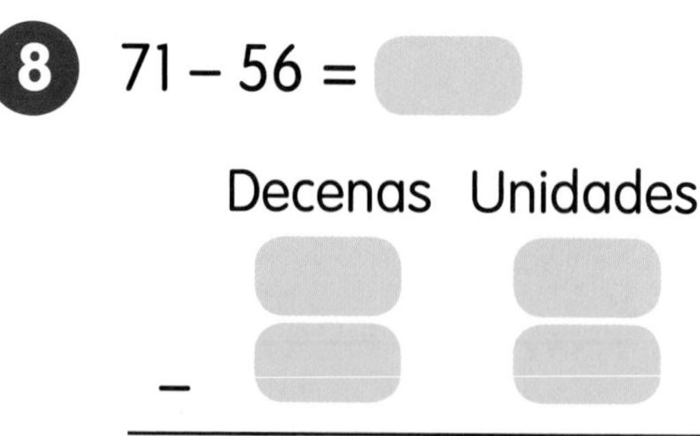
POR TU CUENTA
Ver Cuaderno de actividades B: Práctica 4, págs. 175 a 180

¡Ponte la gorra de pensar!

RESOLUCIÓN DE PROBLEMAS

Usa cada número una vez.

39

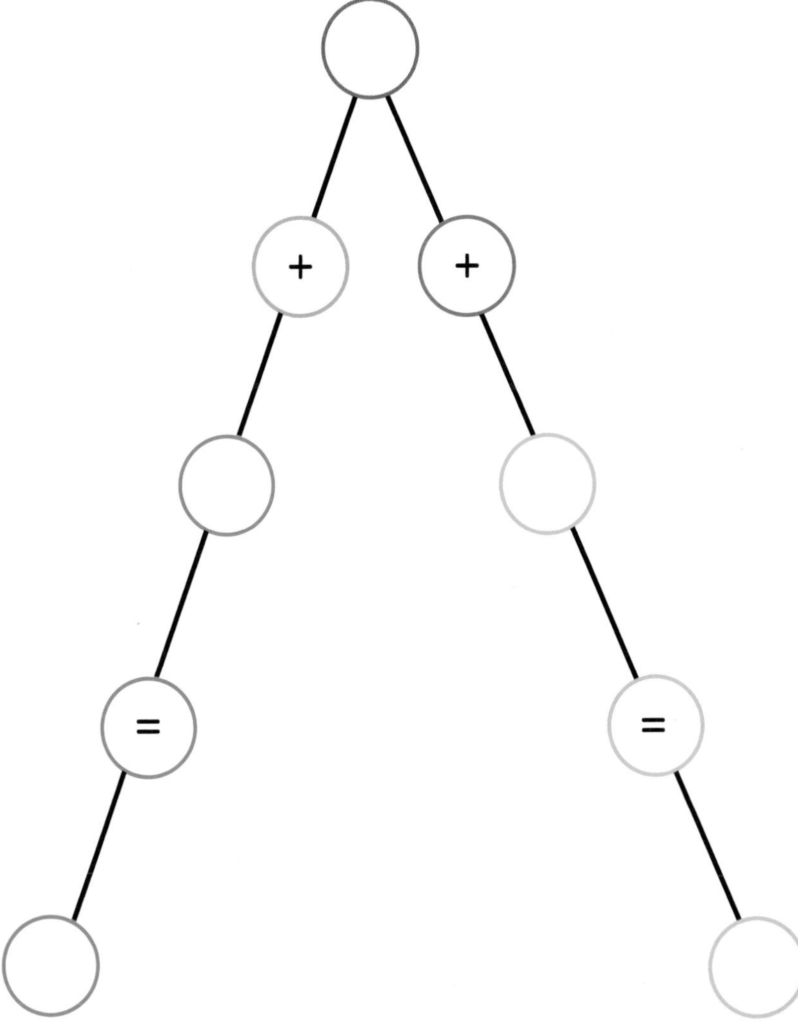

POR TU CUENTA

Ver Cuaderno de actividades B: ¡Ponte la gorra de pensar! págs. 181 a 182

Resumen del capítulo

Has aprendido...

Suma

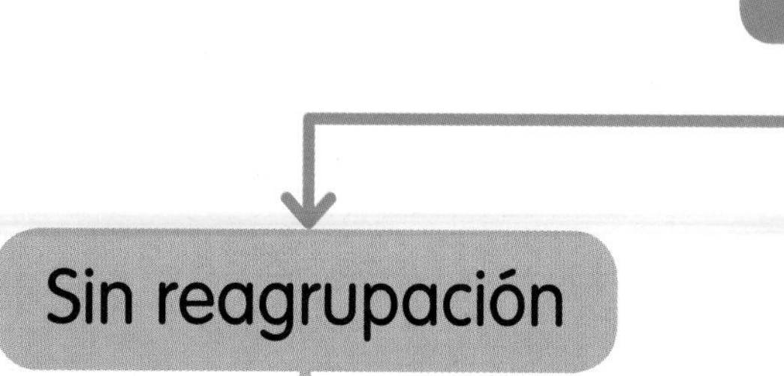

Sin reagrupación

64 + 3 = ?

Método 1
Cuenta hacia adelante desde el número mayor.
64, 65, 66, 67

Método 2
Usa una tabla de valor posicional.

Paso 1 Suma las unidades.

Paso 2 Suma las decenas.

	Decenas	Unidades
	6	4
+		3
	6	7

Con reagrupación

54 + 16 = ?

Usa una tabla de valor posicional.

Paso 1 Suma las unidades. Reagrupa las unidades.

Paso 2 Suma las decenas.

	Decenas	Unidades
	1	
	5	4
+	1	6
	7	0

Los números hasta 100 pueden sumarse o restarse con o sin reagrupación.

Resta

Sin reagrupación

75 – 2 = ?

Método 1

Cuenta hacia atrás desde 75.

75, 74, 73

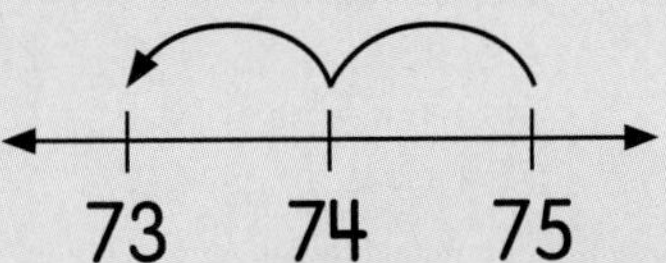

Método 2

Usa una tabla de valor posicional.

Paso 1 Resta las unidades.

Paso 2 Resta las decenas.

	Decenas	Unidades
	7	5
–		2
	7	3

Con reagrupación

65 – 18 = ?

Usa una tabla de valor posicional.

Paso 1 Reagrupa las decenas y las unidades de 65. Resta las unidades.

Paso 2 Resta las decenas.

	Decenas	Unidades
	~~6~~ 5	[1]5
–	1	8
	4	7

POR TU CUENTA

Ver Cuaderno de actividades B: Repaso/Prueba del capítulo, págs. 183 a 184

CAPÍTULO 18

Multiplicación y división

Buscamos mariquitas para la lección de ciencias.

Hemos atrapado 3 + 3 + 3 + 3 = 12 mariquitas.

Vamos a ponerlas en 2 cajas.
Hay 6 mariquitas en cada caja.

IDEA IMPORTANTE

Multiplicar es igual que sumar grupos iguales. Dividir es igual que repartir equitativamente o poner cosas en grupos iguales.

Recordar conocimientos previos

Sumar el mismo número

$2 + 2 = 4$

$2 + 2 + 2 = 6$

$3 + 3 = 6$

$3 + 3 + 3 = 9$

✔Repaso rápido

Suma.

1. $5 + 5 + 5 + 5 = \square$
2. $4 + 4 = \square$
3. $4 + 4 + \square = 12$
4. $3 + 3 + 3 + \square = 12$

LECCIÓN 1

Sumar el mismo número

Objetivos de la lección

- Usar objetos o ilustraciones para hallar el número total de elementos en grupos del mismo tamaño.
- Relacionar la suma repetida con el concepto de multiplicación.

Vocabulario
mismo
grupos
cada

Aprende

Puedes sumar el **mismo** número.

2 juguetes

2 juguetes

2 juguetes

¿Cuántos grupos de juguetes hay?

¿Cuántos juguetes hay en **cada** grupo?

Hay 3 **grupos**.

Hay 2 juguetes en cada grupo.

2 + 2 + 2 = 6

3 doses = 6

3 grupos de 2 = 6

Hay 6 juguetes en total.

2 + 2 + 2 representa 3 doses ó 3 grupos de 2.

Aprendizaje con supervisión

Completa.

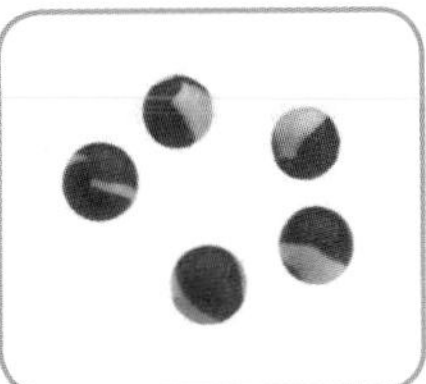 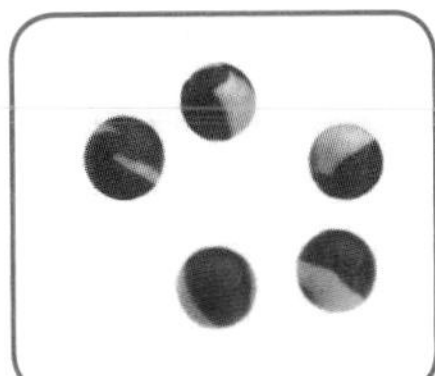 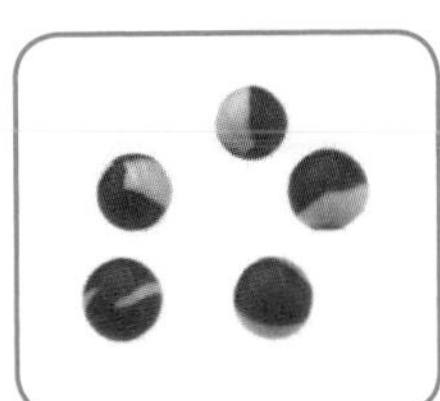 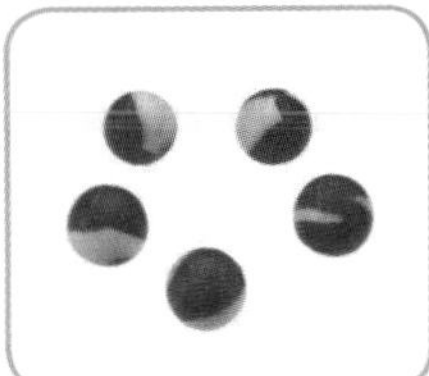

Hay ___ grupos.

En cada grupo hay ___ canicas.

___ + ___ + ___ + ___ = ___

___ cincos = ___

___ grupos de 5 = ___

Hay ___ canicas en total.

2

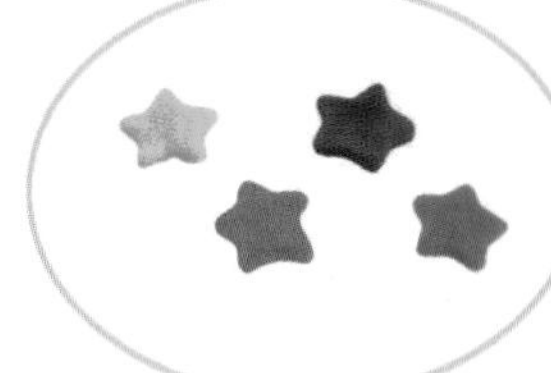 

___ + ___ + ___ = ___

___ cuatros = ___

___ grupos de 4 = ___

Hay ___ estrellas en total.

Manos a la obra

1 Usa 5 hojas de papel.
Coloca 2 fichas en cada hoja de papel.

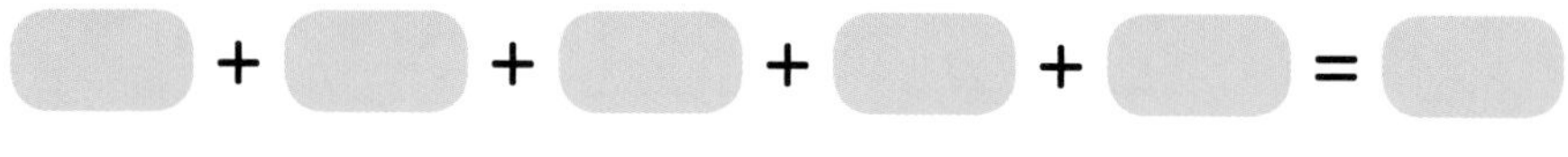

___ doses = ___

___ grupos de 2 = ___

2 Usa 6 hojas de papel.
Coloca 3 fichas en cada hoja de papel.

___ + ___ + ___ + ___ + ___ + ___ = ___

___ treses = ___

___ grupos de 3 = ___

3 Usa 3 hojas de papel.
Coloca un número igual de fichas en cada hoja de papel.

___ + ___ + ___ = ___

3 ___ = ___

3 grupos de ___ = ___

Usa 24 .

Usa todos los y colócalos en grupos.

Cada grupo debe tener el mismo número de .

¿De cuántas maneras puedes hacerlo?

Dibuja las diferentes maneras en que puedes agrupar los de la actividad Exploremos.

Practiquemos

Resuelve.

1. Coloca 10 pajaritos en grupos.
Coloca 2 pajaritos en cada grupo.
¿Cuántos grupos de pajaritos tienes?

2. Un granjero tiene 15 ovejas en su granja.
Tiene las ovejas en corrales.
Hay 5 ovejas en cada corral.
¿Cuántos corrales hay?

3. Nate hace 24 títeres.
Coloca 6 títeres en cada caja.
¿Cuántas cajas usó Nate?

POR TU CUENTA

Ver Cuaderno de actividades B: Práctica 3, págs. 207 a 212

¡Ponte la gorra de pensar!

RESOLUCIÓN DE PROBLEMAS

Resuelve.

1. Alex tiene 3 conejos.
¿Cuál de las siguientes opciones muestra el número de patas que tienen los conejos de Alex en total?

$3 + 3 + 3 = 9$

$3 + 3 + 3 + 3 = 12$

$4 + 4 + 4 = 12$

2. Chris tiene 18 canicas.
Las agrupa.
Hay 5 canicas en cada grupo.

a. ¿Cuál es el mayor número de grupos que puede tener Chris?

b. ¿Cuántas canicas sobran?

Haz dibujos como ayuda o **haz una representación**.

POR TU CUENTA

Ver Cuaderno de actividades B: ¡Ponte la gorra de pensar! págs. 213 a 214

Resumen del capítulo

Has aprendido...

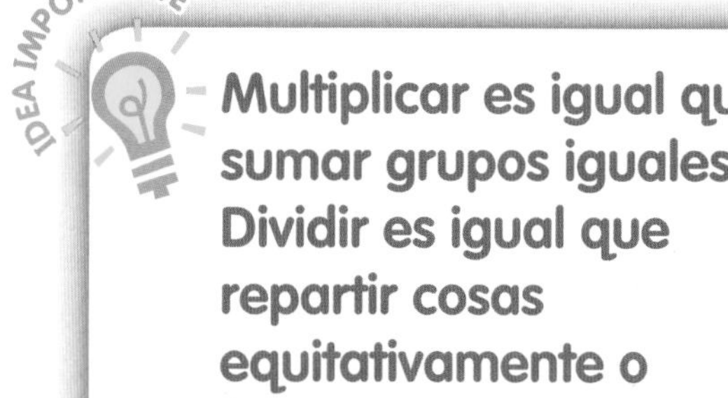

a sumar números repetidos.

5 + 5 + 5 representa 3 cincos.
5 + 5 + 5 = 15
3 cincos = 15

a usar una ilustración con grupos iguales de cosas y escribir un enunciado de suma.

3 + 3 + 3 + 3 = 12

a colocar o repartir cosas en partes o grupos iguales.
Reparte 6 fresas en 3 grupos iguales.
¿Cuántas fresas hay en cada grupo?

Se da el número de grupos.

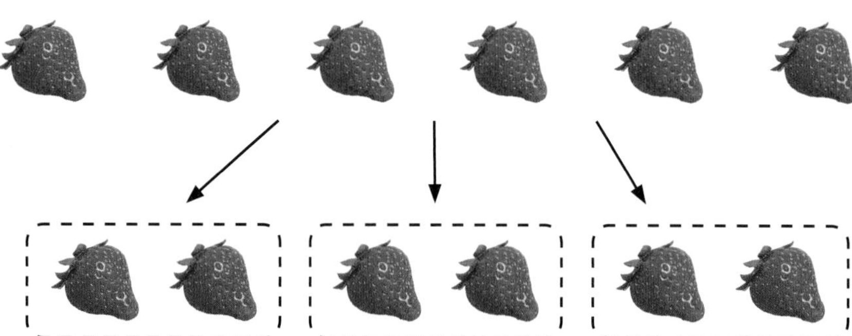

Hay 2 fresas en cada grupo.

a formar grupos iguales y hallar el número de grupos.

Coloca 9 fresas en grupos de 3.
¿Cuántos grupos de fresas hay?

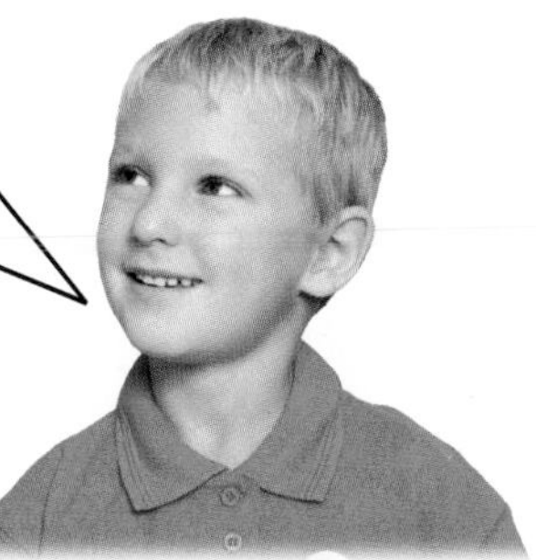

Se da el número de cosas en cada grupo.

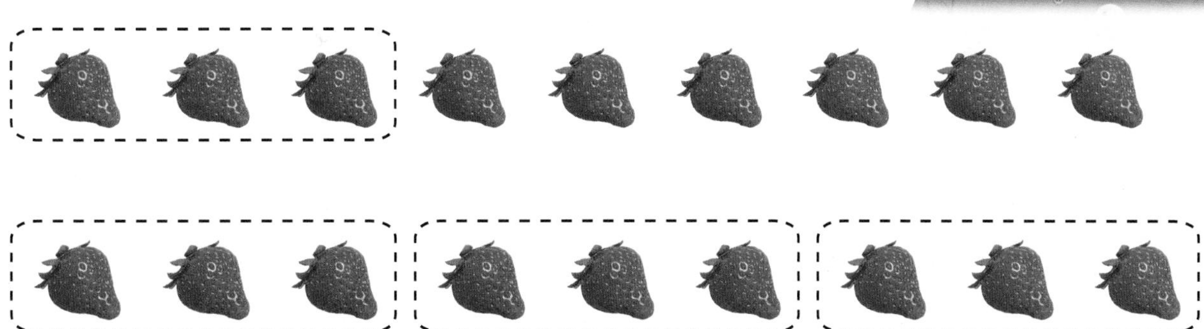

Hay 3 grupos de fresas.

POR TU CUENTA

Ver Cuaderno de actividades B: Repaso/Prueba del capítulo, págs. 215 a 216

CAPÍTULO 19 El dinero

IDEA IMPORTANTE

Las monedas de 1¢, 5¢, 10¢ y 25¢ se pueden contar y cambiar por otras. El dinero se puede sumar y restar.

Recordar conocimientos previos

Las monedas de 1¢, 5¢, 10¢ y 25¢

1¢

5¢

10¢

25¢

Estas son las dos caras de la moneda de 1¢.
Esta moneda vale un centavo, o 1¢.

Usar monedas de 1¢ para comprar cosas

5¢

7¢

6¢

Nombra cada moneda.

Halla el precio.

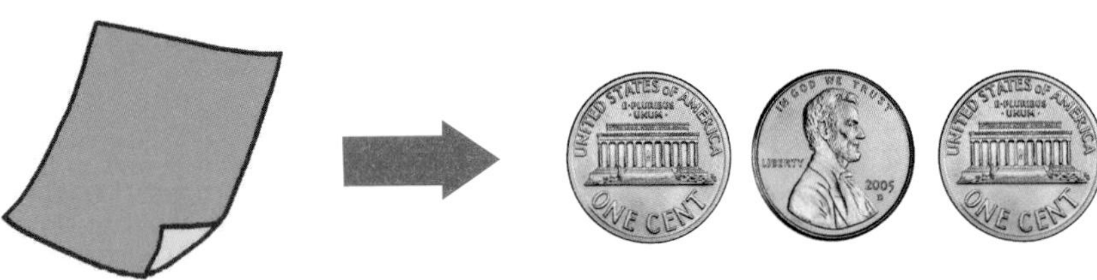

3¢

Las monedas de 1¢, 5¢ y 10¢

Objetivos de la lección

- Reconocer y nombrar las monedas de 1¢, 5¢ y 10¢.
- Comprender que "¢" significa centavos.
- Contar salteado para hallar el valor de las monedas.
- Cambiar una moneda por un conjunto de monedas de igual valor.
- Usar diferentes combinaciones de monedas de menos de 25¢ para comprar cosas.

Vocabulario

centavos
moneda de 5¢
valor
moneda de 1¢
moneda de 10¢
cambiar

Aprende

Conoce las monedas de 1¢, 5¢ y 10¢.

Estas son las dos caras de una **moneda de 1¢**.
Esta moneda vale un **centavo**, o 1¢.

o

Estas son las dos caras de una **moneda de 5¢**.
Esta moneda vale cinco centavos, o 5¢.

Estas son las dos caras de una **moneda de 10¢**.
Esta moneda vale diez centavos, o 10¢.

¡¢ significa centavos!

Aprendizaje con supervisión

Completa.

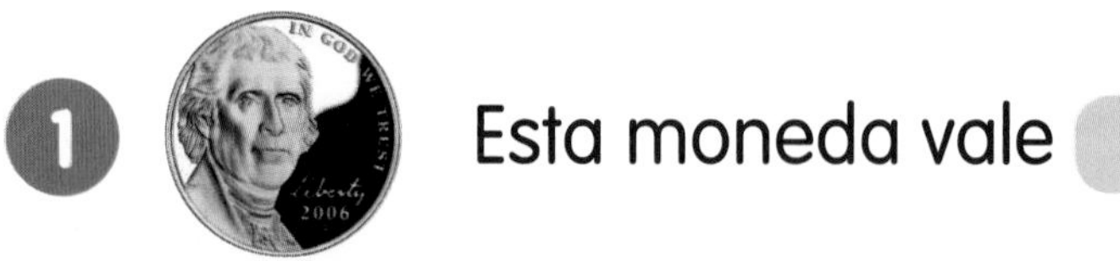

1. Esta moneda vale ___ ¢.

2. Esta moneda vale ___ ¢.

3. Esta moneda vale ___ ¢.

4. ¿Cuántas monedas de 1¢ hay? ___

5. ¿Cuántas monedas de 5¢ hay? ___

6. ¿Cuántas monedas de 10¢ hay? ___

Puedes contar salteado para hallar el valor de un grupo de monedas.

Cuenta salteado para hallar el valor de las monedas.

Hay 4¢.

Cuenta de 1 en 1 las monedas de 1¢. 1, 2, 3, 4 centavos

Hay 15¢.

Cuenta de 5 en 5 las monedas de 5¢. 5, 10, 15 centavos

Hay 30¢.

Cuenta de 10 en 10 las monedas de 10¢. 10, 20, 30 centavos

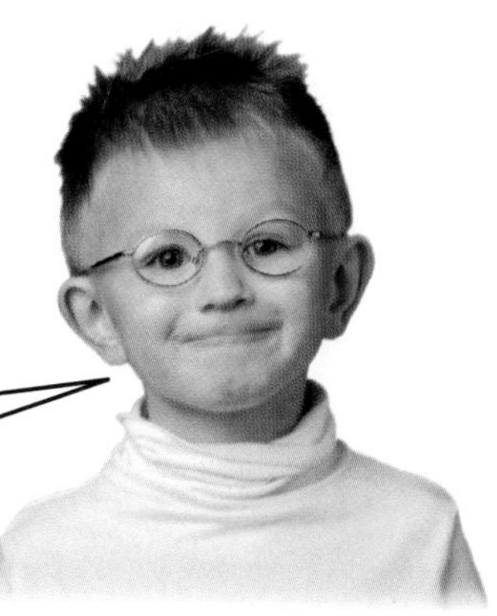

Aprendizaje con supervisión

Completa.

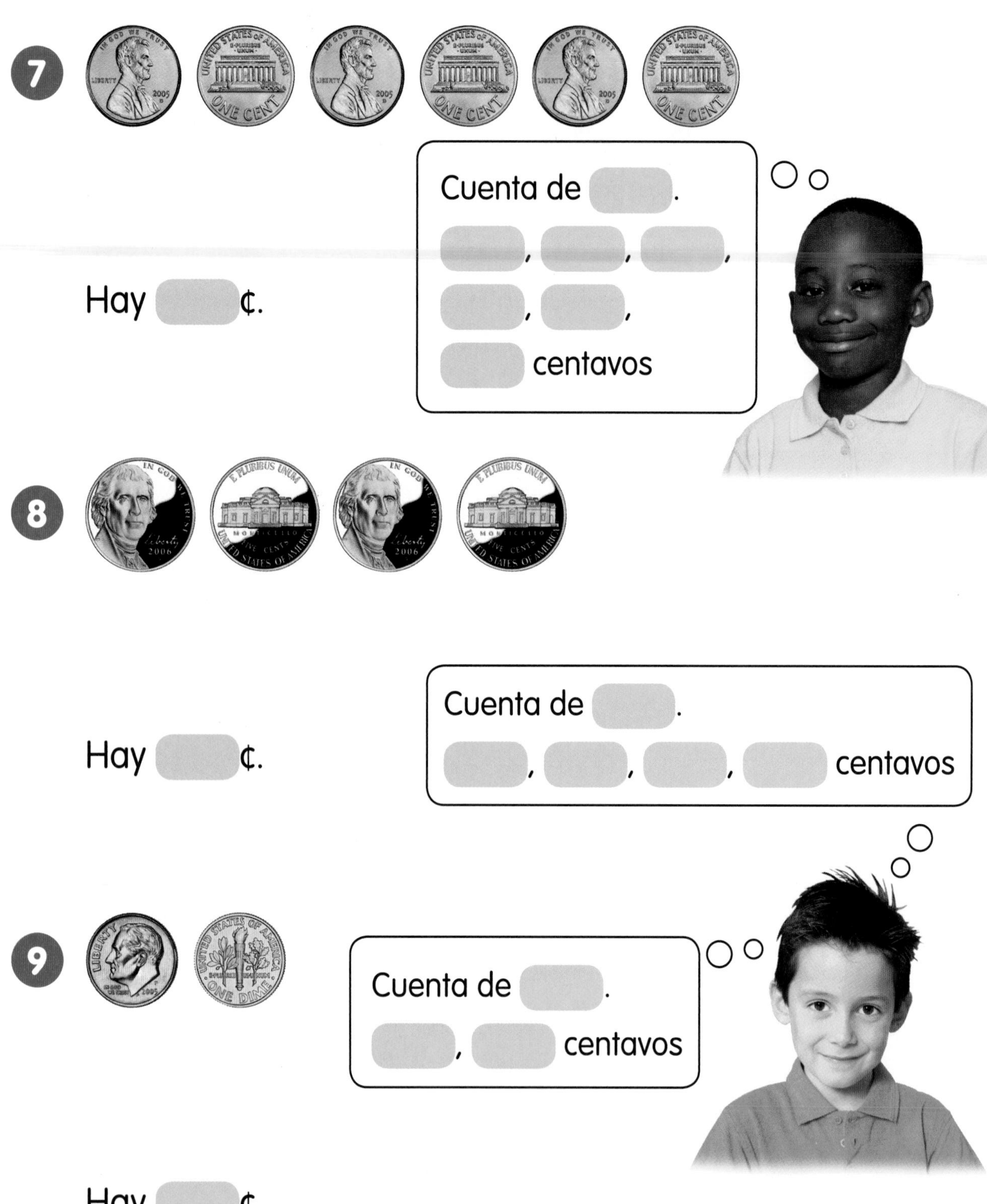
7
Cuenta de ___.
___, ___, ___,
___, ___,
___ centavos
Hay ___ ¢.
8
Cuenta de ___.
___, ___, ___, ___ centavos
Hay ___ ¢.
9
Cuenta de ___.
___, ___ centavos
Hay ___ ¢.

Aprende

Puedes hallar el valor de un grupo de monedas diferentes.

Cuenta hacia adelante para hallar el valor.
Comienza por la moneda de mayor valor.

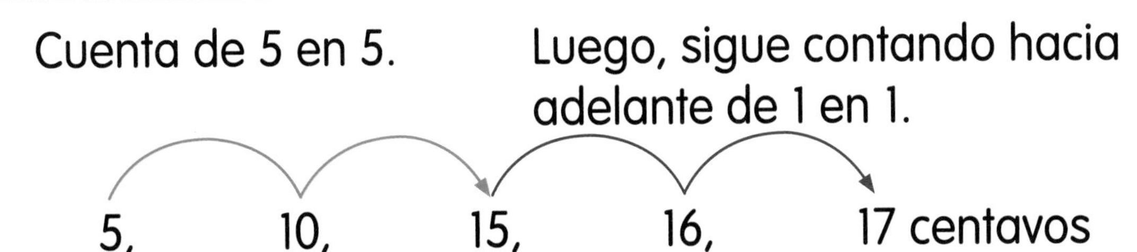

Cuenta de 5 en 5.
Luego, sigue contando hacia adelante de 1 en 1.
5, 10, 15, 16, 17 centavos

Hay 17¢.

Aprendizaje con supervisión

Halla el valor del grupo de monedas.
Comienza por las monedas de mayor valor.

10       

, , , , , , ____ centavos

Hay ____ ¢.

11     

, , , , ____ centavos

Hay  ¢.

Aprende

Puedes cambiar una moneda por un conjunto de monedas de igual valor.

Cambia
Por
1 moneda de 5¢
5 monedas de 1¢
1 moneda de 10¢
2 monedas de 5¢

Aprendizaje con supervisión

Completa.

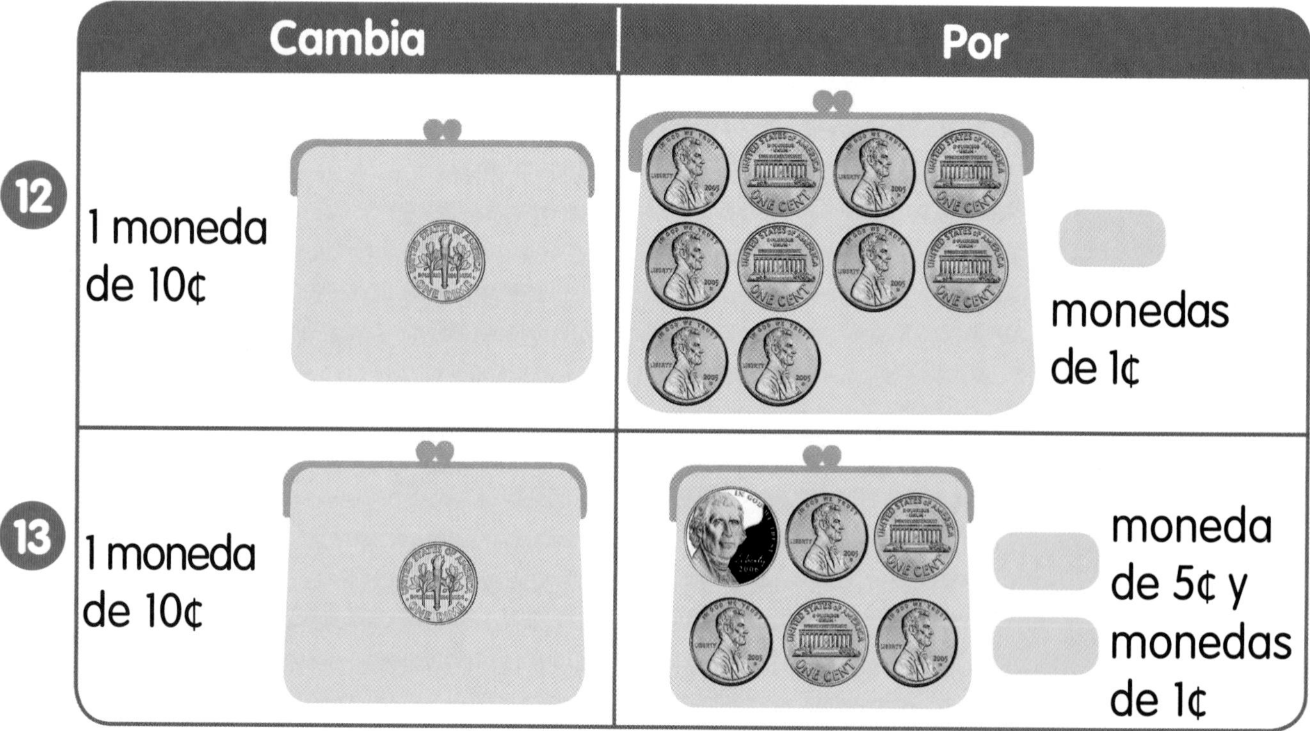

Cambia
Por
12
1 moneda de 10¢
monedas de 1¢
13
1 moneda de 10¢
moneda de 5¢ y
monedas de 1¢

Aprende

Puedes usar diferentes grupos de monedas para mostrar la misma cantidad de dinero.

Los niños quieren comprar una pelota cada uno.

14¢
14¢
14¢
Pagaré con 14 monedas de 1¢.
Pagaré con 2 monedas de 5¢ y 4 monedas de 1¢.
Pagaré con 1 moneda de 10¢ y 4 monedas de 1¢.

Aprendizaje con supervisión

Completa.

La estampilla cuesta ___ ¢.

La manzana cuesta ___ ¢.

El lápiz cuesta ___ ¢.

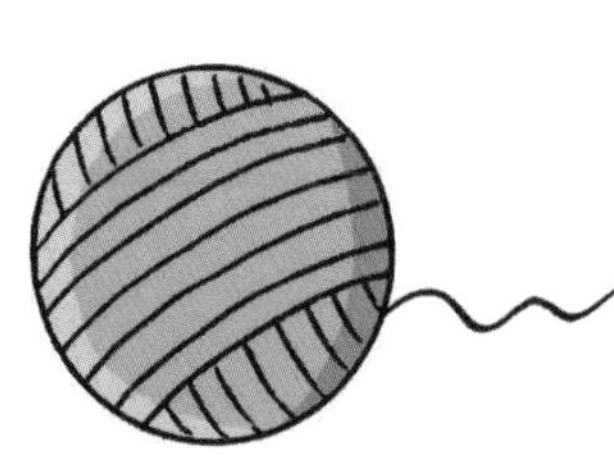

El ovillo de cuerda cuesta  ¢.

Practiquemos

Responde a las preguntas.

1. Hay ___ monedas en total.

2. Hay ___ monedas de 10¢.

3. ¿Cuántas monedas de 1¢ más que monedas de 10¢ hay? ___

4. ¿Cuántas monedas de 5¢ menos que monedas de 1¢ hay? ___

Cuenta hacia adelante para hallar el valor de cada grupo de monedas.

5. 

___, ___, ___, ___,

___, ___, ___, ___ centavos

Hay ___ ¢.

6. 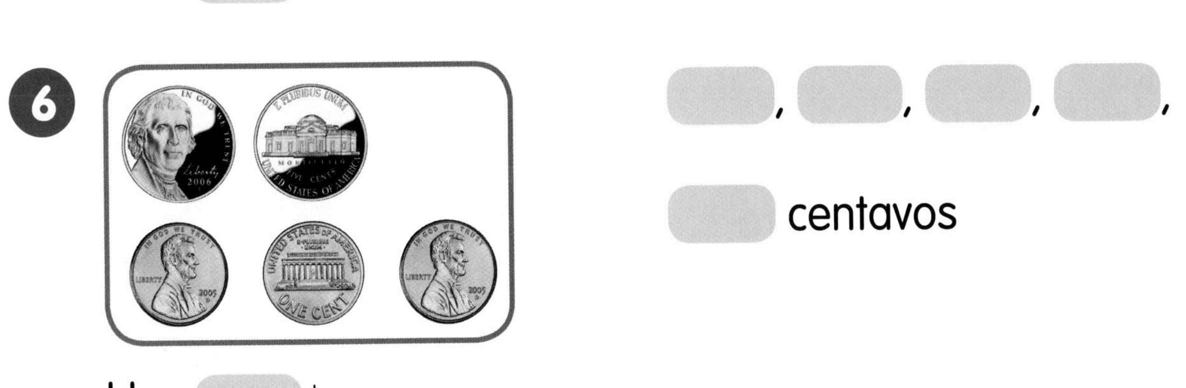

___, ___, ___, ___,

___ centavos

Hay ___ ¢.

Halla el precio.

7 ____ ¢

8 ____ ¢

Usa monedas de 1¢ (1¢), de 5¢ (5¢) y de 10¢ (10¢) para formar el precio de 2 diferentes maneras.

Ejemplo

9

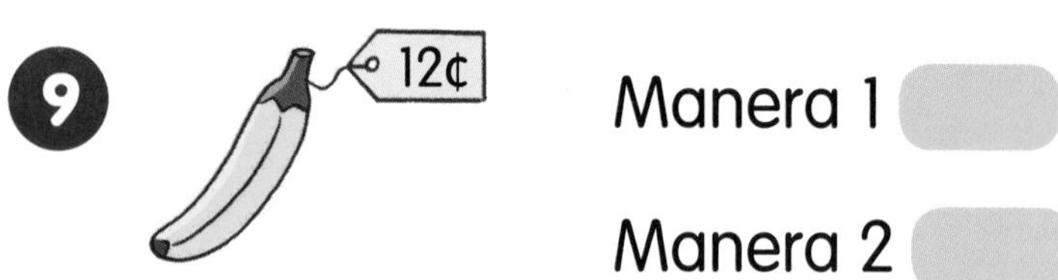

Manera 1 ____

Manera 2 ____

10

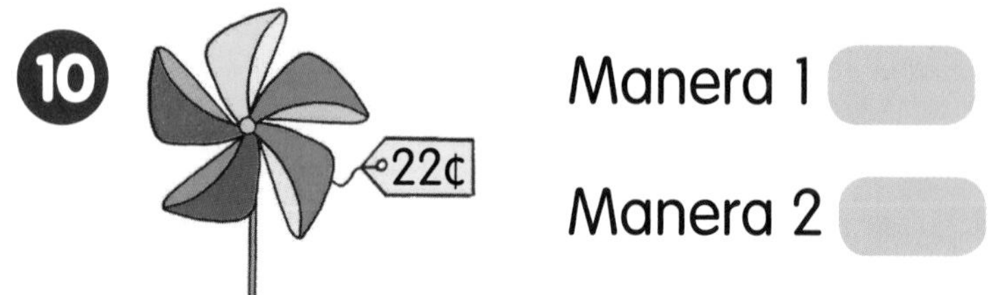

Manera 1 ____

Manera 2 ____

POR TU CUENTA

Ver Cuaderno de actividades B: Práctica 1, págs. 217 a 222

La moneda de 25¢

Objetivos de la lección

- Conocer y nombrar una moneda de 25¢.
- Cambiar una moneda de 25¢ por un conjunto de monedas de igual valor.

Vocabulario
moneda de 25¢

Aprende

Conoce otra moneda: la moneda de 25¢.

Estas son las dos caras de la **moneda de 25¢**. La moneda de 25¢ vale veinticinco centavos, o 25¢.

Puedes cambiar una moneda de 25¢ por otras monedas.

Cambia	Por

Manos a la obra

TRABAJAR EN PAREJAS

Usa monedas de 1¢, 5¢ y 10¢ para mostrar 5 diferentes maneras de cambiar una moneda de 25¢ por otras monedas.

Ejemplo

Cambia  por     .

Luego, dibuja (1¢), (5¢), (10¢) en una copia de la tabla para mostrar tus respuestas.

Cambia	Por
25¢	
25¢	
25¢	
25¢	
25¢	

Practiquemos

Completa.

1  vale ______.

2 ¿Cuántas monedas de 25¢ puedes formar con estas monedas? ______

Muestra tres maneras de pagar el llavero.

3 1 moneda ______

4 5 monedas ______

5 8 monedas ______

POR TU CUENTA

Ver Cuaderno de actividades B: Práctica 2, págs. 223 a 226

Contar dinero

Objetivos de la lección

- Usar la estrategia de "contar hacia adelante" para contar dinero en centavos hasta $1.
- Elegir el valor correcto de las monedas al comprar.
- Usar diferentes combinaciones de monedas para mostrar el mismo valor.

Aprende

Puedes contar hacia adelante para hallar la cantidad de dinero.

75¢

Cuenta hacia adelante desde las monedas de mayor valor.
25, 50, 60, 70, 75 centavos

Cuenta hacia adelante de 25 en 25 las monedas de 25¢, de 10 en 10 las monedas de 10¢, de 5 en 5 las monedas de 5¢ y de 1 en 1 las monedas de 1¢.

Aprendizaje con supervisión

Completa.

Matt compra algunas cosas.
Cuenta hacia adelante para hallar el precio de cada llavero.

llavero del avión	llavero del automóvil	llavero del helicóptero	llavero del camión

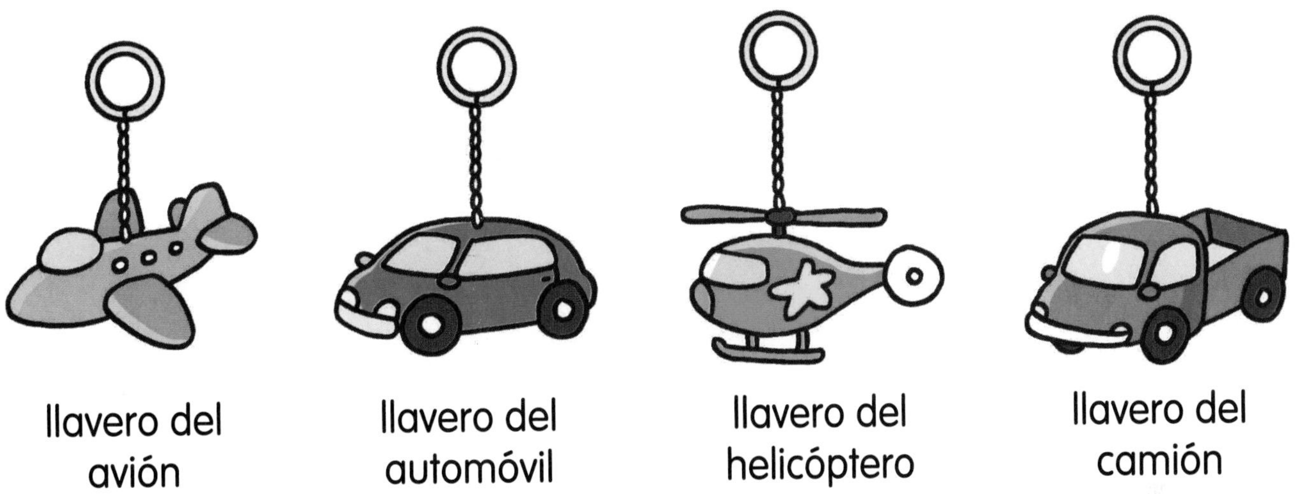

1 Matt paga por el llavero del avión.

El llavero del avión cuesta ____¢.

2 Matt paga por el llavero del automóvil.

El llavero del automóvil cuesta ____¢.

3 Matt paga por el llavero del helicóptero.

El llavero del helicóptero cuesta ____¢.

4 Matt paga por el llavero del camión.

El llavero del camión cuesta ____¢.

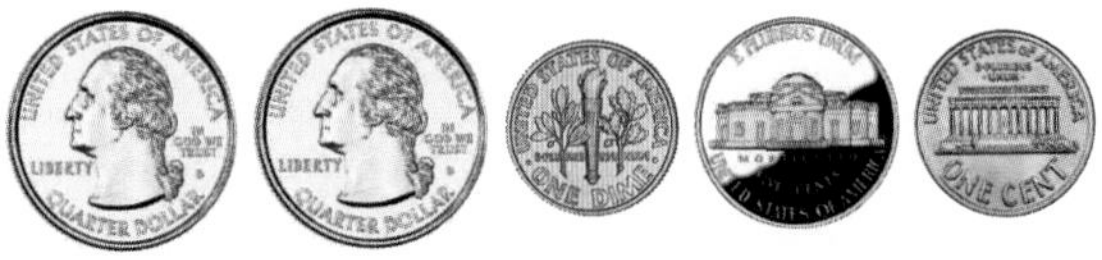

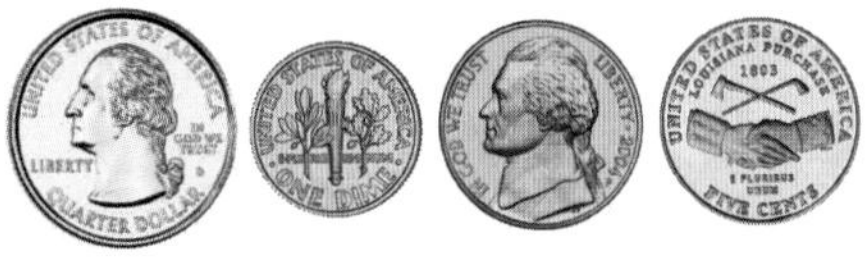

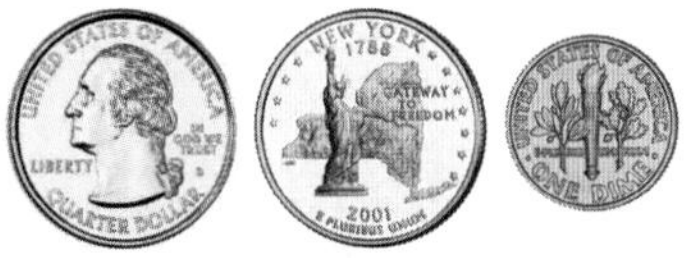

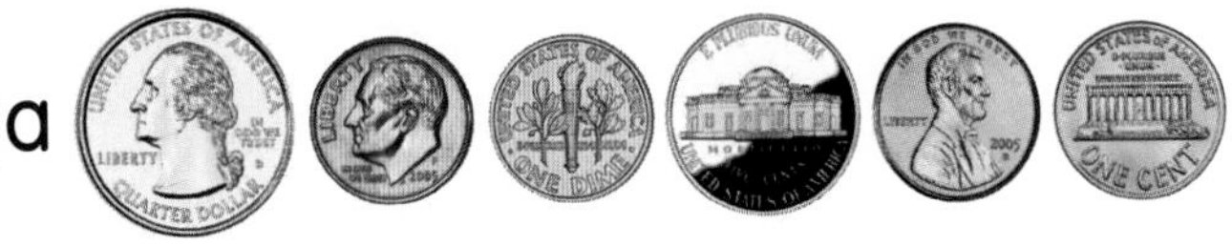

Aprende

Puedes contar un grupo de monedas, ordenándolas primero.

Ricky ahorró 10¢ la semana pasada.
Esta semana, sumó a sus ahorros tres monedas de 5¢, una moneda de 10¢ y una moneda de 25¢.
¿Cuánto dinero ahorró Ricky en total?

Ricky sacó todas las monedas de su alcancía.

Puso las monedas en orden comenzando por la moneda de mayor valor.

Luego, contó hacia adelante para hallar cuánto había ahorrado.

Primero, cuenta de 10 en 10. Luego, cuenta de 5 en 5.

Ricky ahorró 60¢ en total.

Ricky usó parte de sus ahorros para comprar canicas.
Las canicas costaron 50¢.
Ricky tomó estas monedas de su alcancía.

25, 35, 45, 50 centavos

Luego, volvió a colocar el resto de las monedas en la alcancía.

5, 10 centavos

A Ricky le quedaron 10¢ en la alcancía.

Aprendizaje con supervisión

Observa las monedas.
Completa los espacios en blanco.

5 Hay ____ monedas de 25¢.

6 Hay ____ monedas de 10 ¢.

7 Hay ____ monedas de 5¢.

8 Hay ____ monedas de 1¢.

Cuenta hacia adelante para hallar el valor total.

9 Hay ____ ¢ en total.

Recuerda: cuenta hacia adelante desde la moneda de mayor valor.

Aprendizaje con supervisión

Completa.

10 Indica cuáles de estas monedas forman 62¢.

Usa monedas de 1¢, 5¢, 10¢ y 25¢ para mostrar la cantidad dada. Comienza por la moneda de mayor valor.

Ejemplo

50¢  

11 72¢

12 96¢

Aprende **Puedes usar monedas para mostrar la misma cantidad de diferentes maneras.**

Juan quiere comprar un lápiz.
El lápiz cuesta 55¢.

55¢
Puedo pagar con
.
También puedo pagar con
.

Aprendizaje con supervisión

Usa monedas para mostrar 2 maneras de pagar cada cosa.

Ejemplo

85¢

Manera 1

Manera 2

13 

95¢

Manera 1 ______

Manera 2 ______

14 

86¢

Manera 1 ______

Manera 2 ______

15 

45¢

Manera 1 ______

Manera 2 ______

16 

75¢

Manera 1 ______

Manera 2 ______

17 

99¢

Manera 1 ______

Manera 2 ______

Juego

¡Di cuánto!

Jugadores: 4
Necesitas:
- Una bolsa
- 2 monedas de 25¢
- 2 monedas de 10¢
- 2 monedas de 5¢
- 2 monedas de 1¢

Instrucciones:

PASO 1 Cada uno de los jugadores toma una moneda sin mostrarla a los otros jugadores.

PASO 2 A la cuenta de tres, todos los jugadores colocan sobre la mesa la moneda que tomaron de la bolsa.

PASO 3 El primer jugador que diga el valor de las cuatro monedas obtiene 1 punto.

¡El jugador que obtiene 10 puntos gana!

Practiquemos

Cuenta hacia adelante para hallar el valor.

Ordena las monedas de mayor a menor valor. Cuenta hacia adelante para hallar el valor de todas las monedas.

6 El valor de las monedas es ____ ¢ en total.

Elige el monedero correcto para pagar en cada caso.

7

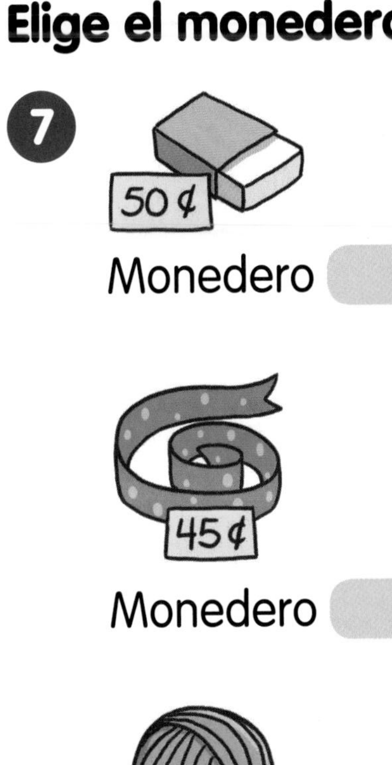

Monedero ______

Monedero ______

Monedero ______

Monedero ______

Usa las monedas. Indica 2 maneras de pagar el juguete.

8

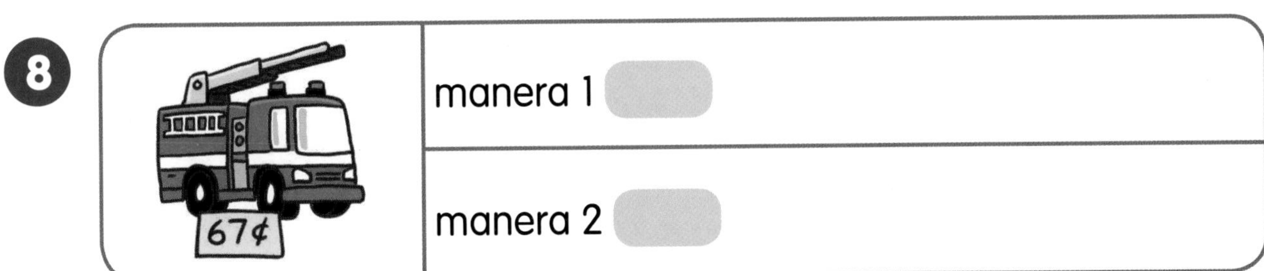

manera 1 ______

manera 2 ______

POR TU CUENTA

Ver Cuaderno de actividades B: Práctica 3, págs. 227 a 234

Sumar y restar dinero

Objetivos de la lección

- Sumar para hallar el costo de los objetos.
- Restar para hallar el cambio.
- Sumar y restar dinero en centavos (hasta $1).
- Resolver problemas cotidianos con sumas y restas de dinero.

Vocabulario
cambio

Aprende

Puedes sumar y restar dinero.

estampilla de 22¢	estampilla de 60¢	señalador	albaricoques	uvas	hilo

22¢	60¢	30¢	50¢	45¢	65¢

Eva compra el señalador y las uvas.
Tiene que pagar
30¢ + 45¢ = 75¢.

Jim compra una bobina de hilo.
Le da al cajero 70¢.
Su **cambio** es
70¢ – 65¢ = 5¢.

Aprendizaje con supervisión

Responde a las preguntas.

Estás en una tienda.

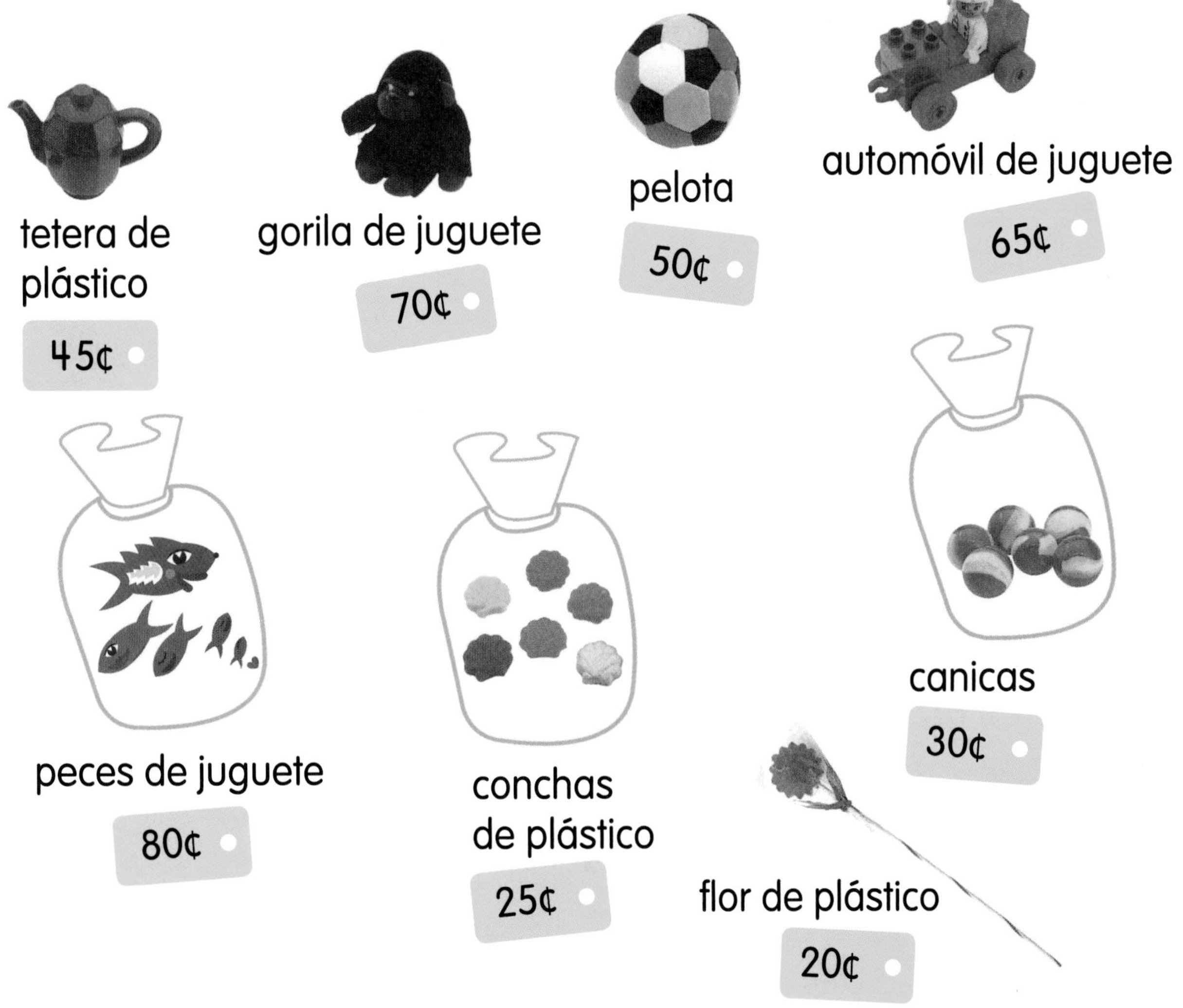

1. ¿Cuánto costarán un automóvil de juguete y una bolsa de canicas? ______
2. ¿Cuáles dos objetos puedes comprar con solo 45¢? ______
3. Usas 4 monedas de 25¢ para comprar los peces de juguete. ¿Cuánto cambio te darán? ______

Aprende

Puedes resolver problemas cotidianos de dinero.

Adhesivos

 15¢

 20¢

 25¢

 5¢

 35¢

Mike compra los adhesivos del automóvil, del barco y de la bicicleta.

15¢ + 20¢ + 5¢ = 40¢

Gasta 40¢ en total.

Lily compra el adhesivo del automóvil.
Le da al cajero una moneda de 25¢.

25¢ – 15¢ = 10¢

El cajero le da 10¢ de cambio.

Salmah tiene 17¢.
Quiere comprar el adhesivo del avión.

35¢ – 17¢ = 18¢

Necesita 18¢ más.

Peter compra el adhesivo del autobús.
Le queda una moneda de 5¢.

25¢ + 5¢ = 30¢

Tenía 30¢ al principio.

Aprendizaje con supervisión

Completa los espacios en blanco.

pastelito
45¢

manzana
37¢

4. Rita compra un pastelito y una manzana.
¿Cuánto gastó en total?

___ ¢ ◯ ___ ¢ = ___ ¢

Rita gastó ___ ¢ en total.

5. Jake compra una manzana.
Le da al cajero 50¢.
¿Cuánto cambio le dio el cajero?

___ ¢ ◯ ___ ¢ = ___ ¢

Jake recibió ___ ¢ de cambio.

6. Gary compra un pastelito.
Dawn compra una manzana.
¿Cuánto dinero menos que Gary gastó Dawn?

___ ¢ ◯ ___ ¢ = ___ ¢

Dawn gastó ___ ¢ menos que Gary.

7. Después de comprar una manzana, a Louisa le quedan 8¢.
¿Cuánto dinero tenía Louisa al principio?

___ ¢ ◯ ___ ¢ = ___ ¢

Louisa tenía ___ ¢ al principio.

Exploremos

Todos estos objetos están a la venta.

pan

60¢

reloj de juguete

65¢

estuche para lápices

90¢

frutos secos

80¢

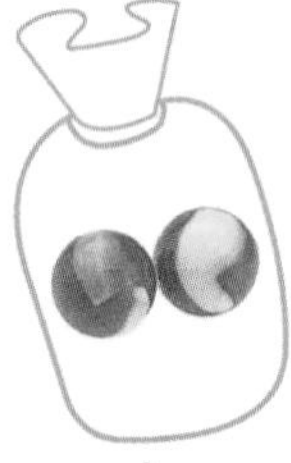

canicas

35¢

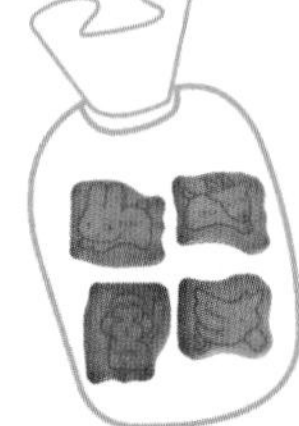

galletas con forma de animales

83¢

clips

20¢

pelota

75¢

1. Paula quiere comprar algo para comer.
   Tiene 80¢.
   ¿Qué puede comprar?

2. Dwayne tiene 95¢.
   Después de comprar algo para comer, le quedan 15¢.
   ¿Cuál alimento compró?

3. Juanita tiene 4 monedas de 25¢.
   Nombra dos cosas que puede comprar.
   Luego, indica cuánto gastó.

Practiquemos

Resuelve.

1. Gary compra una goma de borrar y un lápiz. La goma de borrar cuesta 40¢ y el lápiz, 35¢. ¿Cuánto gastó Gary en estos dos objetos?

2. Una canica cuesta 30¢. Lisa compra la canica. Le quedan 15¢. ¿Cuánto dinero tenía al principio?

En una tienda, hallamos estos objetos. Resuelve.

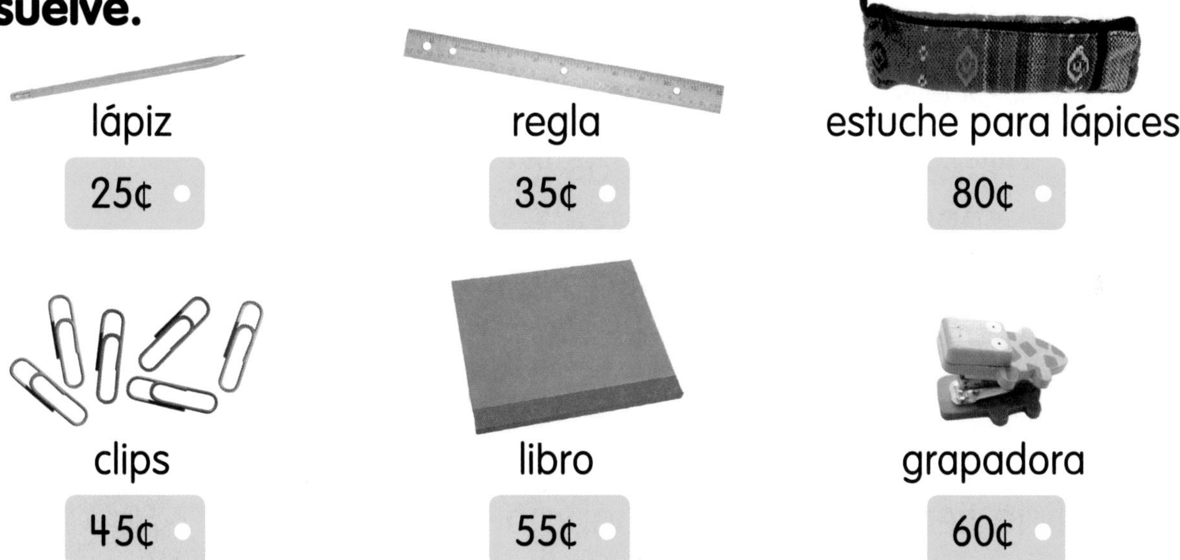

3. Tina tiene 80¢. Compra dos objetos. Haz una lista de las cosas que pudo haber comprado.

4. Tim tiene 100¢. Tim compra un objeto y le quedan 20¢. ¿Cuál compró?

Ver Cuaderno de actividades B: Práctica 3, págs. 235 a 246

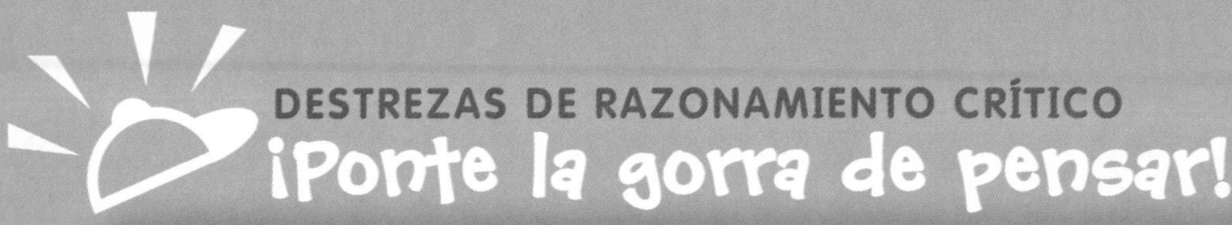

RESOLUCIÓN DE PROBLEMAS

Responde a las preguntas.

1. Observa las monedas.
¿Cuáles enunciados son correctos?

   a. Hay tres monedas de 10¢.
   b. Hay solo 3 monedas de 5¢.
   c. Puedes cambiar todas las monedas por 9 monedas de 10¢.
   d. Puedes cambiar las 2 monedas de 25¢ por 50 monedas de 1¢.

2. Ray tiene 2 monedas debajo de la taza A.
Alicia tiene 4 monedas debajo de la taza B.
Las monedas de cada taza suman 50¢.

Las monedas pueden ser    .

¿Cuáles monedas pueden estar debajo de la taza A?

¿Cuáles monedas pueden estar debajo de la taza B?

DESTREZAS DE RAZONAMIENTO CRÍTICO

¡Ponte la gorra de pensar!

3

Un estuche para lápices cuesta 85¢.
James tiene monedas de 1¢, de 5¢, de 10¢ y de 25¢.
Muestra tres maneras de usar esas monedas para comprar el estuche para lápices.
¿Cuál es el menor número de monedas que puede usar para comprar el estuche para lápices?

POR TU CUENTA

Ver Cuaderno de actividades B:
¡Ponte la gorra de pensar!
págs. 247 a 252

Resumen del capítulo

Has aprendido...

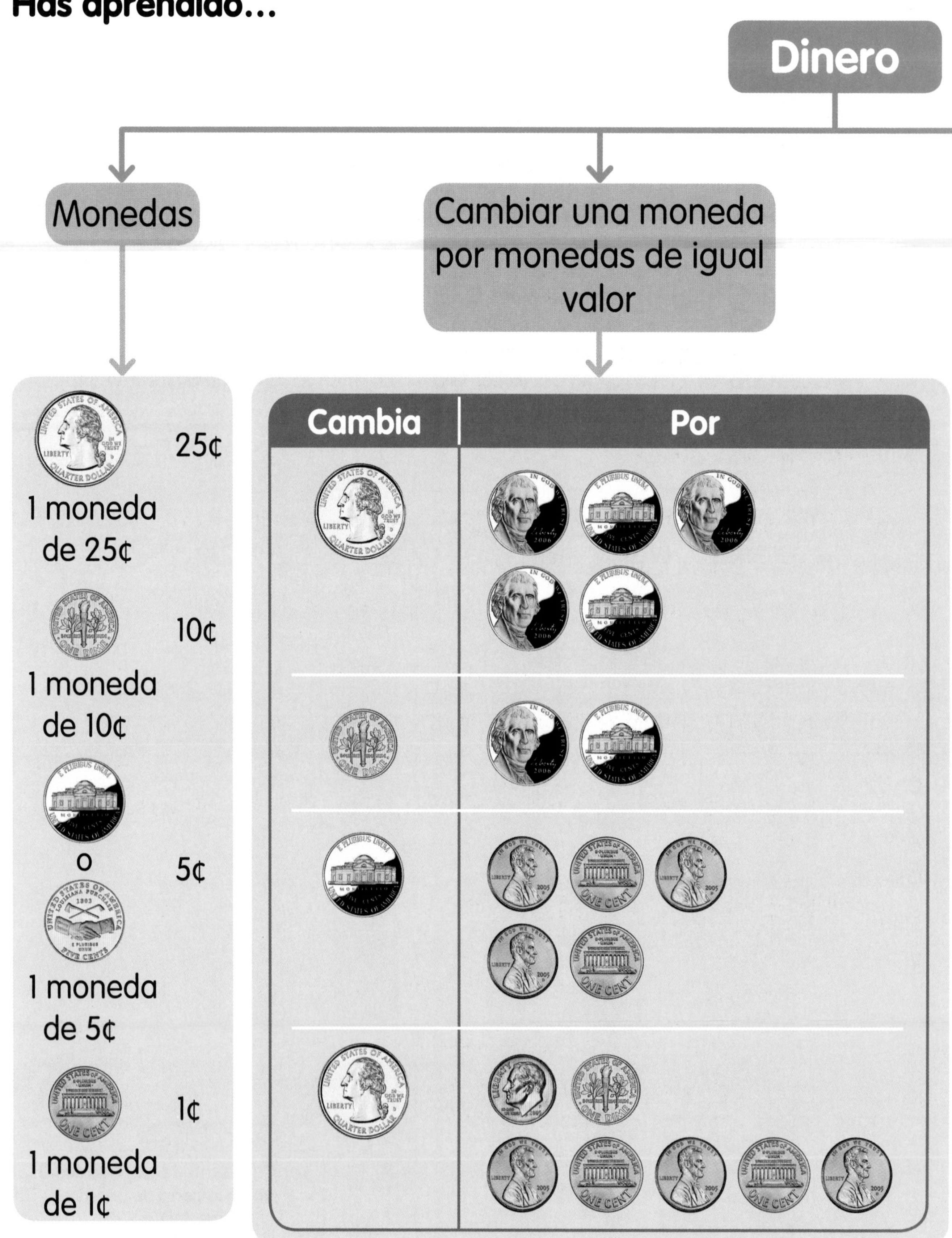

Las monedas de 1¢, 5¢, 10¢ y 25¢ se pueden contar y cambiar por otras. El dinero se puede sumar y restar.

Contar un grupo de monedas para hallar un valor

Usa la estrategia de contar hacia adelante.

25¢, 50¢, 60¢, 70¢, 80¢, 81¢, 82¢

Las monedas valen 82¢.

Sumar y restar dinero

16¢ + 62¢ = 78¢

71¢ – 58¢ = 13¢

Resolver problemas cotidianos

Cindy tiene 99¢.

Gasta 65¢ en un libro.
¿Cuánto le quedó?

99¢ – 65¢ = 34¢

Le quedaron 34¢.

Siti tiene 72¢ y Mike tiene 18¢.
¿Cuánto tienen entre los dos en total?

72¢ + 18¢ = 90¢

Tienen 90¢ en total.

POR TU CUENTA

Ver Cuaderno de actividades B: Repaso/Prueba del capítulo, págs. 253 a 254

Glosario

A

- **año**

  Ver **meses**

C

- **cada**

Hay cuatro pastelitos en cada plato.

- **calendario**

JULIO						
Domingo	Lunes	Martes	Miércoles	Jueves	Viernes	Sábado
			1	2	3	4
5	6	7	8	9	10	11
12	13	14	15	16	17	18
19	20	21	22	23	24	25
26	27	28	29	30	31	

El calendario muestra los días, las semanas y los meses de un año.

- **cambiar**

Cambia 1 

por 2  

y 1 .

- **centavos**

  Es una unidad de dinero. El símbolo "¢" representa los centavos.

- **cien**

  10 decenas = 1 centena

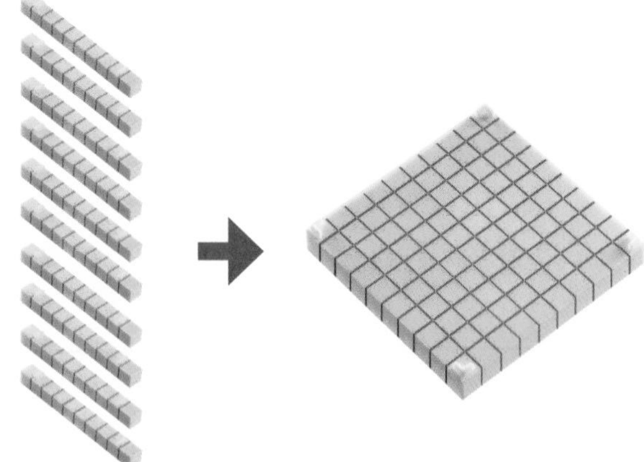

- **cincuenta**

Se cuenta	Se escribe	Se dice
	50	cincuenta

- **contar hacia adelante**

62 + 3 = ?

número mayor

Cuenta hacia adelante desde el número mayor para hallar el resultado.

62	63	64	65

- **contar hacia atrás**

27 – 4 = ?

número mayor

Cuenta hacia atrás desde el número mayor para hallar el resultado.

23	24	25	26	27

- **cuarenta**

Se cuenta	Se escribe	Se dice
	40	cuarenta

D

- **datos**

Los datos son información que tiene números.

Deportes	Conteo	Número de niños
Fútbol	~~||||~~ ~~||||~~	10
Básquetbol	~~||||~~ |||	8
Béisbol	||	2

- **días**

Hay siete días en una semana.

días

E

- **en punto**

  Cuando el minutero está en 12, decimos "en punto".

  Son las 2 en punto.

- **equitativamente/por igual**

  Que tienen la misma cantidad o el mismo número.

  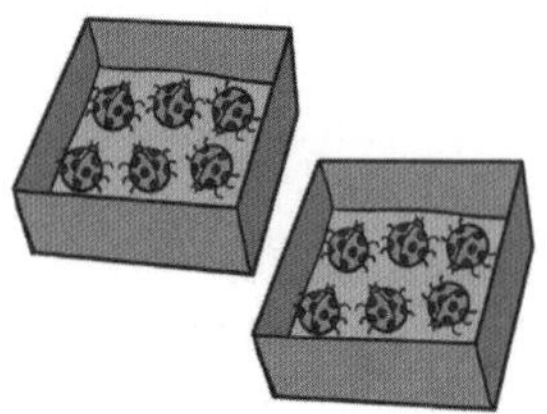

  Puedes repartir 12 mariquitas por igual en 2 cajas.

- **estaciones**

  Hay 4 estaciones en el año.

  Primavera

  Verano

  Otoño

  Invierno

- **estimar**

  Puedes estimar el número de objetos.

  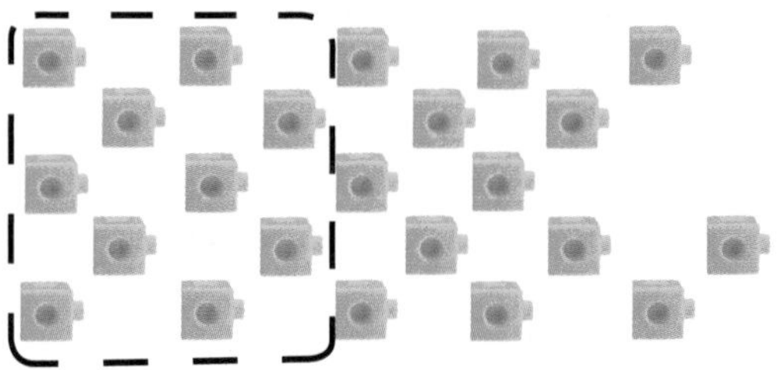

  Hay aproximadamente 20 ▪.

  El número real de ▪ es 24.

F

- **fecha**

La fecha para la celebración del Día de la Independencia en el año 2010 es **domingo 4 de julio de 2010**.

G

- **gráfica con dibujos**

En una gráfica con dibujos se usan ilustraciones o símbolos para representar datos.

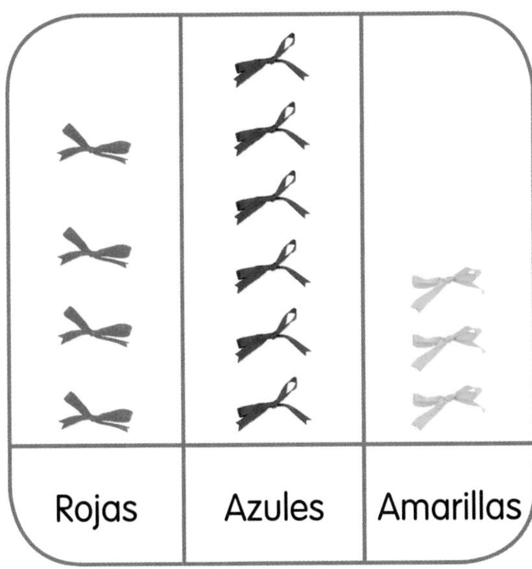

- **gráfica de barras**

En una gráfica de barras, se usa la longitud de las barras y una escala para representar datos.

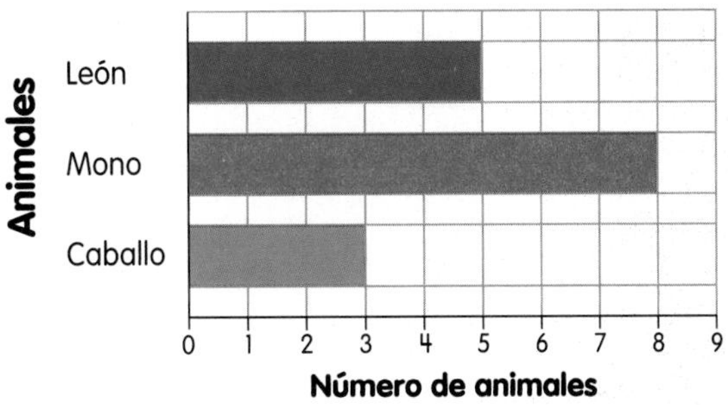

- **grupos**

Hay 3 grupos.
Cada grupo tiene 7 manzanas.

H

- **horario**

El horario es la manecilla corta del reloj.

L

- **liviano, más liviano, el más liviano**

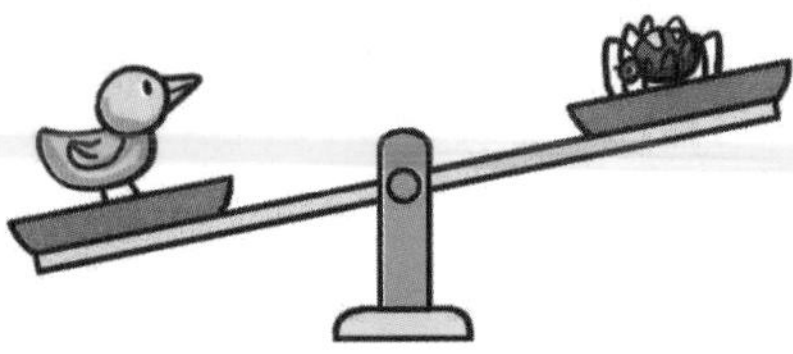

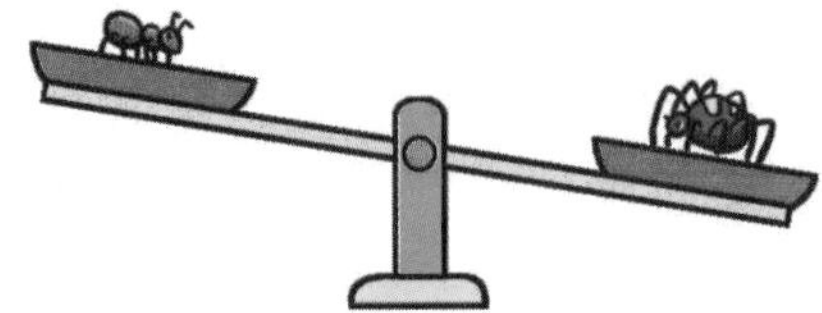

 es liviano.

es más liviana que .

es la más liviana.

M

- **marca de conteo**

  Para registrar cada dato, se usa una marca de conteo /.
  5 marcas de conteo se muestran así: ~~||||~~.

  ~~||||~~ || representa 7.

- **más calientes**

Algunos meses son más calientes.

- **más fríos**

Algunos meses son más fríos.

- **más, la mayor cantidad, el mayor número**

3 niños más prefieren el juego de cocina que los automóviles de juguete. El juguete que eligió el mayor número de niños es el osito de peluche.

- **mayor que**

Decenas	Unidades
2	7

Decenas	Unidades
2	3

27 > 23

- **media hora**

Ver **y media**

- **menos, la menor cantidad, el menor número**

Huevos que pusieron esta semana

Henny	
Penny	
Daisy	

Daisy puso menos huevos que Penny. Henny puso el menor número de huevos.

- **mentalmente**

Puedes sumar y restar números mentalmente.

- **meses**

Un año tiene doce meses.

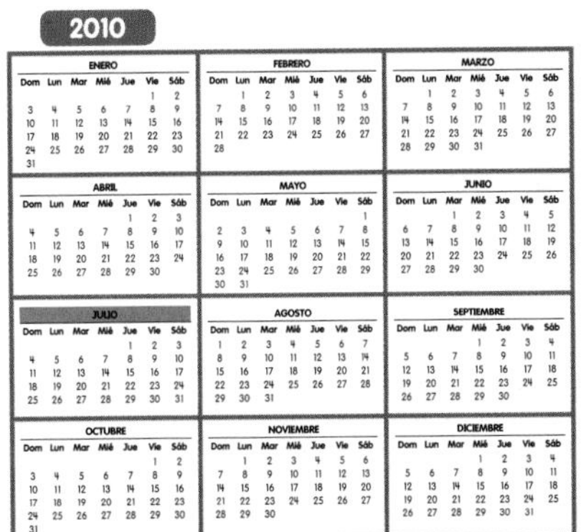

Enero, febrero, junio, julio, noviembre y diciembre son ejemplos de meses.

- **minutero**

El minutero es la manecilla larga del reloj.

- **mismo**

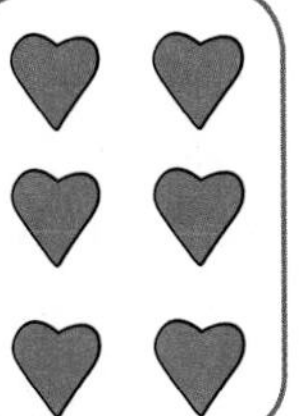

6 + 6 + 6 = 18

Cada grupo tiene el mismo número de corazones.

- **moneda de 1¢**

  Esta moneda vale un centavo, o 1¢.

- **moneda de 10¢**

  Esta moneda vale diez centavos, o 10¢.

- **moneda de 25¢**

  Esta moneda vale veinticinco centavos, o 25¢.

- **moneda de 5¢**

  o

  Esta moneda vale cinco centavos, o 5¢.

N

- **noventa**

Se cuenta	Se escribe	Se dice
	90	noventa

O

- **ochenta**

Se cuenta	Se escribe	Se dice
	80	ochenta

- **operación de dobles**

  6 + 6 = 12

  8 + 8 = 16

  Los números que se suman son los mismos.

P

- **pesado, más pesado, el más pesado**

  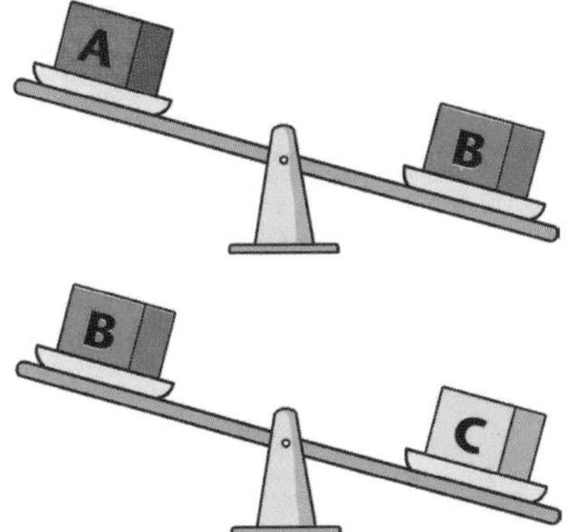

  La caja A es pesada.
  La caja B es más pesada que la caja A.
  La caja C es la más pesada.

- **peso**

  El peso de un objeto indica cuán pesado es ese objeto.

R

- **reagrupar**

  Reagrupas cuando cambias 10 unidades por 1 decena o 1 decena por 10 unidades.

  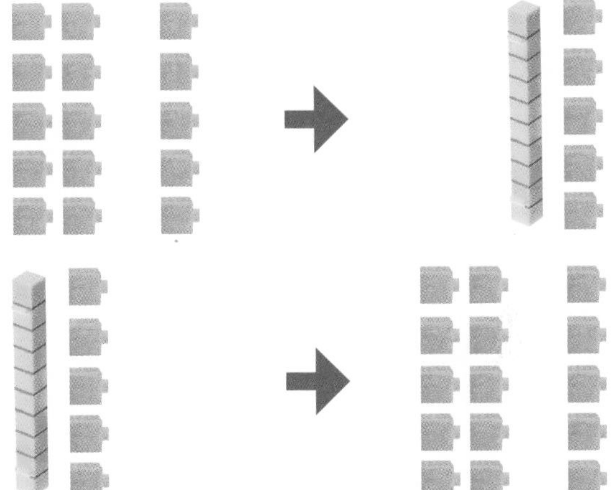

- **recta numérica**

  Los números están ordenados y forman un patrón regular.
  Se puede usar una recta numérica para contar hacia adelante o hacia atrás.

  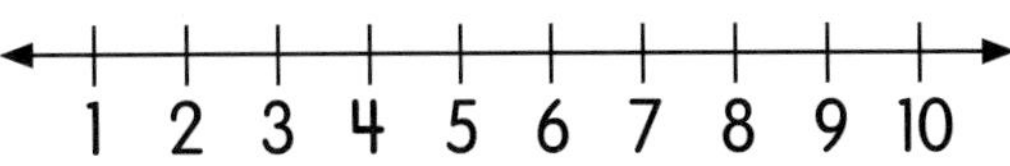

- **reloj digital**

  Reloj que muestra la hora en forma digital.

- **repartir**

3 niños reparten 6 globos equitativamente.
Cada niño recibe 2 globos.

S

- **semanas**

Ver **días**

- **sesenta**

Se cuenta	Se escribe	Se dice
	60	sesenta

- **setenta**

Se cuenta	Se escribe	Se dice
	70	setenta

T

- **tabla de conteo**

Deportes	Conteo
Fútbol	卌 卌
Básquetbol	卌 |||
Béisbol	||

- **tabla de valor posicional**

  Una tabla de valor posicional muestra cuántas decenas y cuántas unidades hay en un número.

	Decenas	Unidades
27		

  En el número 27 hay 2 decenas y 7 unidades.

- **tan pesado como**

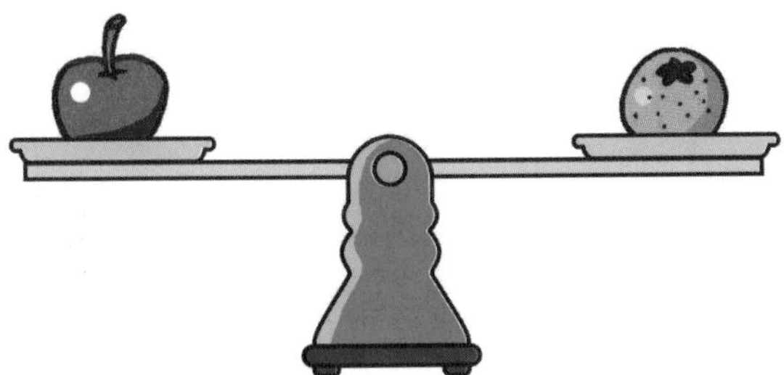

  La manzana es tan pesada como la naranja.

- **treinta**

Se cuenta	Se escribe	Se dice
	30	treinta

U

- **unidad**

  Una unidad se usa para medir cuán pesada es una cosa.
  1 ▣ representa 1 unidad.

  El libro pesa aproximadamente 9 unidades.

V

- **valor**

  El valor de una moneda significa a cuánto dinero equivale esa moneda.

- **veintinueve**

Se cuenta	Se escribe	Se dice
	29	veintinueve

- **veintiuno**

Se cuenta	Se escribe	Se dice
	21	veintiuno

Y

- **y media**

  Cuando el minutero está en 6, decimos que es cierta hora "y media".

  Son las 5 y media.

Índice

Las páginas en fuente normal pertenecen al Libro del estudiante A.
Las páginas en fuente azul pertenecen al Libro del estudiante B.
Las páginas en *itálicas* pertenecen al Cuaderno de actividades (CA) A.
Las páginas en *itálicas y fuente azul* pertenecen al Cuaderno de actividades (CA) B.
Las páginas en **negrita** indican dónde se presenta un término.

Las páginas en fuente normal pertenecen al Libro del estudiante A.
Las páginas en fuente azul pertenecen al Libro del estudiante B.
Las páginas en *itálicas* pertenecen al Cuaderno de actividades (CA) A.
Las páginas en *itálicas y fuente azul* pertenecen al Cuaderno de actividades (CA) B.
Las páginas en **negrita** indican dónde se presenta un término.

Las páginas en fuente normal pertenecen al Libro del estudiante A.
Las páginas en fuente azul pertenecen al Libro del estudiante B.
Las páginas en *itálicas* pertenecen al Cuaderno de actividades (CA) A.
Las páginas en *itálicas y fuente azul* pertenecen al Cuaderno de actividades (CA) B.
Las páginas en **negrita** indican dónde se presenta un término.

Las páginas en fuente normal pertenecen al Libro del estudiante A.
Las páginas en fuente azul pertenecen al Libro del estudiante B.
Las páginas en *itálicas* pertenecen al Cuaderno de actividades (CA) A.
Las páginas en *itálicas y fuente azul* pertenecen al Cuaderno de actividades (CA) B.
Las páginas en **negrita** indican dónde se presenta un término.

Las páginas en fuente normal pertenecen al Libro del estudiante A.
Las páginas en fuente azul pertenecen al Libro del estudiante B.
Las páginas en *itálicas* pertenecen al Cuaderno de actividades (CA) A.
Las páginas en *itálicas y fuente azul* pertenecen al Cuaderno de actividades (CA) B.
Las páginas en **negrita** indican dónde se presenta un término.

Las páginas en fuente normal pertenecen al Libro del estudiante A.
Las páginas en fuente azul pertenecen al Libro del estudiante B.
Las páginas en *itálicas* pertenecen al Cuaderno de actividades (CA) A.
Las páginas en *itálicas y fuente azul* pertenecen al Cuaderno de actividades (CA) B.
Las páginas en **negrita** indican dónde se presenta un término.

Las páginas en fuente normal pertenecen al Libro del estudiante A.
Las páginas en fuente azul pertenecen al Libro del estudiante B.
Las páginas en *itálicas* pertenecen al Cuaderno de actividades (CA) A.
Las páginas en *itálicas y fuente azul* pertenecen al Cuaderno de actividades (CA) B.
Las páginas en **negrita** indican dónde se presenta un término.

Photo Credits

cover: ©Houghton Mifflin Harcourt, *2tl:* ©Marshall Cavendish Education, *2tr:* ©Digital Stock (Animals in Action) Photo CD, *2ml:* ©Digital Stock (Four Seasons) Photo CD, *2mr:* ©iStockphoto.com/pixhook, *4ml:* ©Marshall Cavendish Education, *4m:* ©Marshall Cavendish Education, *4mr:* ©Comstock Klips Photo CD, *4tl:* ©Corel Everyday Objects Photo CD, *4tm:* ©Marshall Cavendish Education, *4tr:* ©Wikipedia Commons/Rudolf Stricker, *7ml:* ©Marshall Cavendish Education, 7mr: ©Marshall Cavendish Education, *7br:* ©iStockphoto.com/Marilyn Nieves, *8:* ©Marshall Cavendish Education, *8tr:* ©Corel Everyday Objects Photo CD, *9:* ©Marshall Cavendish Education, *10:* ©Marshall Cavendish Education, *13ml:* ©Marshall Cavendish Education, *13mr:* ©iStockphoto.com/Kyu Oh, *13bl:* ©Marshall Cavendish Education, *15t:* ©Marshall Cavendish Education, *15m:* ©Houghton Mifflin Harcourt, *16:* ©Marshall Cavendish Education, *17:* ©iStockphoto.com/Tracy Whiteside, *18:* ©Marshall Cavendish Education, *19tl:* ©Corel Everyday Objects Photo CD, *19tm:* ©Marshall Cavendish Education, *19tr:* ©Marshall Cavendish Education, *20t:* ©Marshall Cavendish Education, *20b:* ©Houghton Mifflin Harcourt, *25:* ©Marshall Cavendish Education, *30:* ©Marshall Cavendish Education, *31t:* ©Marshall Cavendish Education, *31br:* ©iStockphoto.com/Thomas Perkins, *34t:* ©Comstock Klips Photo CD, *34m:* ©Marshall Cavendish Education, *34b:* ©Comstock Klips Photo CD, *36tr:* ©Image Source Photo CD, *36mr:* ©Image Source Photo CD, *36br:* ©Stockbyte Photo CD, *37:* ©Image Source Photo CD, *38:* ©Marshall Cavendish Education, *45m:* ©iStockphoto.com/Stuart Monk, *45br:* ©Stockbyte Photo CD, *50tr:* ©iStockphoto.com/Tracy Whiteside, 50br: ©iStockphoto.com/Marilyn Nieves, *51:* ©iStockphoto.com/Marilyn Nieves, *57m:* ©Stockbyte Photo CD, *57br:* ©iStockphoto.com/Marilyn Nieves, *58:* ©iStockphoto.com/Thomas Perkins, *59:* ©Stockbyte Photo CD, *60tr:* ©iStockphoto.com/Tracy Whiteside, *60ml:* ©iStockphoto.com/Jarek Szymanski, *60mr:* ©Image Source Photo CD, *60bl:* ©Jupiter Images Photo CD, *61:* ©Comstock Klips Photo CD, *62:* ©Jupiter Images Photo CD, *66bl:* ©iStockphoto.com/Jeff Strauss, *66br:* ©Image Source Photo CD, *67:* ©Jupiter Images Photo CD, *68tr:* ©iStockphoto.com/Nathan Maxfield, *68mr:* ©Stockbyte Photo CD, *68b:* ©Jupiter Images Photo CD, *69tr:* ©Image Source Photo CD, *69br:* ©iStockphoto.com/Stuart Monk, *70:* ©iStockphoto.com/Thomas Perkins, *71:* ©Stockbyte Photo CD, *74mr:* ©Stockbyte Photo CD, *74br:* ©iStockphoto.com/Marilyn Nieves, *77:* ©Stockbyte Photo CD, *84:* ©iStockphoto.com/Nathan Maxfield, *85m:* ©Jupiter Images Photo CD, *85br:* ©Image Source Photo CD, *86mr:* ©iStockphoto.com/Marilyn Nieves, *86br:* ©Image Source Photo CD, *87tr:* ©iStockphoto.com/Miroslav Ferkuniak, *87bl:* ©iStockphoto.com/Jeff Strauss, *88tr:* ©Image Source Photo CD, *88mr:* ©Stockbyte Photo CD, *88bl:* ©iStockphoto.com/Thomas Perkins, *89:* ©iStockphoto.com/Kyu Oh, *90mr:* ©iStockphoto.com/Marilyn Nieves, *90b:* ©iStockphoto.com/Jarek Szymanski, *91:* ©Jupiter Images Photo CD, *92m:* ©iStockphoto.com/Tracy Whiteside, *92b:* ©Stockbyte Photo CD, *96:* ©Stockbyte Photo CD, *98:* ©Image Source Photo CD, *101:* ©Jupiter Images Photo CD, *102t:* ©Jupiter Images Photo CD, *102br:* ©Image Source Photo CD, *103tr:* ©Image Source Photo CD, *103mr:* ©iStockphoto.com/Thomas Perkins, *103br:* ©iStockphoto.com/Stuart Monk, *104tr:* ©Jupiter Images Photo CD, *104b:* ©Stockbyte Photo CD, *105t:* ©iStockphoto.com/Kyu Oh, *105m:* ©Jupiter Images Photo CD, *105bl:* ©Image Source Photo CD, *106:* ©Image Source Photo CD, *107tr:* ©Image Source Photo CD, *107mr:* ©Jupiter Images Photo CD, *107br:* ©iStockphoto.com/Marilyn Nieves, *108:* ©iStockphoto.com/Jeff Strauss, *109tr:* ©iStockphoto.com/Kyu Oh, *109mr:* ©Jupiter Images Photo CD, *109br:* ©Image Source Photo CD, *113:* ©iStockphoto.com/Miroslav Ferkuniak, *114:* ©Stockbyte Photo CD, *115:* ©Image Source Photo CD, *116:* ©Image Source Photo CD, *124:* ©Image Source Photo CD, *125:* ©Stockbyte Photo CD, *128:* ©iStockphoto.com/Tracy Whiteside, *129:* ©iStockphoto.com/Jeff Strauss, *134:* ©iStockphoto.com/Nathan Maxfield, *138mr:* ©iStockphoto.com/Jarek Szymanski, *138br:* ©iStockphoto.com/Marilyn Nieves, *143mr:* ©iStockphoto.com/Thomas Perkins, *143br:* ©Image Source Photo CD, *148:* ©Jupiter Images Photo CD, *150:* ©Image Source Photo CD, *156:* ©Jupiter Images Photo CD, *158:* ©iStockphoto.com/Marilyn Nieves, *160:* ©Image Source Photo CD, *161:* ©Corel Stock Photo Library CD, *162:* ©Image Source Photo CD, *166:* ©iStockphoto.com/Jeff Strauss, *167:* ©Marshall Cavendish Education, *170:* ©Stockbyte Photo CD, *173:* ©Stockbyte Photo CD, *176:* ©iStockphoto.com/Thomas Perkins, *182:* ©iStockphoto.com/Nathan Maxfield, *184mr:* ©iStockphoto.com/Tracy Whiteside, *184bl:* ©Jupiter Images Photo CD, *185tr:* ©Stockbyte Photo CD,

185ml: ©Image Source Photo CD, *185mr:* ©iStockphoto.com/Kyu Oh, *186:* ©Image Source Photo CD, *187:* ©Stockbyte Photo CD, *188:* ©iStockphoto.com/Kyu Oh, *190:* ©iStockphoto.com/Marilyn Nieves, *196:* ©Image Source Photo CD, *197tl:* ©iStockphoto.com/Jeff Strauss, *197tr:* ©Image Source Photo CD, *197br:* ©Jupiter Images Photo CD, *201m:* ©Jupiter Images Photo CD, *201br:* ©Image Source Photo CD, *202m:* ©iStockphoto.com/Kyu Oh, *202br:* ©iStockphoto.com/Tracy Whiteside, *203ml:* ©Stockbyte Photo CD, *203mr:* ©iStockphoto.com/Marilyn Nieves, *206ml:* ©Image Source Photo CD, *206bl:* ©iStockphoto.com/Thomas Perkins, *207:* ©Jupiter Images Photo CD, *208tl:* ©Image Source Photo CD, *208ml:* ©Jupiter Images Photo CD, *208bl:* ©Image Source Photo CD, *208br:* ©iStockphoto.com/Miroslav Ferkuniak, *212:* ©Jupiter Images Photo CD, *221:* ©iStockphoto.com/Stuart Monk, *222tr:* ©iStockphoto.com/Nathan Maxfield, *222br:* ©iStockphoto.com/Thomas Perkins, *223:* ©Image Source Photo CD, *224:* ©iStockphoto.com/Marilyn Nieves, *226:* ©Stockbyte Photo CD, *228:* ©iStockphoto.com/Stuart Monk, *231:* ©iStockphoto.com/Kyu Oh, *243:* ©Image Source Photo CD, *235tr:* ©iStockphoto.com/Nathan Maxfield, *235m:* ©iStockphoto.com/Jesus Jauregui, *236:* ©Jupiter Images Photo CD, *237t:* ©iStockphoto.com/Kyu Oh, *237m:* ©Jupiter Images Photo CD, *237b:* ©iStockphoto.com/Marilyn Nieves, *238:* ©Image Source Photo CD, *239:* ©iStockphoto.com/Jesus Jauregui, *240mr:* ©iStockphoto.com/Stuart Monk, *240br:* ©Stockbyte Photo CD, *242:* ©Image Source Photo CD, *243:* ©Image Source Photo CD, *244:* ©iStockphoto.com/Miroslav Ferkuniak, *245:* ©Image Source Photo CD, *254t:* ©Marshall Cavendish Education, *254m:* ©Stockbyte Photo CD, *254mr:* ©iStockphoto.com/Stuart Monk, *254br:* ©Stockbyte Photo CD, *255:* ©Marshall Cavendish Education, *256:* ©Marshall Cavendish Education, *257:* ©Marshall Cavendish Education, *260bl:* ©Marshall Cavendish Education, *260br:* ©iStockphoto.com/Jeff Strauss, *263ml:* ©Jupiter Images Photo CD, *263mr:* ©Stockbyte Photo CD, *263b:* ©morgueFile.com/Scott Liddell, *264:* ©Marshall Cavendish Education, *265:* ©Image Source Photo CD, *267:* ©iStockphoto.com/Thomas Perkins, *268l:* ©Comstock Klips Photo CD, *268r:* ©iStockphoto.com/Tracy Whiteside, *269t:* ©Image Source Photo CD, *269m:* ©Comstock Klips Photo CD, *271:* ©Houghton Mifflin Harcourt, *272:* ©Houghton Mifflin Harcourt, *273l:* ©Houghton Mifflin Harcourt, *273r:* ©Jupiter Images Photo CD, *274:* ©Houghton Mifflin Harcourt, *275l:* ©Houghton Mifflin Harcourt, *275tr:* ©iStockphoto.com/Stuart Monk, *275mr:* ©iStockphoto.com/Thomas Perkins, *275br:* ©iStockphoto.com/Jeff Strauss, *276l:* ©Houghton Mifflin Harcourt, *276tr:* ©Image Source Photo CD, *276br:* ©Image Source Photo CD, *277:* ©Houghton Mifflin Harcourt, *278:* ©Houghton Mifflin Harcourt, *279:* ©Houghton Mifflin Harcourt, *280:* ©Houghton Mifflin Harcourt, *281:* ©Houghton Mifflin Harcourt, *282:* ©Houghton Mifflin Harcourt, *283:* ©Houghton Mifflin Harcourt, *284:* ©Houghton Mifflin Harcourt, *285:* ©Houghton Mifflin Harcourt, *286ml:* ©Houghton Mifflin Harcourt, *286mr:* ©Image Source Photo CD, *287:* ©Houghton Mifflin Harcourt, *288t:* ©morgueFile.com/mconnors, *288b:* ©Houghton Mifflin Harcourt, *289t:* ©Houghton Mifflin Harcourt, *289mr:* ©iStockphoto.com/Stuart Monk, *289br:* ©iStockphoto.com/Thomas Perkins, *290t:* ©Houghton Mifflin Harcourt, *290br:* ©Image Source Photo CD, *291:* ©Houghton Mifflin Harcourt, *292:* ©Houghton Mifflin Harcourt, *294:* ©Houghton Mifflin Harcourt, *295:* ©Houghton Mifflin Harcourt, *296:* ©Marshall Cavendish Education, *297:* ©Marshall Cavendish Education, *299tl:* ©Comstock Klips Photo CD, *299tr:* ©Comstock Klips Photo CD, *300:* ©Marshall Cavendish Education, *301ml:* ©Corel Everyday Objects Photo CD, *301m:* ©Corel Everyday Objects Photo CD, *301mr:* ©Marshall Cavendish Education, *301b:* ©Marshall Cavendish Education, *302t:* ©Houghton Mifflin Harcourt, *302br:* ©Jupiter Images Photo CD, *303:* ©Marshall Cavendish Education, *304:* ©Houghton Mifflin Harcourt, *305:* ©Houghton Mifflin Harcourt, *308:* ©Houghton Mifflin Harcourt, *309:* ©Houghton Mifflin Harcourt, *311:* ©Marshall Cavendish Education, *312:* ©Houghton Mifflin Harcourt, *313t:* ©Houghton Mifflin Harcourt, *313b:* ©Marshall Cavendish Education, *314:* ©Corel Stock Photo Library CD

Acknowledgements

The publisher wishes to thank the following organizations for sponsoring the various objects used in this book:

Accent Living
Metal ball p. 7
Green bowl p. 263
Cats on sofa p. 264

Growing Fun Pte Ltd
Base-ten cubes and blocks – appear throughout the book

Hasbro Singapore Pte Ltd
For supplying Play-Doh™
to make the following:
Clay stars p. 255

Lyves & Company Pte Ltd
Puppet doll p. 38

Noble International Pte Ltd
Unit cubes – appear throughout the book

The publisher also wishes to thank the individuals who have contributed in one way or another, namely:
Model Isabella Gilbert
And all those who have kindly loaned the publisher items for the photographs featured.